光启新史学译丛

主编

陈恒 陈新

光启
新史学
译丛

From 从希罗多德 Herodotus 到人文网络 to H-Net

史学的故事

The Story of Historiography

[美] 杰瑞米·D. 波普金（Jeremy D. Popkin）◎著

金嵌雯◎译

上海三联书店

版权说明

“光启新史学译丛”弁言

20世纪展开的宏伟历史画卷让史学发展深受其惠。在过去半个世纪里，历史研究领域延伸出许多令人瞩目的分支学科，诸如性别史、情感史、种族史、移民史、环境史、城市史、医疗社会史等，这些分支学科依然聚焦于人，但又深化了对人的理解。举凡人类活动的核心领域如经济关系、权力运作、宗教传播、思想嬗变、社会流动、人口迁徙、医疗进步等等都曾在史学的视野之内，而当代史家对这些领域的研究已大大突破了传统史学的范畴，并与普通人的日常生活息息相关。如今，一位普通读者也能够从自身生存状态出发，找到与历史作品的连接点，通过阅读历史，体悟人类过往智慧的种种精妙，进而在一定程度上主动去塑造自己的生活理念。通过阅读历史来定位我们的现在，通过历史研究为当下的种种决策提供依据，这已经是我们的现实中基于历史学的一种文化现象。不论是对物质生活或情感世界中细节的把握，还是期望对整个世界获得深邃的领会，当代历史学都提供了无尽的参照与启迪。这是一个史学的时代，也是一个人人都需要学习、参悟历史的时代。千百种貌似碎片化的历史专题研究、综合性的学术史研究、宏观化的全球史研究，都浸润着新时代的历史思维，为亿万读者提供了内涵丰富、层次多样、个性鲜明的历史读本。

微观史学或新文化史可视为一种新社会史学的重要方向，对此国内有不少译介，读者也较为熟悉。但新社会史学的研究远不止这两个方向，它在各方面的成就与进展，当然是我们这套译丛不会忽视的。除此之外，我们尤为关注代表着综合性史学思维的全球史，它是当代西方史学的重要分支，是新的世界史编纂方法和研究视角。

全球史的出现是一个非常重要的“历史性时刻”，它不仅是“从下往上看历史”新视角下所包括的普通民众，而且这标志着全球史已深入到前殖民，囊括第三世界的方方面面。为纠正传统西方中心论和以民族国家为叙事单位所带来的弊端，全球史自20世纪60年代诞生以来，越来越受到史学界的重视。全球史关注不同民族、地区、文化、国家之间的交往与互动，强调传播与接受，重视文化多元与平等，摈弃特定地区的历史经验，犹如斯塔夫里阿诺斯所说，要站在月球上观察地球，“因而与居住在伦敦或巴黎、北京和新德里的观察者的观点迥然不同。”

当代史学的创造力所在，可从全球史研究的丰富内涵中窥见一斑。全球史研究奠基在一种历史写作的全球语境之中，诉诸全球视野，构建起全球化叙事，突出历史上民族、国家、文化之间的交流、碰撞与互动。在当代史家笔下存在以下几种全球互动模式：一是阐述世界历史上存在的互动体系或网络，如伊曼纽尔·沃勒斯坦的《现代世界体系》(1974—1989)、德烈？冈德？弗兰克的《白银资本》(1998)、彭慕兰《大分流》(2000)；二是关注生态与环境、物种交流及其影响的，如艾尔弗雷德·罗斯比的《哥伦布大交换》(1972)、约翰·麦克尼尔《太阳底下的新鲜事：20世纪人与环境的全球互动》(2001)；三是研究世界贸易、文化交流的，如卜正民的《维梅尔的帽子》(2008)、罗伯特·芬雷《青花瓷的故事：中国瓷的时代》(2010)、贝克特的《棉花帝国》(2014)；四是以全球眼光进行比较研究的，这包括劳工史、移民史等，如菲力普·方纳的《美国工人运动史》(1947—1994)、孔飞力的《他者中的华人：中国近现代移民史》(2009)；五是审视区域史、国别史之世界意义的，如迪佩什·查卡拉巴提的《地方化欧洲》(2000)、大卫·阿米蒂奇的《独立宣言：一种全球史》(2007)、妮娜·布雷的《海市蜃楼：拿破仑的科学家与埃及面纱的揭开》(2007)等；以至出现了所谓的跨国史研究。“跨国史”(transnational history)这一术语自20世纪90年代以来一直和美国历史研究的那些著作相关联。这一新的研究方法关注的是跨越边疆的人群、观念、技术和机构的变动。它和“全球史”(global history)相关，但又并不是一回事。“跨文化史”(Transcultural history)或“不同文化关系”(intercultural relation)是与“跨国史”相匹配的术语，但研究者认为在阐明那些跨国联系时，这两个术语过于模糊。“跨国”这个标签能够使学者认识到国家的重要性，同时又具体化其发展过程。该方法的倡导者通常把这一研究方法区别于比较史学(comparative history)。尽管如此，他们认为比较方法和跨国方法彼此是互为补充的。(A. Iriye and P. Saunier, ed. , *The Palgrave Dictionary of Transnational History*, Macmillan, 2009, p. 943)

全球史研究不断尝试以全球交互视角来融合新社会史学的微小题材，总体看来，这些新趋势和新热点在一定程度上纠正了全球史对整体性和一致性的偏好，为在全球视野中理解地方性知识乃至个体性经验做出了示范，同时凸显了人类历史中无处不在、无时不在的多样性与差异性。

本译丛是以当代历史学的新发展为重点，同时兼及以历史学为基础的跨学科研究成果，着眼于最新的变化和前沿问题的探讨。编者既期望及时了解国外史学的最新发展，特别是理论与方法上的新尝试和新变化，又要选择那些在研究主题上有新思路、新突破的作品，因而名之为“新史学译丛”。

近现代史学自18世纪职业化以来发展到今天，已经走完了一轮循环。时至今日，史学研究不再仅限对某一具体学科领域作历史的探讨，而是涉及哲学、文学、艺术、科学、宗教、人类学等多个领域，需要各个领域的专家协手共进。在一定意义上，史学是对人类文化的综合研究。这是一种现实，但更是一种理想，因为这意味当代新史学正在努力把传统史学很难达到的最高要求，当作了入门的最低标准。

历史演进总是在波澜不惊的日常生活里缓慢地进行着，无数个微小的变化汇聚累积，悄悄地改变着人类社会生活的整体面貌，因此，历史发展的进程，以长时段的目光，从社会根基处考察，是连续累进的。知识的创造同样如此，正如我们今天的全球史观，也是得益于人类漫长智识创造留给我们的智慧。历史研究虽然履行智识传播的使命，未来会结出什么样的智慧之果，我们很难知晓，也不敢预言，但愿它是未来某棵参天大树曾经吸纳过的一滴水，曾经进入过那伟大的脉络。无论如何，我们确信的是，通过阅读历史，研究历史,人们体验到的不仅仅是分析的妙处与思维的拓展,而且是在潜移默化中悄悄促进包容性社会的发展。

“光启新史学译丛”编委会
2017年9月1日于光启编译馆

谨以此书献给我的学生们，四十多年来，他们不断地激发我探索通途，传递历史的激动人心之处。

目 录

前言 x

在本书中，我旨在向历史学专业的本科生和研究生介绍史学。根据我的理解，存在两种意义上的史学。第一种史学关注的是下面这些有关历史学家如何研究和分析过去的问题：何谓历史难题？何谓历史证据，以及何为阐释证据的恰当方式？应当如何组织历史记叙？历史服务于什么目的？第二种史学实际上是史学史，它涉及的是从古希腊的希罗多德和修昔底德以及古代中国的司马迁一直到今天这两千五百年的时间中历史学家以各种方式回答上述问题的历史。理解史学，连同学着做历史研究，可以引领我们进入历史学家的世界，可以让学生从仅仅“对历史感兴趣”，转变到能够理解历史的产生方式，并能够对何谓成功的或令人信服的历史记叙做出合理的判断。了解史学的同时，我们也能够获知专业史家所做的工作，甚至借以考量历史学专业是否可以成为毕生追求的事业。

那些试图对史学进行概观的书籍往往分为两大类。有些书以主题性和分析性的方式来研究史学，对史学家所面临的主要问题进行
界定并分别加以探讨。在这类书籍中，有些理论性强些，如爱德 xi

华·卡尔（E. H. Carr）那本历久弥新的经典之作《历史是什么?》，有几章是关于“历史学家和历史学家的事实”，“社会和个人”，“历史、科学和道德”以及其他宽泛的主题的。[①] 其他这类的书，如约翰·托什（John Tosh）的《历史的追求》，则根据历史研究的不同阶段来划分材料。托什将一些部分命名为“原始材料”、“运用史料”、“写作和阐释”，同样也有一些更具理论性的章节，探讨“历史知识的局限性”、“历史和社会理论”等问题。[②] 第二条研究史学的主要路径是采用编年的方法，考察历史学家如何在不同时代运用不同的方式研究和再现过去。这也是一些重要的学术著作的模式，如恩斯特·布赖萨赫（Ernst Breisach）的《古代，中世纪和近现代史学》以及唐纳德·R. 凯利（Donald R. Kelly）研究从希罗多德到二十世纪之历史书写的三部史学著作。[③]

理想情况下，一个历史学新手对这两种研究史学的方法不应该厚此薄彼，但在一部篇幅不长的著作中将二者结合却非易事。我在本书中采用的是编年体的方式，主要出于以下两个原因：首先，按主题组织史学手册有一种风险，就是使它看起来就像所有真正的历史学家最终都在如何研究历史上达成了共识。对某些课程来说，这些课程旨在于教授学生如何做一项历史研究，教导学生学会如何确

---

① Edward Hallett Carr, *What Is History*? (New York: Vintage Books, 1961).

② John Tosh, *The Pursuit of History*, 5th ed. (Harlow: Pearson, 2010).

③ Ernst Breisach, *Historiography: Ancient, Medieval, and Modern* (Chicago: University of Chicago Press, 1983); Donald R. Kelley, *Faces of History: Historical Inquiry from Herodotus to Herder* (New Haven, CT: Yale University Press, 1998); Donald R. Kelley, *Fortunes of History: Historical Inquiry from Herder to Huizinga* (New Haven, CT: Yale University Press, 2003); Donald R. Kelley, *Frontiers of History: Historical Inquiry in the Twentieth Century* (New Haven, CT: Yale University Press, 2006).

定主题、查找史料、做笔记、组织材料、记录调查结果，这种路径自有其实际的优势。然而，主题性方式的主要缺点在于，它以一种非历史的方式研究史学，好像历史没有随时间和境况的变化而变化。按编年方式编写此书的第二个主要原因是，编年叙事能够更好地传达史学争论中那些戏剧性的和激动人心的方面。如果我们不仅想理解历史方法的“如何（how）”，而且想理解其背后的“为何（why）”，那么，把过去的历史学家放在他们自己的历史语境中来加以考察，就是一种最为有效的路径。正是由于这个原因，本书最后一章探讨了当前史学家所接受的学术训练及其职业生涯的问题。通过这一章，读者们能够理解他们在生活中遇见的诸多老师以及不同历史形式的创作者自身所处的环境。另外，对一些历史学专业的学生来说，这一章可以帮助他们决定自己是否要致力于追求类似的事业。

在过去的几百年中直到当前，史学家采用了多种多样的方式研 xii
究历史，本书正是从接受这种多元化的角度出发来写作的。人们通常根据历史叙事所再现的不同族群来界定多元化，因而在接下来的叙述中，我定会说明工人阶级、妇女、少数族群和非西方民族是如何同男性精英阶层一样成为历史研究的课题的。不过，多元化也包含其他维度。历史研究有多种不同的方式，除政治史、社会史和文化史等几种主要的研究方式外，就当下来说，还应特别提及传播历史知识的各种媒介，从书籍和学术期刊到电影、博物馆乃至电子游戏。这种多元化的确使当代历史学具有了某种活力和激情，但同时也产生了对立和冲突。作为一个毕生从事学术研究和高校教学的学者，我对专业历史学具有极强的认同感。在写作本书的过程中，我第一次强烈地意识到，我与现代学术性历史的创立者兰克仅有三代之隔。[①] 但与此同时，本书的撰写也使我比以往更加深切地认识到非学术性历史的重要性。当然，这里所说的非学术性历史既包括当今世界的也包括过去的。如果说本书与传统的史学史叙述有什么不同之处，那就在于，它认可了每个历史时期人们传播历史故事的多元化方式。今天，学院派史学家们对自己职业的未来愈加忧心忡忡，但在学术界之外，人们对历史的兴趣却日渐浓厚。在这种情势下，承认历史传播的多元方式显得尤为重要。

最重要的是，本书是我怀着对历史的热爱所撰写的。我想起了多年以前和一位美国同事在古老的法国国家图书馆（Bibliothèque nationale）台阶上会面的情形。那一天，图书馆职员突然决定罢工，徒留我们两人站在紧锁的大门前，虽身处巴黎中心，却不知该如何打发当天余下的时光。我们意识到我们的沮丧有些荒谬：全世界的人都梦想着有闲暇来享受巴黎美不胜收的景色，而我们两个却满心
xiii 期待能够接着研究历史。我们对彼此的处境哭笑不得，但这个故事却见证了我们俩所拥有的那种心知肚明的好运：我们已找到了一份真正的事业，一个如此让人心满意足的职业，以至于除了专心工作别无所求。毫无疑问，这部书的大部分读者将追求其他事业而非成为职业历史学家。我希望这部书能够让他们更喜爱历史，即使在以后的生活中仅仅把这视为一种爱好或者甚至完全忽略它，但我仍然希望它将会帮助读者们懂得，找到一份真正让身心乐此不疲的工作意味着什么。

---

① 20世纪70年代，作为加州大学伯克利分校（University of California，Berkeley）的一名研究生，我很荣幸地参加了由汉斯·罗森伯格主持的最后一届研讨会。在现代欧洲社会史研究领域，罗森伯格声名赫赫。他在德国思想史家弗雷德里希·梅尼克（Friedrich Meinecke）的指导下完成了学位论文，而梅尼克曾是兰克的学生。

这部书的问世很大程度上归功于我在牛津大学出版社（Oxford University Press）的编辑查尔斯·卡瓦列雷（Charles Cavaliere）的鼓励，他举荐了这个项目。2012年访问澳大利亚国立大学（Australian National University）社会科学研究院（Research School of Social Sciences）的经历，使我获得宝贵的时间来推进这项工作。另外，如果没有肯塔基大学图书馆（University of Kentucky Library）工作人员的帮助，我也没法完成这项工作。感谢指不胜屈的朋友们和历史学同行们给出的评论和建议。这些同行好友既包括我在肯塔基大学的同事们，2014年他们在历史系研讨会上阅读了本书的一个章节，也包括2014年春季学期研修我“史学批评”课程的研究生们，他们充当了本书前半部分内容的实验对象。此外，大卫·金（David King）为我给普通读者撰写有关史学家生活的内容提供了真知灼见，约翰·卡兰蒂（John Carland）、达雷尔·麦德斯（Darrell Meadows）在帮助我撰写有关公众史家机遇的问题上同样给予了很多有益的见解。感谢瓦莱莉·巴斯克（Valerie Barske）和弗雷德·罗森鲍姆（Fred Rosenbaum）耐心回答了我关于他们工作方面的问题，感谢肯塔基大学历史学院托马斯·D. 卡莱尔中心（Thomas D. Clark Center for Kentucky History）的工作人员不吝时间带我去参观历史博物馆的周边风景。

无论如何，我最要感谢的是，引领我了解史学问题并对我产生重要影响的老师们。这要从我的高中美国史老师朱尔斯·坦泽（Jules Tanzer）说起，不知他怎能在逐页阅读我有关“格洛弗·克利夫兰和金本位”的论文时始终保持清醒，没有睡着。在我的大学本科生涯中，我尤其受到世界当代史研究先驱杰弗里·巴拉克拉夫（Geoffrey Barraclough）、才华横溢的思想史和文化史家卡尔·索思克

（Carl Schorske），以及在充满活力的伯克利本科生史学研讨班上授课的杰拉尔德·费尔德曼（Gerald Feldman）的激励。在研究生期间，我受教于众多老师：H. 斯图尔特·休斯（H. Stuart Hughes）和史蒂文·舒克（Steven Schuker），这对古怪的组合开设了哈佛现代欧洲史的入门研讨班；帕特里斯·伊戈内（Patrice Higonnet），他呈现了一种极具个性的法国历史；汉斯·罗森伯格（Hans Rosenberg），一位在方法论上保持严谨的楷模；娜塔莉·泽蒙·戴维斯（Natalie Zemon Davis），尽管她的现代早期欧洲研讨班没能引起我的注意，但她面对自己所从事的新兴的妇女史研究时拥有的那种热情却感染了我；茱迪·史珂拉（Judith Shklar），她向我介绍了尼采的《历史学对于生命的利与弊》（*Use and Abuse of History*）；马丁·马利亚（Martin Malia），他坚信历史与当代问题之间具有关联；以及理查德·韦伯斯特（Richard Webster），他总是热切地希望我信服传统智慧是错误的。在巴黎，参加由丹尼尔·罗什（Daniel Roche）和弗朗索瓦·孚雷（François Furet）组织的研讨班，我初步了解了法国的学术传统。最后，也感谢我所属的伯克利学术论文写作小组的朋友们，他们带我进入那种以后少有的激烈的史学论辩中。

关于作者 XV

杰瑞米·D. 波普金（Jeremy D. Popkin）是肯塔基大学威廉·T. 布莱恩历史学讲席教授（William T. Bryan Chair of History）。波普金对历史学的兴趣始于童年时一次前往欧洲的家庭旅行。在里德学院（Reed College）、加州大学圣地亚哥分校（UC San Diego）、加州大学伯克利分校（UC Berkeley）及哈佛大学的就读经历使得这种兴趣渐增。波普金有关法国革命、海地革命及自传与历史间关系的著作已荣获众多奖项。他曾是法兰西学院、布朗大学、马丁-路德·哈勒维腾贝格大学（Martin-Luther-Universität Halle）及澳大利亚国立大学的访问学者。他曾获约翰·西蒙·古根海姆基金会（John Simon Guggenheim Foundation）、国家人文中心（the National Humanities Center）、国家人文科学基金（the National Endowment for the Humanities）、普林斯顿高等研究院（the Institute for Advanced Study）、富布莱特基金会（the Fulbright Foundation）及纽伯里图书馆（the Newberry Library）的科研资助。波普金已有超过三十年开设史学研讨课程的经验。

第一部分

从希罗多德至 20 世纪的史学

第一章　什么是史学？ 3

我们无法知晓人类第一次讲述发生在过去的重大事件的相关故事始于何时，但毋庸置疑，一旦他们开始讲述，就会遇到一些今天史学家们同样会碰到的问题。在多少代之前，严冬曾驱使他们的祖先跨过冰封的河流去狩猎？洞穴墙壁上的毛皮带是对那次远征的纪念吗？还是说，它是在其他时候获得的呢？那个冬天是群落所经历过的最严重的危机吗？那首他们所了解的咏颂伟大狩猎活动的歌谣，是夸大了其中一位部落祖先而贬损了另一位吗？关于那些事件，谁的记忆最准确？这样一些疑问，有的涉及过去事件之相关证据的性质和可靠性问题，有的涉及组织这些事件相关故事的编排方式问题，有的涉及故事如何可能被歪曲的问题，还有的涉及故事所服务于的目的的问题。所有这些问题都是**史学**（historiography）的研究内容。我们可以把史学定义为一种批评性的评定活动（critical assessment），它所评定的是史学家尝试用以重构过去事件的方式方法，而这些过去事件区别于史学家做出的有关过去的陈述。

史学的关注点

史学的研究对象是史家用以搜集、分析和传达史料的各种方法。“史学”（historiography）这个词还指历史本身的历史，也就是“史
4 学史”。理解过去史家如何看待他们的研究内容及其采用的方法，是我们洞察今天史学家所面临挑战的最重要方式之一。史学家也会谈到一些有关特殊历史论题的史学，比如大西洋奴隶贸易或美国内战。在这种情况下，他们是在用“史学”这个词去描述有关这些主题的历史知识及其阐释是如何在时间中变化的。在本书中，我们将在一种更宽泛的意义上探讨史学——也就是说，探讨那些摆在史学家面前的共同问题，而忽略掉那些他们可能感兴趣的某个年代或某个方面的问题。

史学这一科目的复杂性及其面临的挑战反映了“历史”（history）这个词本身的复杂性。在大部分语言中，“历史”（history）既指发生在过去的事件，也指我们对这些事件的记述。在这一方面，历史学不同于，比如说，文学。图书馆中的历史类书架无法呈放过去本身，它们呈放的是声称包含了过去信息的书籍。事实是，书架上常常放置了同样历史主题的众多不同书籍，这些书籍可能讲述了有关其话题的大不相同的故事，这表明，“过去”与“过去”被书写、被记忆的方式间未必仅有简单的联系。相较而言，图书馆文学区域的书架上放置的是供文学学者研究的确切作品，如莎士比亚的戏剧，弗吉尼亚·伍尔夫（Virginia Woolf）的小说。史学是一项批评的事业，在很大程度上，它处理的正是由“历史”这个词的两种不同含义所提出的问题。史学在于追问，假如我们无法确切观察到或再次

创造那些已然发生的事件的话，那我们能够运用什么样的方法来获得有关过去的可靠知识。史学还试图说明史学家理解过去的不同方式，并且带着我们的确能够知道一些过去真相的观念，调和不同阐释间的矛盾。

当决定学习历史时，很少有学生会特别期待选修史学方面的课
程。史学以其难懂而闻名，但也不全是这样：一些有关史学的经典
著作，如马克·布洛赫（Marc Bloch）的《历史学家的技艺》
（1949）、爱德华·卡尔的《历史是什么?》（1961），都成功地用直白
的语言提出了一些大问题；即使当代那些以晦涩难懂而著称的“后
现代主义”史学家，他们中的某些人，如基思·詹金斯（Keith
Jenkins），其作品仍是令人敬佩的清晰。然而，大多数人为历史所吸 5
引是因为他们对过去的一些具体层面感到好奇，例如妇女的生活或
第一次世界大战，而非因为他们希望参与抽象的辩论，探讨揭示久
远前发生之事的真相难在哪里的问题。史学是一种“元话语”
（metadiscourse），一种“关于叙事的叙事”，它的主题是其他的历史
著作，而非历史事件本身。史学分析常常反复地在这几个指涉层面
游移——过去事实本身，认清及书写这些事实的方式和史学家的思
维过程——这些都使得史学分析困难重重。

对大部分学生来说，史学是一个强加给他们的科目，如果想要获得历史学学位的话；很少有人会纯粹为史学而研究史学。年轻人会因为一些共同的经历对历史产生兴趣，但大部分这样的经历没有为他们理解推动史学论辩的议题做好准备。为年轻读者所写的历史著作常通过讲述带有鲜活人物的戏剧性故事，提供一种生活在已逝过去的感觉；这些著作的作者们不曾试图解释为什么重构过去的尝试是困难的，或者为什么对历史事件可能有不同的解释。学校教科

书被编写成好像其传达的信息是权威的、不容置疑的。如果学生们想要被认为“擅长”于历史的话，就必须熟记一系列史实。历史电影、电视纪录片和博物馆展览提供了过去的生动的视觉图像，它们给予观者一种印象，就好像他们看到了东西“原本所是的样子”。为普通大众所写的历史作品强调引人入胜的事件和鲜明的人物性格；如果作者们提及史料来源，他们便常常使得历史研究看上去仿佛是一种搜寻先前尚未发现的文献档案的侦探式的工作。

这些历史的不同形式激发了学生们的想象力，不过，当身处史学课堂时，他们常常觉得似乎被驱使着向一切起初把他们吸引到这一学科上来的东西告别，尤其要告别这样一些假定：我们能够清晰地得知有关过去的真相，历史学最主要的工作是掌握事实信息。职业史家们在他们有关个人教育的自传中常常回忆到，他们选择研究历史这一特殊学科而不是踏入文学或哲学等其它领域，是因为他们
6 希望接触到现实人物的生活，而非那些被想象出来的角色或抽象观念。史学课程让学生们面对一种可能性，即历史学同文学一样，是有关故事的，而且它必然涉及一些哲学问题，例如我们如何能够确切地获知事物。即使在完成自己的大学学业之后，大部分历史教师仍然对史学问题抱有有限的兴趣。经常阅读专门讨论这类议题的职业期刊（如以美国为大本营的《历史与理论》、英国的《重思历史》或欧洲的评论期刊《史学史》或期待在其上发表文章的史学家，要远少于那些关注发表按地域或时间阶段划分的文章之期刊的史学家。

尽管如此，在大学历史教师之间仍然存在一种广泛认同，即认为学生们应当至少接触一些史学论题。如果一位人类学家来研究史学家们的行为，他也许会将美国大部分大学和学院历史学专业所要求研修的史学课程视为一个成年礼、一次考验，用来检验群体中胸

怀抱负的成员是否足够坚定，是否要接纳他们正式传授他们以史学的奥秘。历史学家们自身也认为接触史学是必需的，这将帮助学生从一个历史数据的收集者成长为一位有见识的批评者和历史事业潜在的积极参与者。我们希望，史学课程能够为学生们提供一个机会，让他们意识到这样说意味着什么：历史的过去不是简单的“在那儿”，等待着被发现，而是必须根据那些从不自明的证据被重构。这就是史学课程常常将阅读理论及史学史作品与学生借以提出自己的研究项目、学习运用专业的学术方法的实际练习结合起来的原因。将理论性阅读、研究和呈现结合起来，旨在让学生们自己去体验，**成为**一名历史学家并面对那些史学提出的问题都意味着什么。

史学意识对史学家来说是重要的，不仅因为它界定了历史知识的消费者与具备技能的知识生产者之间的区别，而且因为，重构过去所牵涉的基本问题是在史学论辩中被公开提出的。出于这一原因， 7
史学论辩常常是职业史家们所参与的最为激烈的争论。有关历史事实问题的争论也许会很热烈，但往往搜寻到一个决定性的证据就能平息它；但有关过去之意义和阐释的争论却无法通过这种方式得到解决。例如，在 20 世纪 70 年代晚期，大屠杀历史研究成为一个重要领域，关于德国独裁者阿道夫·希特勒（Adolf Hitler）是否曾签发一个灭绝欧洲犹太人口的书面命令的问题引发长期争论。在对纳粹政府的档案进行大量研究之后，大多数史家接受了这一结论，即大致可以肯定，从没有一道书面的“希特勒命令”要求执行大屠杀，希特勒和他的亲信们是通过一系列的渐进步骤提出种族灭绝计划的，而非一步到位，希特勒也从没有通过书面文件来传达他的意图。然而，有关如何界定希特勒应在多大程度上为大屠杀承担责任的问题，却始终争论不休，它无法通过搜寻更多的文献得到解决。从根本上讲，它牵涉到众多矛盾的观点，包括关于政治领袖与其幕僚间关系的问题、意识形态信念与历史环境在决定人类行为方面各自重要性的问题，以及什么构成了历史证据的不同观念的问题。换句话说，这是一个事关历史应当被如何理解的史学争论。

实际上，诸如希特勒应为大屠杀承担多大责任这类重要的史学争论涉及到一些有关人类本质和人类存在的根本性问题：人类有自由意志吗？抑或他们的行动本质上是由外部力量所决定的吗？存在支配人类行为的普遍规律吗？抑或过去不同时代的社会都展现了不同的行为模式并持有不同的价值观吗？有关过去的知识能指导我们走向未来吗？如果不能，那历史的价值是什么？我们希望获得关于过去的什么样的知识，获得这类知识的最好方式是什么？由于史学论辩总是针对这些无法简单回答的大问题，因此它们常常最能引发史学家的分歧。（我仍记得我读研究生时史学研讨课上的那位授课老师与其中一位学生进行辩论直到动手！）尽管大多数的史学分歧很少能像事实问题那样一劳永逸地得到解决，但这些争论并不是毫无意
8 义的。它们能够帮助阐明隐含在不同历史探究方法之下的前提假设，理解史学家间产生分歧的原因。通过敦促史学家们从新角度审视过去，史学分歧有助于葆有这一学科的生命力。史学课程是一次机会，它能够让我们发现隐藏的火花，从而为作为整体的历史学科提供活力。

史学所处理的大问题与其他学科的关注点有共通之处，史学论辩的参与者常常发现自身在与哲学家、人类学家、经济学家、文学研究者、政治科学家、艺术史家、社会学家、考古学家及性别研究学者们对话。史学课程中的阅读材料常常包含了本身不是史学家的作者的作品选段，如社会学家马克斯·韦伯（Max Weber）、哲学家

米歇尔·福柯（Michel Foucault）和文学批评家爱德华·萨义德（Edward Said）的作品，他们提出的问题激发了历史研究。尽管这些跨学科的对话常常富有成效，但在史学论辩中，史学家们也被推动着去阐明历史研究和历史思维对我们更广阔地理解人类事物所作出的独特贡献。因此，在一定程度上，史学研究回答了什么使历史学成为知识的一个独特分支以及为什么历史值得研究的问题。通过突出历史的特性，史学还强调那些在个人兴趣领域之外所有史家们的共同关切。史学论辩也许会让史学家们产生分歧，但事实是，这些论辩关系到每一位关心历史之人，它有助于让观点上分野的史学家彼此进行对话。

学习史学不仅可以帮助理解何谓历史，它还牵涉到了解何谓历史学家。研究在过去历史是如何被记录的，也是在研究一个共同体的诞生，这一共同体中的个人声称在重构过去方面拥有特殊技能，由此拥有决定什么应当被认为是可靠的历史知识的特权。这就是为什么史学课程会向学生们介绍希罗多德和司马迁、比德（Venerable Bede）和马基雅维利（Machiavelli）、爱德华·吉本（Edward Gibbon）和兰克（Leopold von Ranke）、马克·布洛赫和玛莉·比尔德（Mary Beard），尽管他们的作品在其所涉主题上可能已不再被视为是可靠的材料。如今，历史被越来越多地通过印刷书籍之外的
途径表达，由此，史学课程也必须涉及电影制作、历史网页甚至历 9
史视频游戏等部分。此外，研究史学还应涉及了解维持历史共同体的制度体系，包括培养学院派史家的研究型研讨会（research seminars），雇佣了绝大部分职业史家的大学、学院，所雇学者人数渐增的其他机构，职业史家用于评价各自作品的同行评审机制，让史学家与其研究领域保持联系的学术协会和期刊杂志，让历史学成

果为更多公众所知的博物馆和其他场所。

如我们所见，学习史学的确是一个成年礼。与所有这类仪式相似，它将改变那些经历它的人。由接触史学带来的一些改变也许令人痛苦。一旦研究者们学会更为批判地阅读历史著作，他们也许会回望那些当初触发历史之爱的作品与材料，发现它们是肤浅或偏颇的。了解历史的不同研究和呈现方式也许会让他们感到困惑和迷失。下面这种情况很常见：发现“历史多样性”之后，研究者们总结到，一切历史只不过反映了特定历史学家的偏好，看待过去的视角没有好坏之分。对那些决定在本科之后进一步研究历史、想要在历史界求得一份工作的学生来说，触及史学论辩有时几乎使人崩溃：面对如此众多的针对研究材料的可能阐释方式，他们需要花上大量的时间来处理这些议题，以至于抽不出空来探讨自身的发现。至少在美国的大学中，历史学博士论文通常需要在开头用一个很大的章节来论述其所写主题及作者研究方法的史学史。那些成功完成这一艰巨任务的学生，当其导师告诉他们如果想要出版著作就必须首先大量删减甚至完全删除这些部分时，他们通常生无可恋。

然而，伴随着时间的推移和经验的增长，那些通过了史学成年礼的研究者将学会把其所学融入一个更为广阔的历史视野中。我们将会看到，为什么大众历史不同于专业的学术研究，以及，如何在不否定面向普通读者的历史形式之重要性的情况下，批评那
10 些宣传性的或有错误的历史呈现。我们同样能够看到，清晰严密的职业标准如何能够帮助史学家克服在主题探究中可能产生的个人偏见。如果一切顺利的话，那些被告知要删除博士论文中辛苦撰写之史学章节的受挫的博士生常常会意识到，在这些工作中所收获的观念实际上已融入了他/她作品的其余部分之中，并使作品

充满意义。

大部分修读史学课程的历史学专业学生，以及不是学生但可能想要理解职业史家思想方式的读者们，也应当从那些已获确证成果的主题中跳脱出来，尽管他们可能不想继续成为职业学者。研究史学就是开始理解史学家们的思维方式和工作方式，并且认识到自己是否有潜能独立开展这项工作。接触史学帮助我们理解历史研究工作的复杂性，对那些书写了引人入胜之书籍或创作了灵思妙动的电影、博物馆展览或网页之人，给予更为深切的赞赏。通过熟悉史学，我们学会更好地批评历史作品，不再只是简单地说喜欢或不喜欢某些特定的历史著作，而是能够给出判断的理由。史学课程中传授的批评技巧在其他情境中同样适用：在制定政治决策、评判法律证词、获取媒体信息、辨识广告陷阱上，它们皆能发挥作用。

史学研究所提供的视角提醒我们警惕一个谬论，即假定我们当前时代的历史研究是独一无二的。然而，没有人能够否认，今天的历史学家发现自己正卷入大量的史学论辩中。几十年来，史学家们始终在争论哲学和社会理论中所谓的语言学转向对我们学科的影响。一些人认为，我们的一切知识都是通过语言传播的，在语言与其所描绘的现象之间没有必然联系。接受了这一观点的史学家们，如海登·怀特（Hayden White），就我们是否能够触及过去实在提出了一些棘手的问题。另一些持续不断的史学论辩根植于我们的学科开始关注一些长久以来被排除在主流历史叙事之外的群体。在美国， 11
这一运动直指妇女史、非裔美籍人史、印第安人史、拉丁美洲史、同性恋史以及众多“他者”的历史，他们的故事长久以来被系统地压制和消音。在全球范围内，通过更为关注非西方世界的历史，正如迪佩什·查卡拉巴提（Dipesh Chakrabarty）所指出的那样，史学家们被推促着搜寻“使欧洲地方化”（provincialize Europe）的新方式。当史学家们转向研究亚洲、非洲和拉丁美洲史时，他们试图为那些其生活通常鲜有文字记载的“底层”群体发声，并不偏不倚地看待“后殖民”社会的复杂性。在欧洲统治全球的几个世纪中，这些社会深受此类后果的影响。对一些史学家来说，语言学转向所开拓的新视角，以及书写一种更为包容的历史的努力，始终刺激着历史学，进而促成学科本身的更新。然而，对另一些人来说，这些史学议题的发酵也削弱了历史真实的标准，为危险的相对主义敞开大门。当一些史学家将视角的多元化视为学科活力的标志时，另一些史学家却痛惜这种多元化使得建构被普遍接受的过去叙事再无可能。

在语言学转向及书写一段更为包容的历史的尝试引发论辩的同时，史学家获取史料及交流成果的方式的改变同样重塑了历史学科。史学家不再大量依靠书面文献——尤其是保存在官方档案馆里的那些，以及图书馆里的印刷材料，而是正逐渐转向运用通常在互联网上能够获得的视觉和口述材料。这一转变拓宽了史料来源，但也产生了难解的问题：我们如何能够保证这些材料的真实性，又该如何阐释这些形式新颖的证据。历史研究历来以书籍和学术文章的形式呈现，并藉由一个复杂的评价过程得到其他史学家的评定。但如今，史学家们正逐渐把注意力转向博物馆展览、电影、网页、历史主题公园甚至以历史为脚本的视频游戏。相较于职业学者所写的书评，互联网使得普通读者对新著作的评价一搜即得。在今天的传媒环境下，某些历史知识能前所未有地被轻易获得，然而这也产生了众多需要史学来回应的新问题。

本书及其作者 12

本书的目的在于向读者们介绍历史思维的历史以及今天史学家们所关心的重大议题。我们将首先勾勒出历史思想和历史写作本身的历史，从现存最早的古希腊及古代中国的历史叙事到 21 世纪初期的历史叙事。这将我们对历史的兴趣置于历史视角之下。通过学习在跨越时代的不同社会中史家研究历史的方式，我们将广泛了解历史叙事所服务于的不同目的及史学家所发展出来的不同研究方法。我们能够获知史家采纳这些特定步骤来重构过去的原因，而且，通过意识到我们构成了一个绵延数千年的传统的一部分，我们也能更为深刻地理解自身这些历史性努力的意义。

尽管历史关注于过去，但对它的研究却立足于现在。在这部书的结尾处，我将描绘当前史学论辩的主要议题以及在历史传播中正扮演着越来越重要角色的新媒体。史学史不只是关于在过去历史如何被研究的问题，它是一个如此富有生机、不可或缺的学科，因为它影响到我们当前研究、书写和讲授历史的方式。在本书的最后一章，我将说明培养一位职业史家所必需的过程，描述那些决定专攻这一学科的人们所能够从事的不同职业。这一章的目的当然不是要说服所有读者都成为全职史学家。必须承认，即使那些最为坚定的历史爱好者，如果他们决定想要从事这样一份工作，也会遇到众多障碍。阅读这一章，应当让所有的历史学专业学生更好地理解史家所从事的工作以及一些人决定从事它的原因。通过阅读成为一名职业史家的经历，比如，为什么这一职业需要如此漫长的培养期，以及向不同就业可能性敞开的必要之处，我们可以获得一些教益，这些教益对历史学和学术界之外的众多领域皆具意义。

通过毕生的阅读、写作和讲授历史，我得以触及本书的主题。当我的父亲——他也是一名历史学家——去世时，我获得了那些他
13 在我童年时写给我祖母的信。其中一封让我回忆起我对过去的兴趣是如何产生的。我们家曾在巴黎住过一年，那时我刚四岁。就像那个年龄的很多孩子会做的那样，我开始不停问父母，人死之后会发生什么。作为回应，父亲带我去看了荣军院教堂中的拿破仑墓，并试图向我解释拿破仑是谁，以及为什么要为他建造这样一座宏伟的纪念碑。对于这次远足，我没留下什么个人记忆，但这的确是个巧合，在长大之后一些年，我不但成为了一名历史学家，而且研究的正是法国大革命时期的拿破仑时代。我第一次接触到史学议题是在1968年一个充满乐趣的本科生研讨班上，我在那一课堂上读到的很多作家——修昔底德、圭恰迪尼（Guicciardini）、布克哈特（Jacob Burckhardt）、列夫·托洛斯基（Leon Trotsky）、马克·布洛赫——也是本书故事中的人物。回头看，我惊讶地意识到，那一课程所涉及的重要史学变革是多么有限：它没有提及妇女史或女权主义，没有提及很大程度上改变了学术界的“语言学转向”，没有提及非西方史或者甚至，据我的回忆，美国史。而这些没有被提及的变革在我随后的职业生涯中重塑了历史学这一领域。这提醒我们，史学家更擅长于解释过去，而非预测未来。

同大多数历史学专业的学生一样，直到进入研究生阶段，即20世纪70年代，我才真正触及史学辩论。将人的早年时期视为一个独一无二的历史阶段的做法常常会造成错误，但在那几年的历史学界的确发生了很多事。汉斯·罗森伯格（Hans Rosenberg），众多逃离

希特勒纳粹政权移民至美国的德裔学者中的一员，他向我介绍了19世纪首先在其祖国发展起来的严密的史料批评和分析方法；通过他的讲授，我意识到，兰克——这位现代学术性历史的开创者，他将在接下来的篇章中扮演重要角色——与我仅有三代之隔。我记得当罗伯特·达恩顿（Robert Darnton）——现在我们称他作文化史的拓荒者——在一次讲座中介绍史学研究新方法时我的激动之情。我记得当成为娜塔莉·泽蒙·戴维斯——即使在入门水平的导论课上，她也融合了妇女史的视角——的助教时我的激动之情。在哈佛、伯克利及巴黎期间，我与同期的研究生同学讨论了海登·怀特在《元史学》以及米歇尔·福柯在他的一些著作中所提出的那些奇怪的新思想，还将他们与法国社会史家中的年鉴学派以及像历史社会学家查 14
尔斯·蒂利（Charles Tilly）这样的“计量史家”的方法论模型进行了比较。我无法宣称自己始终站在史学讨论的前沿，有时候我也对自己说，“我想要照章办事，而不是去争论那些规章”。但我的的确确意识到，不管是否自觉，史学思考存在于史学家的每一项研究中。

如果说在我接下来的职业生涯中有什么为我撰写一个史学导论做好铺垫的东西，那就是我已就多种多样的历史课题进行过写作和讲授，并运用多种不同的方法来研究它们。我的兴趣经历过一些转变，从研究法国大革命时期的新闻和传媒史（这也是我博士论文及其他几部著作的主题）到研究奴隶制及废奴运动，后者又将我带入到一个子领域——大西洋史（我当学生时还没有这一领域）。我曾定期讲授过一个有关史学的讨论课程，也曾就一个明确的史学议题写过文章，即历史与自传（这是另一种书写过去的重要形式）间的关系，这让我接触到记忆史这个正在发展着的领域。多年以来，我所讲授过的最受欢迎的课程乃是一门有关大屠杀的本科生课程。跟踪阅读这一领域的相关文献，让我收获一个考察史学动向的另外视角。我发现，在思考我们如何理解和传播有关过去的知识方面，大屠杀这一议题已经从边缘走向中心。此外，正是藉由对大屠杀的研究，我才得以思考电影和博物馆展览在历史信息交流中所扮演的角色。近几年来，我甚至就自己家族的历史写了一些文章，这使我获得了汇集、整理自身“档案馆”的经验。当然，“档案馆”这样一个奢华的名字指的是我书房里的一个文件柜，它装满了老旧的家信、文件和照片。

我在这里提及这些不同的经历，不是因为我觉得自己的职业生涯可以被当作典范，而是因为，对这些不同历史形式及主题领域所做的研究，迫使我面对众多不同的史学议题。当然，我想要与所有阅读这部书的读者——不管您是学生还是决定将这部书列入参考书目的教师——分享的一条教益是，思考历史可以是一件极具趣味和值得去做的事。但决定终其一生当一名历史学家同样有其局限。成为任何专业人士即意味着获得一种“教养式无能”（trained incapacity）：用一个难以被超越的特定框架看待世界，将自身与其他可能性分割开来。当我进行《历史、历史学家与自传》（2005）这部书的研究工作时，彼得·卡罗尔（Peter Carroll）的回忆录给予我深刻印象，他念研究生的时间与我大致相仿，但他决定从事另一种工作。“被包裹在学术中……漫不经意间，时代的现实历史就这样从我们身边溜走了”，在提及其研究生阶段时，他如此写道。[1] 因此，我希望大家能够从此书中获得另一条适用范围更广的教益，一条可能对那些将踏入其他行业的读者——无疑，那将是绝大部分，但愿他们对历史保持兴

① Peter N. Carroll, *Keeping Time* (Athens, Ga.: University of Georgia Press, 1990), p. 63.

趣——有价值的教益，那就是，如果您能够发现和从事一份让您全身心投入才智和激情的工作，那将是真正幸运的。对我来说，这份工作即是研究历史。对其他人来说，那可能是一份全然不同的工作，不过，但愿这份工作对于他们是有意义的，正如历史学对我而言一直是有意义的。

为研究过去正名

对一些人来说，研究历史也许是一种自我满足，当然，它也可能成为一种谋生手段，然而，我还想提出更为一般性的理由来说明创作和保存有关过去之知识的重要性。历史常常被视为一种与个体记忆相对应的集体记忆。但是，准确记住集体之过去的好处，却未必像记住停车位置或冬衣存放处对于个人的实际重要性那样显而易见。对那些因大脑损伤而丢失个人记忆的个案研究表明，丧失记忆将造成很深程度的失能，无法辨识家庭成员，被剥夺认同感。然而，并不是所有人都同意，如果这种事发生在群体身上，将产生同样的后果。19 世纪法国历史学家和哲学家厄内斯特·勒南（Ernest Renan）认为："遗忘……对一个民族的诞生来说是必需的，历史研究的进步通常会对民族性构成威胁。"因为，他说，任何一个国家的创建都不可避免地会发生一些暴力和非正义事件，而历史研究正是恢复对这些事件的记忆。[①] 人们常说，美国就是被这样一群人所创建

① Ernest Renan，"What is a Nation?" 1882（trans. Ethan Rundell，ucparis. fr/files/9313/6549/9943/What _ is _ a _ Nation. pdf）.

的，他们认为自己正在创建一个新的国家，一个不需要任何历史遗
16 产的国家。历史学在美国学校课程体系中所占据的有限地位表明，这一观念从未消失。

许多世纪以来，有关过去的知识被认为对那些公共事务参与者至关重要，因为，它能够教导他们有关人类行为的准则，从而引导自身行为。历史学创立者之一、古希腊人修昔底德曾说，历史是一门通过实例讲授的哲学，换句话说，过去事件阐明了有关人类生活的普遍准则。20 世纪早期的哲学家乔治·桑塔耶纳（George Santayana）也曾表达过类似的看法："那些遗忘过去的人注定要重蹈覆辙。"如果这种看法是正确的，那么，历史学无疑拥有明显的实践价值。然而，现代史学家们却不大肯定过去知识能够为当前的行为提供明晰的指导，以及，过去知识能够帮助我们预测未来。没有两个历史情境是完全相同的，在面对新的危机时，人们常常能够援引不同的历史前例来支持不同的行动路线。

尽管今天很少有史学家会认为对过去的研究能够为我们制定公共政策提供清晰的指导原则，但大多数史家仍会同意，过去知识能够帮助我们理解我们在处理当代问题时所面对的可能性范围。熟知美国、法国和俄国革命史不一定能让我们在一场人民运动推翻一个暴虐政府时预测后来之事，但它能够帮助我们看清这类事件可能产生的不同结果：在美国，它建立了一个稳固持久的民主体制；在俄国，它诞生了另一种性质完全不同的政权。也许从历史研究中所能获得的最有价值的教益之一，即是承认意外后果的重要性。社会科学如经济和政治科学领域的专家们通常会自信地预测采纳特定政策的结果；但历史学家却常常冷静但令人扫兴地警醒世人，在过去，这类预测通常是错误的。例如，二战之后的美国外交政策史已重复

见证了一些例子：政策专家们预言，美国军队的干预将为其他国家带去民主制度。但史学家们却告诫，越南、伊拉克和阿富汗民众可能不会接受美国的政治观念。历史学家的话被忽略了，但结果证明，他们颇具先见之明。

相较于强调历史学在提供实践指导方面的价值，当前的史学家 17
更倾向于强调历史学在产生集体认同感方面的价值。他们认为，每个层次的社群都需要共享一种对过去的理解。当前的职业史家已清晰地认识到，在过去，史家是如何帮助制造那些有时会引发灾难性后果的民族神话的，因此，他们更愿意强调历史意识应当用来帮助我们认识我们所属群体的多元性质。在美国史中，这意味着要放弃美国身份的观念，这种观念强调清教徒、开国元勋和我们最为著名的总统们在其中发挥的作用，而代之以一种新观念，它融入了少数族裔与妇女的历史贡献，并承认过去当中更为阴暗的层面，以平衡对民族成就的夸大。理想状态下，对我们民族之过去进行批判式理解将有助于美国人民更为理智地应对当前所遇到的问题。在地方层面，我们社群的历史意识应当致力于保存那些表达了过去认同感的结构，并同时展现我们的社群认同能够接纳变化的因素，正如它在过去时代一直所做的那样。在全球层面，很多历史学家认为我们学科的任务是要展现各大洲的人们如何从来都是休戚与共的。我们希望，一种共享过去的感觉可以消解矛盾，推动全球性问题的解决。

史学家们还倾向于强调真实的历史对于驳倒过去神话的重要性，这些充满情感色彩的神话在当前可能会产生危险的后果。例如，在2014年的夏天，当我写下这几行字的时候，全世界都在关注乌克兰这一东欧国家所爆发的危机。一些论断通过俄罗斯媒体被广泛传播，如大部分乌克兰领土“在历史上”属于俄国，二战期间乌克兰人曾支持德国入侵苏联，这加剧了两国间的紧张气氛。在美国，半个世纪以来针对非裔美籍黑人历史的严肃研究使得人们不可能再假装认为奴隶们的境遇并不坏，或内战后将黑人降为二等公民的吉姆·克劳法（Jim Crow laws）是无法避免的。

历史学和历史学家所发挥的另一重要作用，是提醒今天的当权
18 者们，总有一天他们将不得不面对后世的审判。美国和众多其他国家的法律要求，有关政府行动的文件必须被保存，并在一段时间之后，向历史学家开放。这类法律的一个主要目的是确保当前的执政者们清楚他们的行为在未来将会被细致地检视。尽管这一程序也许直到当事人去世后才会被执行，但公众人物总是切实地关心他们将如何被记住。即便独裁者们也会心有顾忌。1945 年，在纳粹政权崩溃前的最后几天里，希特勒的高级官员们疯狂地尝试摧毁他们的犯罪记录。然而，史家们的细致工作已证实，他们所犯下的滔天罪行，铁证如山，不容置疑。在一些国家，在经过激烈的斗争之后，出于政治考虑，执政者们试图通过赦免违法犯罪分子来达成和解。这些赦免也许能够让犯罪分子免除法律诉讼，但它们无法阻挡历史学家调查过去。因此，历史学家能够为尊重人权作出贡献。

以上这些即是历史学家能够为公众生活所作的重大贡献，而对那些研究历史、讲授历史、为历史所吸引的人来说，历史学同样具有重要意义。就像文学、哲学和心理学那样，历史学也是一门帮助我们理解人类行为，其中也潜在地包括我们自身行为的学科。历史学能够满足人类对理解我们生活的世界何以成其所是的普遍欲望。学习历史能够给予我们一种透视感，不仅透视我们生活的社会，而且透视我们自身。它能够激励我们，要去奋力实现个人或集体的目标；也能够慰藉我们，在生活中，完满的成功总是遥不可及。当然，

最后，好的历史学是**有趣**的。它使我们沉浸于他人的故事之中，这些故事因植根于现实而拥有独特的魅力。正如中世纪史专家卡洛琳·拜纳姆（Caroline Bynum）研究的女苦行僧以及大屠杀研究者克里斯朵夫·勃朗宁（Christopher Browning）描绘的凶残的德国警察那样，历史学将我们带至遥远的时空，向我们介绍这些生动而又各异的人物。

对不同历史领域的简要介绍

所有的历史学家都研究过去，但不同的历史学家对人类行为的不同面向感兴趣。物以类聚，人以群分，运用不同方法的历史学家聚集在一起，而后又尽力将自身与他者区分开来。不同类型的历史 19
学家聚焦于不同种类的历史材料；政府档案是政治史家的主餐，但对文化史家来说可能难以消化。识别历史作品属于哪一特定类型，是我们称之为“史学素养”（historiographical literacy）的基础。接下来的章节将会说明不同类型的历史学是如何随着时间而发展的；在这一部分，我们将对即将讨论的最为常见的历史类型进行归类。事实是，这种分类工作颇为棘手，因为不同种类的历史学常常混杂在一起，形成混合物，以致我们无法干净利索地加以区分。例如，玛莉·伦达（Mary Renda）的《攻占海地：美帝国主义的军事占领与文化》是有关 1915 至 1934 年美国占领加勒比地区国家的创新性研究，它将政治军事史与性别分析及文学阐释结合起来，而后两者通常与文化史相关联。另一困难之处在于，相同历史类型的两部作品有时也不一定能够和谐共处。两位政治史家可以运用类似的方法来研究如 20 世纪 30 年代的富兰克林·罗斯福新政这一主题，然而，关于新政的起源以及它的成功程度，他们可能会得出相互矛盾的结论。

政治史及其近亲，外交史，或我们今天通常称为的国际关系史，以及军事史，始终是至关重要的历史类型。确切说来，像 2000 年有争议的美国总统选举、2001 年“9·11”恐怖袭击、2003 年美国入侵伊拉克、以及 2014 年第一次世界大战百年纪念这类事件已提醒史家，“传统的”政治、军事和经济史作为解释过去的工具仍是必需的。这类形式的历史学可以追溯到很久之前。包括古希腊修昔底德和中国司马迁在内的最为早期的史学家们，皆将叙述和解释政治精英及军事领袖的行动作为自身的主要工作。文艺复兴时期顶尖的历史学家，如马基雅维利和圭恰迪尼，同样关注于类似的问题。而 19 世纪的学者兰克及其创立的历史学派也将这些问题作为其研究的主要关注点。

政治史和外交史有时因过于狭隘地关注“伟大人物”、忽略广大群众和妇女而遭受谴责。然而，从当前这类形式的历史实践来
20 看，这一判断有些过时了。群众运动，如 19 世纪早期的英格兰宪章运动，可以是并且常常是政治史的主题；女权主义，如有关 19 世纪和 20 世纪早期选举权运动的作品，比如说克伦·奥芬（Karen Offen）的《1700—1950 年的欧洲女权主义》（1999），也可以是政治史的重要组成。借助于定量统计方法，史学家得以对投票数据进行分析，从而解释为什么美国会经历改变政党体系的周期性“重组选举”，或者在 20 世纪 30 年代早期是什么因素推动德国人投票给希特勒。外交史家们日益承认政府之间的官方互动只是外交关系的一个层面。近几十年来，“新军事史家”们也已彻底改变了军事史研

究，如约翰·基根（John Keegan）的作品《战争的面孔》（1983）运用了社会史和微观史的方法，将关注点从将领和军事技术转移到普通士兵的经验上。

政治、外交和军事史仍然是历史研究的主要领域，因为学者们承认，它们处理的是人类经验的重要层面。即使有人试图坚定不移地研究过去普通人的日常生活，他也会发现，这些普通人仍受他们生活于其中的政府法规的影响，他们支付税金，他们的生活常因战争和外交协议而被深刻改变。这类历史常为戏剧性叙事所青睐，这也是它们仍在大众历史中占据主要位置的原因。但这一领域的优秀作品也有很强的分析维度。理解为什么 1588 年西班牙菲利普二世会出动无敌舰队反对英格兰，或者为什么 1862 年林肯（Abraham Lincoln）决定颁布《解放黑人奴隶宣言》，这都需要对通常模棱两可的证据进行仔细的评估。

政治、外交和军事史家通常会依靠整理完善的史料进行研究，这让他们时常感到自己能够获得其他领域史家难以得到的那种确定性。按照传统，有关这类主题的文献都被小心地保存在政府档案馆中，经过多个世纪的史学实践，学者们已能够系统地使用它们。研究这类主题的魅力之一在于，学者有机会近距离地捕捉到那些引发重要政治、外交或军事事件的细节；此外，还能体会到这样一种感觉，即自己可以真正进入那些作为事件当事人的历史人物的心灵，这一点，是那些研究社会史或文化史的学者通常无法感受到的。即 21
便如此，这些领域的史学家仍需要运用他们的想象来充分理解事件的展开过程。尽管存在大量的文献档案，政治史的很多方面仍然是费解的，一些问题始终存在巨大争议，如 1793 年法国革命派采取恐怖政策的原因，美国政治中进步主义运动的特征，以及对 1914 年在欧洲爆发的世界大战的责任认定问题。

政治、外交和军事史经常被认为有其局限，因为在其叙事中，统治者尤其是民族国家通常被置于中心位置。如我们将看到的，这绝非偶然：多个世纪以来，国王和统治精英们时常有意地鼓励历史学家记录下他们的行为。在19世纪，“科学化”历史的发展成为民族主义成长过程中的一环；在国家档案馆面前，其他档案馆在藏品的规模和广度上皆相形见绌。然而，当代史学家清楚地意识到以国家为中心的历史的局限之处。当前，当代史的“全球化”运动正强调那些超越国家边界的历史力量。正如一些学者所意识到的那样，政治史并非国家政府的专利，诸如两次世界大战间的国际联盟以及更近时期中的非政府活动家群体等国际组织的历史，是当前历史学界的主要生长点。

社会史是漫步于学术荒原之上的另一重要门类，它通常与经济史关系密切。英国历史学家G. M. 屈威廉（G. M. Trevelyan）曾将社会史定义为“剔除政治的人类历史”。社会史关心不同时期人类（作为家庭成员、社群和社会阶层的成员）产生联结的不同方式。经济史则尤其重视人们的谋生手段、所运用的技术以及财富流动的影响。社会史家和经济史家有时宣称，相较于政治史家的关注内容，他们触及的是人类生活更为基础的层面。这种观念受19世纪中叶社会理论家卡尔·马克思（Karl Marx）的影响，他认为，社会阶级间的矛盾是历史变化的动力，而且，社会阶级本身是经济结构的产物。在20世纪60年代和70年代早期，一种“新社会史”在学界占据主导，它从经济学、社会学和政治科学等“硬”社会科学中借来定量的研究方法。如果说政治史家关注的是统治精英，那么，社会史家和经济史学家则更强调在绝大多数时间和地点占据绝大部分人口数量的底层社会。

随着2000年代末世界金融危机的爆发，人们对世界经济的失衡以及收入不平等加剧的关注，复兴了社会史和经济史中的一些传统议题。在如今以其他名字命名的历史学门类中，我们仍可找寻到一些“新社会史”的基因。在E. P. 汤普森（E. P. Thompson）《英国工人阶级的形成》中被称为遭受“子孙的不屑一顾”的群体，如今更多地被史学家们称为少数族裔、被殖民人口或根据性别划分的群体。“微观史”和“日常生活史”所探究的领域，也无疑属于社会史。在非西方史如拉丁美洲史中，社会史占据着重要位置。在美国和欧洲史中，有关社会安全体系及另外形式的社会政策的沿革问题吸引着史学家的注意，这标志着社会史家已积极响应了那个早在20世纪80年代便已发出的呼吁，将“国家带回”到对普通人经验的研究之中。

经济史家已为全球史和世界不同地区间联系的研究作出了很大贡献。近几年来，在美国出版的最具影响的经济史著作可能是彭慕兰（Kenneth Pomeranz）的《大分流：中国、欧洲与现代世界经济的形成》（2000），它表明经济史能够同时为历史性理解和认识当代世界作出的贡献。彭慕兰论证了为何工业化会在1800年左右的欧洲而非中国出现，尽管当时这两个区域在经济发展水平上相当，这一论断将当前中国经济的快速增长置于历史视角下考察，并且挑战了唯有西方的文化价值和政治制度才有利于技术创新这一观点。

社会和经济史所采用的史料与政治、外交和军事史通常采用的史料完全不同。社会和经济史家常常依靠于能够被转换成数字和进行统计分析的数据：如普查报告、纳税清册、进出口货物图表、工资和价格记录等。社会史的其它重要史料还可以包括财产登记簿和 23

警察记录，它们展现的常常是一般的行为模式；也可以包括游记和日记等私人文献。如果说研究政治和外交史的一部分魅力来自于史家认为史料允许自己了解历史人物制定决策时所思所想的话，那么，推动社会史家进行研究的力量常常在于让史家接受一种挑战，即看看究竟能从那些毫无头绪、残缺得令人沮丧的材料中获得些什么。法国年鉴学派创始人马克·布洛赫的社会史经典《法国农村史》（1931）的天才之处就在于，他能够从那些从不让我们直接看到所涉人物想法的碎片化证据中建构出一幅令人信服的法国农民群体生活图景。

文化史作为20世纪末期发展最为迅速的学科领域，同样是一个重要的历史学门类。如果说与社会史密切关联的是“硬”的社会科学，那么文化史则与人类学及诸如文学研究和艺术史等其它人文学科的关系更切近。文化史家研究人类群体在历史进程中为自身创造意义的不同方式。文化史的主题可以包括性别认同体系、宗教实践、与死亡相关的信仰和仪式等。相较于社会史通常被认为是“群众”的历史，文化史面对的则可能是精英文化、大众文化或介于两者之间的任何文化。

如果说吸引一批学者研究政治和外交史的原因在于有机会接触一些能够构成一幅过去事件之完整图像的史料，那么，研究文化史的魅力则在于史学家需要去追踪那些散落至各处的史料，这些史料往往在传统史家意想不到的地方被发现。很多文化史家借助于印刷史料和书面的档案材料工作，但有些史家也在博物馆和私人藏品中寻找材料。记忆史家也许会去各地旅游以参观公共遗址，就像法国史学家丹尼尔·舍曼（Daniel Sherman）为他的研究《两次世界大战期间的法国记忆建构》（1999）所做的那样，这是一部纪念一战中阵亡士兵的历史。还有一位学者，她为了重构日本冲绳岛上传统舞蹈的意义而去学习表演相关舞步。

过去几十年来，在美国，文化史正在不断挤压思想史的领地。 24
然而，对观念和思想的研究依然是一个重要的学科领域。事实上，出于对其经常表现出来的精英主义特征的反对，思想史研究在之前经历了一个黯淡期，但随后人文学科中“语言学转向”的相关视角又赋予了它新的活力，这一点我们将在第六章中有所讨论。相较于文化史家关心不同人类活动中的意义表达，思想史家更关注形式结构文本：如哲学、政治理论、文学和历史作品。除此之外，思想史家也重视那些致力于思想和写作的个人著作。在所有历史类型中，思想史最不容易受“底层历史”的影响。思想史的史料通常是书籍，也可以是未出版的文章以及思想家间与作者间的通信。

在对这些历史的主要类型进行介绍之后，现在，我们要开始探寻这些不同类型的历史作品是如何以及缘何发展起来的了。我们推测，在人类创造出各种语言体系的时候，他们也必定形成了记录过去事件的多种方式。然而，对于那些在文字出现之前便已采用的历史记忆形式，我们只能凭借猜测。我们知道，早期文明已记录下某些历史信息，如留存至今的古埃及王表、美索不达米亚平原上遗存的伴有铭文的战争场景浮雕。然而，我们通常将那些致力于描述历史的最初著作以及那些可辨识的书写历史的最初作者的出现作为历史诞生的标志。只有从这一点出发，我们才能够开始谈论历史思想的存在，而非仅仅谈论对某些事件记忆的保存以及这些事件发生的时序。

25

第二章　古代和中世纪的历史学

鉴于史学家承诺人类文化的一切层面都有其历史，自然，他们也想要重构历史思想本身的历史。的确，我们已经看到，“史学”（historiography）这个词的一种主要用法就是指历史的历史，不管它是作为一种思想的规范或方法，还是作为一种著作的形式或文类，亦或作为一门专业。令人诧异的是，直到历史已被记录几千年后，才有人开始尝试书写历史本身的历史，而非简单地将其视为一个文学分支。直到 19 世纪末期，史学史才得以产生，也正是在这一时期，如我们将要看到的那样，对过去的研究才第一次被作为一门为学术研究和教学所关切的学科，针对史学家的职业培训才被组织成今天仍在沿用的模式。

就像过去的任何其他层面一样，根据史学家自身所处时代的不同关切，史学的发展历程也呈现出不同面相。例如，在 20 世纪的大部分时间里，史学史被书写为一个进步的故事，在这个故事中，历史思想自身逐渐摆脱了神话和宗教的成分，采纳了科学的视角。身处这一传统的史学史学者们将现代历史思想的进步视为西方——也就是欧洲和北美——文明的一个伟大成就，而很少关注到世界其它地域曾经如何记录过去。然而，在最近几十年中，人们对与大学中 26
讲授的“科学化”历史并存的非传统形式的历史，以及非欧洲传统的历史产生了越来越浓厚的兴趣。从这一层面看，有关几个世纪中历史书写的不同方式的研究已成为新的兴趣点。与其说这些不同方式由于被现在研究历史的所谓“恰当”路径所取代而成为过时的，还不如说它们向我们表明了，观看过去的视角从来都是多元的，而且，就像人类文化有众多层面一样，记录历史的主导方式也会随着时间的流逝而改变。

希罗多德和修昔底德

致力于研究史学的作品，无论其多么渴望挣脱今天看起来过于狭隘的历史定义，也仍要给予两位生活在公元前 5 世纪希腊雅典城邦中的史学家以特殊地位，他们分别是希罗多德和修昔底德。这两位史家继承了注重保存过去记忆的传统。克里奥女神（Clio）是希腊神话中九位司管艺术的缪斯中的一位，从那时起，她始终被作为历史学的象征。希罗多德和修昔底德是目前已知的最早的历史写作者之一，他们的大部分作品也被完整地留存至今。希罗多德的《历史》记述了这位史学家童年时期发生的，希腊人击退波斯入侵的战争。修昔底德的《伯罗奔尼撒战争史》则详细叙述了雅典试图统治其它希腊城邦的灾难性失败，修昔底德本人也参与了这场战争。在那一时期，希腊人正试图更好地理解世界和精确地再现世界，这种努力使雅典成为文化创新之都，而希罗多德和修昔底德用现实主义的方式描述过去事件的尝试正是这种努力的一部分。希罗多德和修昔底德生活的年代与哲学家苏格拉底和柏拉图生活的年代部分重合，后两者提出了有关普遍知识之本质的问题；也与剧作家埃斯库罗斯（Aeschylus）、索福克勒斯（Sophocles）和欧里庇得斯（Euripides）的生活年代部分重合，他们的戏剧以心理现实主义而闻名。

希罗多德和修昔底德当然不是第一个记录有关过去事件信息或建构有关过去故事的人物。游历了整个地中海世界的希罗多德注意到，埃及人所保存的王表可追溯至几个世纪之前，波斯人也有记录
27 过去的传统。希罗多德和修昔底德同样熟知荷马史诗《伊利亚特》和《奥德赛》，它们讲述了特洛伊战争的故事，一场据说发生在多个世纪以前的冲突。尽管这两位史学家并不知道，在其他文明地区同样已诞生了历史叙事。在东地中海的另一区域，犹太人保存下有关他们起源及统治者事迹的故事，这些故事最终被记录成文字并写进《圣经》之中。在欧亚大陆的另一端中国，哲学家、圣贤孔子已强调记录过去事件的重要性，即人们可以从中获取教益，以引导当前人们的行动。

希罗多德和修昔底德的作品不同于先前有关过去的记录和故事的地方在于，他们将历史定义为一种讲述过去之故事的特殊方法，它是特别的，因为它致力于发现和传递过去事件的真实之处。由此，希罗多德和修昔底德不得不为自己设置限定，规定好历史应当关注的主题、依据的材料以及达到的目的。尽管希罗多德仍记录下了埃及和波斯的神话传说，写到希腊人对神谕的信仰常常会影响他们的行为，但他和修昔底德都将历史定义为有关人类思想和行为的故事。不同于荷马，他们对事件的解释不再落脚于神意。希罗多德和修昔底德皆同意，历史应当关注于不同寻常的事件，这些事件影响了整

个社会而非仅仅个人生活。事实上，他们皆认为自己所写的战争是世界所有已知冲突中最重要的。

希罗多德在著作中使用的希腊词汇“istoria”可被译作“探询”(inquiry)，其著作花费了很大篇幅讲述自己为搜集希波战争中不同人物的信息所做的旅行。在大多数时候，希罗多德都写明了其信息的来源，并对信息进行批判性的评定，告诉读者他认为哪些是真确的，哪些是值得怀疑的。修昔底德则较少言及他的史料，但他向读者保证，他只记录那些他亲自观察到的事件——在一个章节中，他严肃地描绘了一场他亲自指挥的失败战役，因为这次失败，他被驱逐出雅典很多年——或由可靠的见证者报道给他的事件。

希罗多德写道，他著作的目的，是为了确保“人类过去的所作 28
所为不至于随时光流逝而被人淡忘……使希腊人和异族人的那些值得赞叹的丰功伟绩不致失去其应有的光彩，特别是为了把他们相互争斗的原因记载下来”。[①] 对于希腊战胜波斯人的重要意义，他毫不质疑：这场胜利保护了希腊狭小城邦的独立性，为之后雅典民主的迅猛发展奠定基础，直到修昔底德将要记录的伯罗奔尼撒战争的爆发（此时希罗多德已去世）将雅典城邦带入“黄金时代”的末期。然而，希罗多德依然尊重敌手波斯人，他试图不偏不倚地解释他们行为的动机。在他看来，历史的职责即是讲述真实，这要求它不同于具有偏向性的宣传。希罗多德对人类行为的广泛兴趣引导他记录下妇女在其中扮演着重要角色的故事，他认为，人类生活的一切层面都潜在地能够成为历史兴趣的对象。

---

① 引自 Thomas R. Martin, *Herodotus and Sima Qian: The First Great Historians of Greece and China* (Boston: Bedford/Saint Martin's, 2010), 31－32。译文参考徐松岩译注：《历史》，上海三联书店，2008 年，第 1 页。

比希罗多德晚一代人的修昔底德更专注于重构有关过去的真实故事。他批评一些纪事家混杂了寓言与可证实的事实，这可能是在针对希罗多德。修昔底德将自身限定在记录他的时代发生的事件上，他认为，只有这些事件能够获得确定的知识。对希罗多德著作中那些活跃气氛的花边轶事，他丝毫不感兴趣。然而，修昔底德也坚信，在雅典与其他希腊城邦尤其是斯巴达间进行的伟大战争是一出值得记载的戏剧。如果说希罗多德讲述了一个希腊人击退外来入侵、成功捍卫自由的英雄故事，修昔底德则叙述了一出因内部斗争和雅典的无节制扩张给家乡带来灾难的悲剧。从那时起，读者就将《伯罗奔尼撒战争史》视为一种告诫，严防因自不量力和将决策权交给不负责任的政治煽动家而导致社会衰落的危险。

相较于希罗多德，修昔底德的叙述视野更狭窄些，他几乎只书写战争和政治事件，因此，妇女被排除在他的故事之外。修昔底德的书写风格清晰、明确，鲜有修辞装饰，直到今天，这种风格依然
29 是严肃的历史写作的典范。然而，另一方面，他在叙事中加入了大量演说辞，这些演说辞由故事中的领导人物发表，但修昔底德承认他很少能够获得他们演说的确切词句。“我的方法是这样的”，他写道，“一方面尽量保持实际上所讲的话的大意，同时使演说者说出我认为每个场合所要求他们说出的话语来”。[①] 藉由这些演说辞，如雅典将军伯里克利为纪念战争中阵亡将士而发表的祭文，修昔底德让人物自己来解释他们行为的动机。这些演说辞是《伯罗奔尼撒战争

① 引自 John Burrow，*A History of Histories*：*Epics*，*Chronicles*，*Romances and Inquiries from Herodotus and Thucydides to the Twentieth Century*（New York：Random House，2008），38。译文参考谢德风译：《伯罗奔尼撒战争史》（上册），商务印书馆，1985 年，第 17 页。

史》中最为有力的篇章，修昔底德的做法启发了一些后世史家，他们诉诸于相同的手段，但随后人们也认为这类创作出来的材料混淆了历史与虚构间的界线。18 世纪之后，将历史学与其他文学形式区分开来的标志之一即是将这些被重构的想象的演说辞逐渐从历史叙事中清除出去。然而，当历史电影创作者为其人物设计对话时，他们被认为复兴了修昔底德的实践。

希罗多德和修昔底德的著作随后成为古希腊和罗马世界史学家及其后继者们参照的重要范本。虽然在中世纪，这些著作大部分被遗忘了，但到欧洲文艺复兴时期，希罗多德和修昔底德的作品被重新发现，并从那时起被作为西方史学传统的基础。除了有关历史性质的定义，这两位作家以书面形式进行叙事的做法，是他们对历史学最为重要的贡献。他们的文字被保留在羊皮纸或纸草这类可长期留存的材料上，这意味着在作者去世很久之后，读者们仍可阅读到这些被保存下来的文字。书面的历史记叙还可以被制作出多个副本，让更多的读者读到它，并且可以被拿来与其他文献相比较。由此，人们能够更为批判性地理解记录事件的困难之处。

希罗多德被誉为“历史学之父”，因为他第一次将争取自由作为一个中心议题，也因为他对他所记录的不同人群的文化持有广泛兴趣。另一方面，希罗多德有时也被称为“谎言之父”，因为他的作品中混杂了众多荒诞不经的故事。修昔底德对人类存在本质上是悲剧的看法和他对政治运作过程的透彻理解至今为读者所称道，对那些 30
认为历史应当紧扣同严肃事件相关的事实的人来说，修昔底德对寓言和轶事义无反顾的摒弃使他成为一种典范。由于希罗多德和修昔底德代表了两种不同的、但同样令人信服的历史写作观，当前史家对他们作品的不同反应常常可以清晰地表明这些史家对历史写作最为重要的因素的不同看法。近年出版了与欧洲史学相关的重要著作的两位研究者即是很好的例子。恩斯特·布赖萨赫在著作中提及修昔底德“壮丽的叙事”以及“文体与内容的完美结合”，毫不掩饰地表达了对修昔底德的偏爱。唐纳德·R. 凯利则用9页篇幅来论述希罗多德，他总结说，“其价值比以往任何时候都更受重视”，但仅用2页来论述修昔底德，他写道，修昔底德“在人类思想和行为上的概念要狭隘得多”。[①] 可以断定，对那些更为传统的学者来说，修昔底德较具魅力，而对那些更容易接受革新的学者来说，希罗多德是他们的所好。但情况并不总是如此。例如，德国史学理论家莱因哈特·科塞勒克（Reinhart Koselleck）（他是“语言学转向”的一位主要领导者，这场运动在20世纪70年代震动了历史写作）就将修昔底德视为后现代主义的先驱，因为“他表明，搜集事实不等同于刻录下有关这些事实的所说所写”。[②]

希腊化与罗马时期的历史写作

雅典城邦的命运始终是雅典人作品的主题，在伯罗奔尼撒战争之后，雅典城邦衰落。尽管如此，在希罗多德和修昔底德身后几个世纪的地中海世界中，历史写作依然是希腊学者们的专长。在修昔

① Ernst Breisach, *Historiography: Ancient, Medieval, and Modern* (Chicago: University of Chicago Press, 1983), 16, 17; Donald R. Kelley, *Faces of History: Historical Inquiry from Herodotus to Herder* (New Haven, CT: Yale University Press, 1998), p. 30.

② Reinhart Koselleck, *The Practice of Conceptual History*, trans. Todd Presner (Stanford, CA: Stanford University Press, 2002), p. 68.

底德去世半个世纪后，著名的希腊哲学家亚里士多德对历史本质及其与其他思想形式间的关系做出了最早也是最为重要的区分。“历史学家与诗人之间的区别是……前者描述已发生之事，后者描述可能发生之事。因此诗歌是比历史更哲学化、有更深意味的事物，因为诗所描写的事有关于自然、带有普遍性，而历史则叙述个别之事”，亚里士多德写道。[①] 尽管亚里士多德明确认为诗歌，并且暗示哲学，要高于历史，因为后者被限制在一系列或多或少有些偶然的真实事件上， 31
而前者处理的是普遍问题，但他的构想也的确承认了，历史与经验的真理间存在着特殊的联结，而这一点在其他文学类别中是缺失的。

后来的希腊史学家们大多关注公元前 4 世纪亚历山大大帝的远征及其去世后帝国的崩溃。与此同时，罗马城邦的崛起日益凸显出其重要性，到公元前 2 世纪初，罗马战胜北非帝国迦太基，毫无疑问，它已成为当时地中海地区最为强大的城邦，很快，它的影响将直接波及希腊世界。尽管罗马人自豪于他们远超希腊人的军事才能，但他们欣赏希腊的文化成就，包括书写历史这一精妙的传统。公元前 2 世纪中叶，第一部论述罗马史的重要著作成书，其作者是波利比乌斯（Polybius)，一位因家族反对罗马政权而被放逐至罗马的希腊人，他用其自身的语言书写罗马的过去。

波利比乌斯及其后继者们——其中最为重要的是用拉丁语写作的李维和塔西陀——继承了希罗多德和修昔底德的历史写作模式，但他们面临着一些自身时代的新挑战。为了解释罗马在几个世纪中兴起和强盛的过程，他们需要搜集和评定遥远过去的史料。他们可

---

① Aristotle，*Poetics*，转引自 Donald R. Kelley，ed.，*Versions of History from Antiquity to the Enlightenment*（New Haven，CT：Yale University Press，1991），p. 62。

以借用一些文献，如早期时代的法律文本，但他们都承认，将真实事件从传说中区分出来是困难的。希罗多德和修昔底德面对的是一个狭小城邦的历史，罗马史学家们却需要将视野扩大至整个已知世界。此外，这也要求他们整合罗马及各个希腊城邦不同的纪年方式，前者将城邦的建立之日作为元年，并在大多数情况下按照每年推选出来的执政官名字纪年，后者所广泛采用的体系则是按照每四年举办一次的奥林匹克竞赛纪年。当前，我们已习惯于根据耶稣诞辰（公元前和公元后）这一被普遍接受的历法来计算日期，很难想象早前史学家们匹配不同的纪年方式该有多困难。

尽管波利比乌斯的历史突出强调罗马的崛起，但他也致力于将
32 他那个时代的整个已知世界囊括其中。“至今为止，大多数历史学家只关心孤立的战争和他们同时代的事情：据我所知，没有人曾从事考察一个普遍而可理解的事件体系的工作，包括它们的时间、起源和结果”，他写道。[①] 相较而言，波利比乌斯的后继者们更专注于单独的罗马史，他们发展出国别史（the national history）这一体裁，即一个单一政治共同体在一段连续时间内的故事。以波利比乌斯为开端，探讨罗马城获得非凡成功及随后（尤其是公元前 27 年由奥古斯都独裁统治的罗马帝国取代罗马共和国后）衰落的原因成为罗马史家的焦点。“对事件的原因，以及在特殊情况下选择一个更好政策所带来的影响有一个清晰的认识，对历史研究者来说是十分受教育和有益的”，波利比乌斯写道。直到今天，当我们论及历史的价值时，还会提及这一论断。[②] 除此之外，波利比乌斯还认为，政府的一

① Polybius，引自 Peter Gay and Victor G. Wexler，eds.，*Historians at Work*，4 vols.（New Haven，CT：Yale University Press，1991），p. 62。

② Polybius，载于 Gay and Wexler，eds.，*Historians at Work*，1：114。

切形式都将不可避免地趋于堕落，但罗马共和体系中君主制、贵族制和民主制的结合使它比任何对手都更能抵御衰亡。这一论断提供了一个理解政治史的框架，尤其在文艺复兴至法国大革命这一阶段中，这个框架对欧洲的政治学和历史写作产生了巨大影响。

在波利比乌斯写作时，“永恒之城”（the Eternal City）仍在发展它的势力。伴随着罗马城的持续扩张，国家中的内部矛盾日益激化。保守派将这些问题归咎于对历史传统的抛弃。既然不可能回到过去，这些所谓的好古者们（antiquarians）致力于改进历史方法，他们试图发展出阐释遥远过去之证据（如旧的法律和铭文）的更好方法。在波利比乌斯去世一个世纪后，在公元前 1 世纪共和国走向衰落的动荡岁月中，李维有关罗马史的巨著完成了，虽然今天只留存下一部分。在这部著作中，李维将早期罗马人的简朴、爱国和诚实与其所见的他那个时代人们的道德败坏做了对比。李维清楚地知道书写例如罗马城的建立这样发生在距其生活年代多个世纪之前的事件之历史的困难所在，这一艰巨任务不同于希罗多德和修昔底德所做之事。李维写道，其著作的早期阶段处理的是那些“模糊的事，这些事件之所以模糊，是因为它们十分古老，就像因距离遥远而几 33
乎无法感知的事物，还因为在那些年代，人们仍很少使用文字这种唯一可靠的保存事件记忆的东西”。[①] 在李维生活的同时代，尤利乌斯·恺撒（Julius Caesar）写作了《高卢战记》，这部书详细叙述了他为罗马赢得大片新土地的征服战争。“高卢全境分为三个部分”，这是《高卢战记》中著名的开场白。恺撒的著作为军事和政治领袖书写回忆录，叙述其自身的丰功伟绩开创先河。凯撒将自己描绘为

---

① Livy，载于 Gay and Wexler，eds.，*Historians at Work*，1：171。

一位善于思考的仁慈领袖，为罗马的利益而非个人野心奋战。就像后世众多的帝国征服者那样，他宣称自己对境外领土的占领为生活于其上的居民带来了福祉。尽管政治性的回忆录通常被质疑带有作者的偏见，但直到今天，它们仍然是一种重要的书写过去的形式。不同于历史学家，回忆录作者能够声称自己直接参与了所描绘的事件，并为读者提供洞察他们思想的机会。即使史学家质疑回忆录的公正性，他们仍无法忽视回忆录作为史料的价值。

在罗马帝国取代罗马共和国、奥古斯都执政之后，塔西陀（Tacitus）强烈谴责了帝国的道德败坏及众皇帝的专制统治。塔西陀富于雄辩的词句强化了这样一种观念，即史学家的职责在于运用过去来阐明自身时代的不足。正如塔西陀在描述罗马征服的影响时所用的词句——“他们制造了一片荒漠，并称其为和平”——那样，其简约的文体、用只言片语即表达复杂思想的风格，在几个世纪中吸引了众多效仿者。在著作中，塔西陀将帝国中罗马人的堕落与日耳曼人热爱自由的简单生活进行了对比，后者在公元9世纪打败了奥古斯都军团，这一对比深刻影响了之后对“蛮族人”的历史描绘，这些“蛮族人”最终占领了罗马。塔西陀时代另一位重要的史学家是普鲁塔克（Plutarch），他被认为是传记——历史的近亲之一——的发明者。他的《希腊罗马名人传》表现出这一文类的文学力量，它通过将希腊与罗马历史中著名人物的生平故事相互结对，来加强其道德训诫。传记是否为历史的一种形式，或传记作家牺牲历史语境来凸出主体生平的倾向是否会不可避免地导向对个体作用的夸大，这些问题被争论至今。自罗马时代以降，受过教育的欧洲人更熟识拉丁文而非希腊文，这意味着，相较于希罗多德或修昔底德，李维、塔西陀和普鲁塔克的历史著作更为人所知，也更具影响力。

到公元2世纪末，希腊和罗马学者已建立起广泛的历史书写传 34
统，甚至开创了有关历史方法论的批判写作传统。罗马学者如著名的演说家西塞罗（Cicero）和修辞理论家昆体良（Quintilian）书写了有关历史功用及如何恰当地撰写历史的著作，普鲁塔克犀利地解读了希罗多德著作中的偏见和错误。希腊作家萨摩萨塔的琉善（Lucian of Samosata）撰写了一部篇幅更长的著作《如何撰写历史》，这部著作表明，古代史家已开始思考今天仍困扰着史家们的众多问题。琉善认为，史学家应当是“无畏的，廉洁的，自由的……（做出）不偏不倚的判断……独立的，不臣服于任何至高无上的权力，不做出这个或那个人将会如何想的推断，而只陈述事实”。历史写作应有文采，但也应当“脚踏实地”，而不是“滑落进诗歌野性的热情之中”。史学家应当在进行“大量艰辛勤勉的调查”以及认真的记录之后，方能开始写作。总之，“史学家们的头脑要像镜子一般，清晰、透光，重视精确性，原模原样地展现事物的形状，远离歪曲、偏见和失实”，琉善提出。①

在琉善时期，为雅典人所建立、由罗马史家进一步发展的历史写作传统已持续了将近六百年，它构成了古典时期文化的一个重要层面。自文艺复兴时期以降，这些古典时代的历史学家们启发了一种“现代”史学的建立，这种史学将事件的原因归结到人类行动者或非个人力量，而非全能之神的意志；他们的作品还被视为语词优雅的典范。然而，在投以钦佩的同时，将古代史家视为典范的后世史家也误解了其历史方法的一些重要层面。希腊和罗马史家并非现

① Lucian of Samasota，*How to Write History*，引自 Kelley，ed.，*Versions of History*，pp. 66–67。

代的理性主义者：他们生活在一个相信各种超自然力量并十分看重预兆的世界中。他们的读者是有限的。尽管书面文字使得他们的作品能够被复制，为读者所存留，但手抄本是昂贵的，相较于那些印刷术发明之后所写的历史作品，手抄本的传播极其受限。尽管希罗多德、修昔底德以及他们后继者的作品对我们理解历史思想产生了很大影响，但古典时期的大部分人口是通过其他途径，如公共纪念碑和口
35 耳相传获知历史的。书面的历史作品仅为一小部分文化精英所留存。

中国史学的起源

在希腊和罗马世界发展出一些历史书写的重要形式时，另一支独特的历史传统在中国形成。生活于公元前 551 至前 479 年（稍早于希罗多德）的圣人孔子被认为写作了《春秋》，这是一部横跨几个世纪、记录某一中国王朝事件的编年史。随后，文人们不断在枯燥的原初文本上添加自身评论，从而突出从所述事件中体会到的道德镜鉴。公元前 2 世纪，当历史写作在罗马世界进入繁盛期时，司马迁（公元前 145—前 86 年）撰写了一部有关中国早期历史的最具影响力的著作，这部著作在随后的多个世纪中形塑了历史写作。正如罗马史家为城邦对全部已知世界的成功统治所激励，司马迁的《史记》是对公元前 206 年之后汉王朝实现中国大一统的回应。司马迁的父亲已开始从起源处撰述中国历史，在父亲去世后，司马迁决定接续他父亲的事业。很少有史学家会像司马迁那样为了继续事业而做出如此大的个人牺牲：他因政治原因被捕，被迫在体面的死亡与腐刑间做出选择，司马迁接受了后者。在给一位朋友的信中，他写

道："所以隐忍苟活，幽于粪土之中而不辞者，恨私心有所不尽，鄙陋没世，而文采不表于后也。"他知道，他所蒙受的耻辱意味着要在他去世长久之后，其作品方能表于后世。[①]

相较于希罗多德或修昔底德的作品，司马迁《史记》的篇幅要长得多，它更像一部百科全书，而非一个融贯的历史叙事。"网罗天下放失旧闻，"司马迁写道。[②] 除了记述两千年间统治中国的各个朝代，司马迁还编纂了一系列出色的编年年表，收集了大量各色各样的史料，撰写了重要历史人物的传记。同希罗多德那样，司马迁的作品囊括了人类生活的一切层面，并承认妇女在历史中时常发挥的
重要作用。他不大注重将有关过去的传说与档案记载的事实严格区 36
分开来，有时，从他著作的不同部分中可能得出相互矛盾的结论。比早期希腊罗马史家更为明确的是，以"太史公曰"为开头，司马迁在篇章中对从不同历史事件中可以得到的训诫加以评论。司马迁不致力于阐明简单的规律，他总是对这一事实保持敏感，即，不同的行为过程可能取决于不同的形势。但他也对以史为鉴深信不疑。司马迁希望作品能够传之后世的愿望最终得以实现：在中国悠久的历史书写传统中，《史记》成为一个典范。

历史学、犹太教与基督教

在西方世界，伴随着基督教新信仰的兴起，由希腊罗马人建立

---

① 引自 Martin，*Herodotus and Sima Qian*，p. 92。

② 引自 Martin，*Herodotus and Sima Qian*，p. 92。

的历史书写传统面临着新挑战。公元312年，君士坦丁大帝皈依基督教，随后，基督教成为罗马帝国的主要宗教。在基督教有关未来世界教义的浸染下，史学家发展出一种新的历史观。希腊和罗马史家很少追问自己人类的总体历史进程是否通向一个特定目标。希罗多德和修昔底德的作品关注一段相对较短的时期，因此他们不会考虑这个问题。波利比乌斯有关政治体系定然衰落的理论认为，历史就是重复的循环，每个统治国家皆会兴起、衰落，随后为另一个所替代。但大约成书于希罗多德和修昔底德活跃时期的犹太圣经（也是基督教圣经中的一部分）却提供了一种不同的历史观。根据《圣经》，上帝在一个特殊时刻创造了世界，人类历史中的全部事件都是天意计划中的一部分，并将导向一个特定的终点，在犹太人那里，它将走向弥赛亚的降临，而根据基督徒对神圣意旨的重新阐释，它将走向耶稣的复活。不管在哪个版本中，这一框架下的历史拥有了一条清晰的情节线，它从第一个人类亚当开始，经历各种因违背上
37 帝旨意而蒙受的灾难，最终走向救赎和世界末日。圣经里的预言，尤其是《但以理书》中关于世界将依次由四个帝国统治并走向末日的预言，对基督教学者的历史思想产生了重要影响。尽管学者们无法统一对前三个帝国的认定，但大家普遍接受罗马帝国应当就是第四个帝国，在神意预言的历史终结之前，它没有后继者。

犹太思想家将这种线性历史观及对头几个世纪现实存在的描述融入圣书中，随后，他们丧失了进一步发展历史学的兴趣。约瑟夫斯（Josephus）可以算是一位重要的犹太史家，他继承了希腊罗马式的历史写作模式，但由于他在公元67—70年巴勒斯坦犹太人反抗罗马统治的战争失败后投敌，因而被公元大多数犹太人视为一名叛徒。约瑟夫斯的著作向罗马人介绍了犹太人的过去。并且，它表明

了之后的事件如何能够给予数十世纪之前的历史著作以新的意义。1948 年，现代以色列国建立，在这之后，这部有关以色列失败斗争的历史著作，尤其是约瑟夫斯对一个犹太极端群体的描述（这个群体用一种自杀式的方式死守马萨达山顶要塞），成为了一部分新的民族神话。如今，效忠于以色列武装力量的士兵皆要起誓捍卫这个建立在马萨达废墟之上的国家。

尽管约瑟夫斯被证明是几个世纪中仅剩的一位重要的犹太史家，但基督教学者们却开启了一个重要的史学传统，这一传统在欧洲支配了一千多年。当基督徒放弃耶稣即将复活的原初希望，顺从事实——历史将未知地延续，他们开始直面一个问题：如何将其自身历史融入他们从圣经、从希腊罗马人那里继承来的更大的历史框架之中。生活在君士坦丁时代的尤西比乌斯（Eusebius）影响了之后几个世纪中基督教历史的模式。对尤西比乌斯及所有追随他的基督教史家来说，历史学的目的即是要展现上帝为人类所制定的计划。相较于古希腊罗马史家从人类行动或政府结构来解释事件，尤西比乌斯将事件归于神圣的天意。例如，君士坦丁和其军队获得军事胜利，是因为“上帝用最为巧妙的方式证明了他们间的结盟”[1]。尤西比乌斯从犹太圣经中吸收创世说，将其融入耶稣时代以降的基督信仰的 38
传播故事中。尤西比乌斯尤其专注于年代记，他试图表明犹太传统要比希腊传统更为古老，由此也更为可靠。公元 325 年，尤西比乌斯参加了由神学家参与的尼西亚会议（the Council of Nicaea），正如这次会议所认定的那样，他的《教会史》高度捍卫了基督教的正统教义。与前基督教时期的希腊、罗马史家截然不同，尤西比乌斯不

---

① 引自 Gay and Wexler，eds.，*Historians at Work*，1：263。

再假装中立，但是，另一方面，他比这些史学家更多地使用了直接摘取的引言——先辈的神学论据——来强化其论断，这为今天称为的“思想史”提供了范例。

到尤西比乌斯时期，罗马帝国已分裂为两部分，西边受罗马统治，东方受拜占庭帝国的统治。拜占庭帝国的首都是君士坦丁堡，也就是今天土耳其的伊斯坦布尔。直到 1453 年突厥人攻占之前，操希腊语的拜占庭帝国始终延续着统治，他们发展出了一个重要的历史传统，如公元 6 世纪普罗柯比（Procopius）对帝国宫廷腐败的尖锐描绘，以及 12 世纪由公主安娜·科穆宁娜（Anna Comnena）撰写的《阿列克修斯传》（1148），一部为数不多的由女性作家撰写的历史著作，皆是其中的重要著作。然而，在西欧，由于希腊语知识的丢失，那些继续影响着拜占庭学者的传统被切断了，变化着的政治时局给历史写作提出了新的挑战。公元 410 年，哥特人洗劫罗马城，这让人们严重质疑上帝将保卫帝国直到世界末日的观念。针对这种质疑，伟大的神学家奥古斯丁（Augustine）在其巨著《上帝之城》中做了理论回应。他认为，世界存在于两个层面，一个是“世俗之城”，在这个城市中，罪恶之人所引发的恶将获得胜利；另一个是“上帝之城”，在这个城市中，上帝的正义将占据上风。在奥古斯丁的图式中，历史发生在人类世界中，尽管上帝决定着它的进程，并且，历史的劫难不会阻碍信仰者最终得救。确切说来，人类历史的种种苦难皆服务于一个更高的目的，即让人类获得最终救赎。

奥古斯丁的学说意味着，世俗历史归根结底不及上帝之城中的事件重要。然而，由于奥古斯丁承认人类行动可以是历史事件的次
39 级推动力，他便为单独研究历史提供了一些正当理由。虽然奥古斯丁本人没有写过任何历史著作，但他的确有助于另一种书写过去的

重要形式的发明。他的《忏悔录》——在这部著作中，他讲述了自己的生命故事——通常被认为是自传的滥觞。正如奥古斯丁的作品所展现的那样，不同于传记作者，一位自传者不仅能够在一段历史中讲述其所做之事，而且还能表明他自身的内心想法和感受。现代史家有时同样试图展现他们能够探察到人类经验的主观维度，他们之中的很多人模仿奥古斯丁，书写下自己生命的个体历史。

中世纪的历史学

从 15 世纪文艺复兴时代直至最近，欧洲中世纪的历史写作始终被认为是一次不幸的偏离，它脱离了从希腊罗马史家作品向现代更为批判的历史学发展的既定轨道。1895 年，英国“科学化”历史研究的一位重要推动者阿克顿勋爵（Lord Acton）虽然认可中世纪“拥有叙述现世历史的杰出作家”，但他也批评这些作家“对过往的事实即不关心也毫无耐心。他们满足于蒙受欺骗，满足于生活在虚构的黄昏之中”。[①] 近来的史学研究者则展现出了对中世纪史家意图的更多理解。在宗教信仰的支配下，中世纪史家们将历史置于一个新的框架之中，但他们仍然认为自己服务于真理事业。他们的目的是呈现那些能够让读者居于正确的道德与宗教教义信仰之下的真理。中世纪研究者沃尔特·戈法特（Walter Goffart）在评价中世纪史家都尔的格雷戈里（Gregory of Tours）时说：“格雷戈里的目标是牧

---

① Lord Acton，“Inaugural Lecture on the Study of History，”载于 John Emerich Edward，Lord Acton，*Lectures on Modern History*（London：MacMillan，1906），p. 4。

灵式的，现世历史是他用来游说的工具”。[①] 这一论断适用于大多数生活在中世纪的史学家。

西罗马帝国解体的后果之一即是具备史学素养之人数量骤减。缺乏希腊语知识，就无法阅读如希罗多德和修昔底德的作品，而仅有的能够阅读和书写拉丁文的人士几乎全部为神职人员。在接下来的几个世纪中，所有的历史写作者几乎全部出自于这些神职人员。帝国的解体使得他们不再能够运用自波利比乌斯时代以来即引导着
40 历史写作的熟悉框架。不再生活于一个其命运牵动着整个已知世界的普遍帝国，如今，他们需要处理的是那些由来自罗马边境之外的“蛮族人”所统治的分裂王国的历史。中世纪史家习惯于在著作的开头部分放置一个从圣经和罗马史料中得出的世界史纲要，通过表明自己是圣经中挪亚子女或其他古代人物的后裔（英国人和法国人都声称他们的国家由特洛伊战争的幸存者所创建），他们试图将自己的同胞与这段普遍历史联系起来。通过这种方式，中世纪史家便将自身区域的地方史及取代罗马人的“蛮族人”的历史同承继自古代文化的更为广阔的历史图景联系起来了。例如，成书于公元 6 世纪的格雷戈里的《法兰克人史》即是第一部有关法国的区域编年史，其讲述了法兰克人首领克洛维（Clovis）如何开创一个统一王国的故事。然而，格雷戈里更感兴趣于宗教问题和教会史，在他看来，克洛维最为重要的举措即是皈依基督教。

在这些中世纪早期的国别史中，最为重要的即是成书于公元 735 年前后的比德（Bede）的《英吉利教会史》，这部著作开创了不列颠

① Walter Goffart, *The Narrators of Barbarian History* (*AD* 550 - 800): *Jordanes*, *Gregory of Tours*, *Bede*, *and Paul the Deacon* (Princeton, NJ: Princeton University Press, 1988), p. 228.

史的传统。较格雷戈里更进一步的是，比德清楚他书写的是英吉利人这一与罗马人毫无亲缘关系的特定族群的历史，而且，他明白，他的主题，即基督教信仰在英格兰传播的历史，与岛屿统治者更迭的政治史密不可分，这些统治者推动了基督教信仰的传播过程。在中世纪史家中，比德对准确性的严格把控及对史料的密切关注是非同寻常的。他是第一位采用耶稣纪年，将时间划分为公元前和公元后的史学家，虽然在比德去世后的几个世纪中，效仿这种纪年方式的史学家并不是很多。比德清晰明白的著作结束于不列颠群岛教会的成功统一，这折射出他对国家未来的一种自信，一种在接下来的几个世纪中其后人在面对维京入侵及其它灾难时将竭力维持的自信。

公元 800 年，教皇利奥三世加冕法兰克王国国王查理曼为罗马
皇帝。此后，西罗马地区的史学家们不顾拜占庭帝国的说法，认为 41
罗马帝国的遗产已过渡或“转让”给查理曼及其后人，世界仍然处于圣经《但以理书》预言的第四帝国时期。查理曼死后，这一囊括了今日法国、德国和意大利北部大部分地区的庞大帝国解体。但随后，世代相传的德意志统治者们仍称自己为神圣罗马帝国的皇帝，史学家们（如生活于 12 世纪的雷辛的奥托）仍自信地写下帝国将持续“直至末日”。这种帝国框架始终主导着中世纪史学家的历史思维，尽管此时国别史的传统已有所发展，比德的作品即是一个例证。此外，这种帝国框架也遮蔽了中世纪史学家们的视野，他们无法清晰地认识到自己生活的社会与先前古典世界的差别。

比德的《教会史》是一部拥有一个清晰结局的成熟的叙事作品。但中世纪最为常见的历史写作形式是年鉴和编年史，在这些作品中，事件被按照发生的时间顺序记录下来，史学家从不会探寻它们之间

的关系。例如，以下是一段中世纪编年史中有关 1239 年的典型条目，它告诉我们："4 月 10 日，威廉·罗利（William Raleigh）被推选为诺维奇主教（Bishop of Norwich）。一群来自遥远地区并横行于世的鞑靼人，通过恐怖的战争占领了匈牙利及其周边领土。6 月 18 日，英格兰皇后埃莉诺（Eleanor）诞下长子爱德华（Edward）。"[①] 这类由特定修道院中的修士所编写、有时长达数十世纪的记述表明，这类作品拥有多位作者，它们无法像比德的历史作品那样反映出单一作家的思想。这些简洁的条目也并不必然是中立的：保存于特定修道院中的编年史常常反映出维护这一体系的地方统治者所施加的影响。年鉴和编年史通常记录了富有价值的历史信息，现代史学家经常将它们作为史料运用，但它们不像古代历史作品那样具有较高的文学价值，它们也不曾试图解释其所描述的事件之成因，而让读者自己去理解。

中国及伊斯兰世界中的历史学

当修道院垄断了中世纪早期西欧地区的大部分历史写作，使之
42 看上去丧失了古代作品所拥有的那种高水准时，在世界的其它地区，历史叙事却在蓬勃发展。在中国，唐朝（618—906 年）统治者创立官修史馆，专门负责记录王朝之事。对唐及其后的朝代来说，历史书写拥有重要的政治功能，它尤其被用来表明，上一王朝已不受"天意"的支持，本应该被推翻。唐之后的宋（960—1279 年）继续

① 引自 Burrow，*History of Histories*，p. 218。

支持历史写作，这一朝代还见证了精妙的历史批判方法的发展，在欧洲，直到四个世纪之后，这种历史批判方法才有所发展。11 世纪的学者欧阳修和司马光论述了考古学和金石学中的物质材料对论证文献表述的重要性，他们还认为，越接近事件发生年代的书面史料就越具有价值。

在 7 世纪的伊斯兰世界，对穆罕默德生平及早期穆斯林征服战争的记述开创了另一历史书写的传统。穆斯林有自己的纪年方式，其元年是公元 622 年穆罕默德从麦加前往麦地那的希吉拉之日。为了精准地留存穆罕默德的箴言，穆斯林学者尤其关注这些言论被传播的细节。他们熟悉希腊罗马的历史传统以及犹太基督教的经书，根据这些材料，他们编纂前伊斯兰时期的编年史。然而，是否能够用非伊斯兰世界的史料撰写之后时期的历史却是一个争论的话题。在中世纪晚期，出生于突尼斯的学者伊本·赫勒敦（Ibn Khaldun，1332－1406）对历史思想进行了系统的批判，这比欧洲文艺复兴之前的任何著作都更具探索性。伊本·赫勒敦分析了影响史学家给出错误论述的原因，包括“对某一信仰或观念的偏见”、“对某些史料的盲目自信”、错误地理解了史料意思、“无法将事件置于其真实的背景之下”，以及为了取悦某人而写作。他认为，最重要的错误来源即是“忽略了支配人类社会转变的规律”。伊本·赫勒敦主张，人类行为是连贯如一的，因此，根据自身的经验，史学家便能够在研究过去时“区分什么是理所应当可能发生的，什么是不可能发生的”。①

① Ibn Khaldun，*An Arab Philosophy of History*：*Selections from the Prolegomena of Ibn Khaldun of Tunis*，Charles Issawi，trans.（London：John Murray，1950），pp. 27－29，34.

43 中世纪晚期的欧洲

自1095年起始，西欧骑士发动了一系列圣战（the Crusades），他们试图从穆斯林手中夺回和保卫巴勒斯坦地区自7世纪以来即被占领的基督教圣地。这些圣战为欧洲和伊斯兰世界的很多历史著作提供了灵感。“我相信，对战争史家来说，没有一个比此更为荣耀的主题了，”一位史学家写道。[①] 欧洲大多数有关圣战的历史记叙将其描绘为捍卫虔诚信仰的英雄事业，但更为冷静的编年史家却发现他们不得不承认，这些远征的组织性很差，参与者们常常在国界线边产生分歧，有时也屠杀无辜的受害者，远非在宗教精神的引领下统一行动。最为伟大的圣战史家维拉杜安的杰弗里（Geoffrey de Villehardouin）发现自己正在记录一次最富争议的圣战行动。1204年，在威尼斯政府的命令下，圣战者进攻了基督教拜占庭帝国的首都，而威尼斯政府正想要从对城市的劫掠中获益。自1096年发动第一次十字军东征以来，德意志的勇士们即开始他们反对异教徒的战争，在莱茵河沿岸的一些城市中，他们针对犹太人社区施行了屠杀。犹太编年史家记录下了美因茨城中犹太人的捍卫战，当他们预见自己将要失败并被迫放弃信仰时，他们决定集体自杀。这样的记述在这一阶段的历史作品中是少有的，它为我们提供了受害者而非征服者的视角。[②] 这一记述开创了一个独特的犹太传统，有时也被称为“催泪史”（lachrymose history），它强调一个被压制的少数群体所经

---

① 引自Breisach，*Historiography*，p. 133。

② 见“The Crusaders in Mainz，”载于Jacob R. Marcus，*The Jew in the Medieval World*：*A Sourcebook*（New York：Atheneum，1969），pp. 115－120。

历的苦难，在大屠杀历史中，我们能找到它最为重要的现代表达。

中世纪年鉴和编年史的枯燥也许可以解释蒙茅斯的杰弗里（Geoffrey of Monmouth）的《不列颠国王史》受欢迎的原因。这部著作大致写于 1130 年，是第一部涉及亚瑟王、其妻子格尼维尔及其忠诚骑士传说的著作。这些故事也许是杰弗里自身的发明，但相较于这一阶段编年史中的内容，他所创作的这一段神秘过去要远为生动得多。即使批评家们谴责杰弗里的故事是“谎言，是为了满足无知群众好奇心的虚构”，这依然无法消弭这些故事的成功。[1] 之后的作家们精心编织了亚瑟王的传说，让杰弗里笔下的这位军阀成为一 44
位富含骑士精神（这种骑士精神在中世纪晚期发展起来）的模范人物，并让这位虚构的统治者比不列颠中世纪史中的任何一位真实人物都更为家喻户晓。另一在中世纪广受欢迎的有关过去事件的大型传说记叙是沃拉吉纳的雅各（Jacobus de Voragine）的《金色传奇》（*Golden Legend*），这是一部有关基督教圣徒的生平故事集，成书于约 1260 年。这些充斥着奇迹的故事强调上帝对人类事物的紧密参与。这些传奇故事为很多艺术作品提供了灵感，同时无疑强烈吸引了中世纪读者，相较文字的真实性，他们更关注故事中具有教化作用的宗教寓意。

在亚瑟王故事和《金色传奇》成书的年代，西欧正在发展出一个新的、更为复杂的社会，阅读和书写能力不再局限于修道士阶层。到 11 和 12 世纪，西欧建立起第一所大学，它不仅为未来的神职人员提供教育，也为那些想要成为律师或医生的平信徒提供教育。然而，历史学并不列于大学学习科目之中，这种情况持续了几百年。

---

① William of Newburgh，引自 Kelley，ed.，*Versions of History*，p. 186。

对历史学实践产生更重要影响的是城市的发展，这是中世纪社会逐渐繁荣的产物。为了拥有自治权，这些城市社区中的商人和行会同教会特权阶层及封建主相抗争。在这一过程中，他们凭借自身成为了历史的主体，他们认为，那些他们所参与的事件皆值得被记录下来。

由于拥有强大而极富竞争力的城市，在德国和意大利，通常由平信徒撰写的城市编年史尤其常见。弗洛伦萨托斯卡纳城（Tuscan city）的地方史传统将对两位文艺复兴时期最为著名的历史写作者马基雅维利和圭恰迪尼产生重大影响。如果说修道院和国王编年史更注重宗教议题和战争，那么，城市史的关注点则更为包容，它记录了地方官员及行会成员的个人影响与行动，以及如犯罪、火灾这类事件。这些中世纪的城市编年史可以被视为社会史的雏形。与这些地方编年史相对的另一个极端是“普遍的”编年史，这种编年史试图涵盖整个已知世界的历史。鉴于在一个如此庞大之主题上获取精确信息的困难，这些普遍的编年史通常错误百出，但它们反映出一
45 种渴望，即希望获得一种历史视野，它至少能够涵盖整个基督教世界，为理解更为具体的国家和地方事件提供一个框架。在法国，克里斯蒂娜·德·皮桑（Christine de Pizan）的著作《妇女城之书》（1405）认为，一段真正全面的历史不仅应当包括男人的事迹，还应当包括女人的，但她的这种呼吁在随后的几个世纪中反响并不大。

到 15 世纪，在这段后世称为“中世纪”的时间里发展起来的历史方法，尤其是从宗教的角度叙述事件，以及相较于分析叙事更注重编年史的历史方法，已融入欧洲文化近千年。才华横溢的写作者们继续投身于这类叙事的创作之中，他们也仍然能够找到乐于接受这类叙事的读者。记录下英法百年战争中众多事件的让·傅华萨

(Jean Froissart) 自豪地说："(我) 已在这段历史上辛勤耕耘了 37 年。" 他强调，"我所曾收获的最大喜悦，正是对世界的过去之事做每一种可能的探究，然后书写下我习得的全部内容。"① 傅华萨意识到了真实性对历史编纂的重要性，为此，他解释了他与当时政治领袖间的密切联系如何能够让他直接观察到事件。并且，他认为，其著作中对自身赞助人不光彩之事的揭露正可以表明他为精确性所做的牺牲。傅华萨和他的读者们不会想到，在不久之后，他的历史写作模式——相较于那些生活于一千多年前的希腊罗马史家的著作——就会被认为是更为过时、更无关于对过去的理解的。

① 引自 Joseph Dahmus，*Seven Medieval Historians*（Chicago：Nelson-Hall，1982），p. 218。

47

第三章　近代早期的史学革命

这场开始于15世纪、让·傅华萨有关百年战争的编年史在成书几十年之后即变得过时的运动，从属于一场剧烈的思想变革，当时的思想家称之为“文艺复兴”或“知识重生”。今天的史学家则更倾向于将这段大致起始于1450年的历史时期称为“近代早期”阶段(the early modern era)。这是一种更为中立的说法，它避免了认为先前的几个世纪曾是一个“黑暗时代”的暗指，或接受这样一种为当时众多学者所拥护的观念，即，在这一时期，古希腊罗马文化得到了真正的复兴。事实上，近代早期不仅表现出对古代的痴狂，它还深受一些开创了历史的新事件的影响，如美洲的发现和印刷术的发明。与此同时，在中世纪与1450年后呈现的新时代之间，也有不容忽视的连续性。宗教信仰依然在欧洲文明中根深蒂固，事实上，在16世纪早期的基督教世界中爆发的那场大规模冲突，即新教革命，使得信仰问题相较于中世纪的大部分时间都更为尖锐了。历史学实践不可能不受这些剧烈变革的影响，与此同时，理解历史的新方式也进一步促成了文化与社会领域更为深刻的变化。

史学中的文艺复兴革命 48

19 世纪初，当一批出类拔萃的、受过专业训练的新生代学者们依据对档案文献的系统研究开始将历史学定义为一门“科学”时，近代早期的历史实践在一些方面被看作是过时的，就像其中世纪前辈们的作品那样。然而，阿克顿勋爵可以贬低中世纪的历史写作，认为它们是毫无价值的，但 19 世纪以来的“现代”史家们却总是要感谢这些近代早期的学者们。如唐纳德·凯利和安东尼·格拉夫敦（Anthony Grafton）这样的当代史学史研究者一般认为，文艺复兴时期的史学家们已预见了随后现代学术性历史所特有的大部分批判方法。通过研究 1450 至 1800 年间的史学家，我们可以窥探到当前所研究和呈现的历史之众多特征的源头。

要说明这场发生于 15、16 世纪欧洲的历史方法论上的深刻变革，通常要提到意大利学者洛伦佐·瓦拉（Lorenzo Valla）写于 1439—1440 年间的作品《君士坦丁伪赠礼考证》。在这部著作中，瓦拉论证了所谓的“君士坦丁赠礼”，即一个被大量有关中世纪历史的作品引用，以证明君士坦丁皇帝曾在 4 世纪将统治罗马城的特权赠予教皇的文献，实际上是一个于几百年后成书的用来巩固教皇特权的伪诏。瓦拉的创新之处在于他将人文主义（一场首先在 14 世纪的意大利发展起来的、旨在细致研究古典时期文化的思想运动）的一些新的批判方法运用于研究历史问题上。得益于掌握了全面的古代拉丁语知识，瓦拉能够论证君士坦丁赠礼的用语和措辞在其假定成书的年代并不存在，并且，这一重要文献也没有被任何其假定成书年代之后的史料所提及。

瓦拉有关拉丁语自 4 世纪以来即产生了重大变化的论证传达了一条更为明确的历史信息，即，它质疑了这样一种观念：瓦拉自身所处的时代乃直接承继自古代世界，中世纪的神圣罗马帝国与其前代没有实质上的差别。文艺复兴时期的史学家们不再沿用取自圣经
49 的“四大帝国”的分期方式，而开始将历史划分为三个阶段，即古代、中世纪（从西罗马帝国解体至其自身时代）及其自身生活于的新时代。直到今天，这种分期方式依然常见，有时甚至被运用于划分非欧洲文明的历史，虽然它是否适用于世界其他地区是值得质疑的。瓦拉对史料进行审慎判定及其成功地运用了比较的批判方法，展现了过去学者如何能够运用理性来质疑长久以来的传统，由此更接近历史学的那一古老目标，即发现过去的真实。瓦拉自身最关注语文学，即对语言的研究，其他文艺复兴时期的人文主义者们发挥了同样的批判精神来对过去的其它遗存进行研究。针对某一专门领域的古物研究，如研究硬币和勋章的钱币学、研究古代建筑及纪念碑上铭文的金石学，使学者们越来越相信自己能够在遗留下来的遗迹的基础上而非依靠后世编纂的书面文献来重构过去。

瓦拉只是文艺复兴或“重生”运动中的其中一位写作者和艺术家，这场运动开始于意大利的北部，到 1500 年，它已对整个欧洲的思想世界产生了影响。尽管文艺复兴运动中的大多数写作者仍然是虔诚的基督教徒，但他们重新界定了宗教在人类生活中的位置，为纯粹的人类事务尤其是政治交锋留出了更多空间。如果说中世纪的基督教学者们认为古典古代的文化在本质上是错误的，因为它缺乏有关真实信仰的知识，那么，文艺复兴时期的思想家们则倾慕古代人的思想成就，尤其是他们语言的高雅。在希腊语知识在西欧绝迹

几百年之后，人文主义者们复兴了它，他们重新发掘了众多被长期遗忘的文本，包括希罗多德和修昔底德的历史著作，以及一些拉丁文著作，如塔西陀的文本。文艺复兴时期的史学家们试图模仿这些文本并加以实践，如编纂一些虚构的演说词，就像修昔底德插入其叙事中的那些一样。

文艺复兴时期的人文主义最早诞生于意大利北部一些独立的城邦共和国中，其中最具代表性的是繁荣的佛罗伦萨城。就像古代罗马共和国里的城民那样，文艺复兴时期佛罗伦萨城中的市民们同样为政治议题而辩论，他们为城市中一个领导家族，美第奇家族（the Medici，这个家族最终成为了城市的统治者）日益增长的权力感到担忧。在这种情况下，罗马共和国的史学家们，尤其是李维，对意 50
大利人文主义者们产生了独特的吸引力。当 1494 年法国入侵意大利，发动一系列使意大利城邦的独立和繁荣付之一炬的战争时，李维有关罗马共和国衰亡的沉思便显得更具时宜。

尼科洛·马基雅维里和弗朗西斯科·圭恰迪尼这两位史学家分别对这场危机作了最强有力的回应，他们皆来自佛罗伦萨。他们笔下的历史彻底突破了中世纪历史写作的框架。这两段历史皆是纯粹世俗的叙事，从不试图将事件纳入天意主宰的计划或普遍历史的宏大体系之下。它们皆将意大利城邦视为自主的实体，将其历史解释为人类权力冲突的结果。马基雅维里的《佛罗伦萨史》（1526）是其有关政治权力研究著作中的一本，他的名著《君主论》（1513）和《李维史论》（1517）同样对这一主题进行了分析。到马基雅维里转向城市史研究时，在 15 世纪 90 年代因共和国革命被暂时逐出佛罗伦萨的美第奇家族已重新回到佛罗伦萨并建立起牢固的统治。曾因支持反美第奇家族运动而被流放了几年的马基雅维里小心翼翼地隐藏起自身对其政权的批判，但他的历史仍斥责了爱国献身精神及美德的丧失，认为这些应为佛罗伦萨共和制度的衰落负责。着重依据自身的外交经历，圭恰迪尼的《意大利史》（1537－1540）详细叙述了先前导致意大利城邦失去独立地位，依附于外来势力尤其是西班牙和法国统治的政治事件。统治者必然会寻求扩张权力，削弱敌手，建立在这一假定的基础上，《意大利史》始终是外交史写作及国家间关系研究的范例。

相较于马基雅维里和圭恰迪尼关注于政治史，这一时期的另一位佛罗伦萨人乔尔乔·瓦萨里（Giorgio Vasari）则为历史研究增添了新的内容。他的《艺苑名人传》首版于1550年，在这部著作中，他试图记载下“艺术的复兴以及艺术在我们当前时代所获得的至臻至美的状态”。[①] 瓦萨里有关意大利顶尖艺术家及其重要作品的故事集开创了艺术史研究的先河，它也为致力于研究特定形式文化活动的历史作品提供了范例。在现代世界中，艺术史、科学史以及其它
51 很多专门的历史类型已自成一派，这不仅需要历史方法上的训练，而且还要求具备这些特定主题的相关专业知识。

这种新的、世俗化取向的人文主义历史首先在意大利城邦中发展起来，随后扩展至欧洲其他区域，尤其是君主制日益强盛的法国和英国。在法国，克劳德·塞瑟尔（Claude Seyssel）和罗伯特·盖冈（Robert Gaguin）追随新的批判精神，否定了将王国的建立与古代特洛伊战争中的难民联系起来，并将王国取得的巨大成就归功于早期统治者尤其是查理曼的旧的传说故事。他们的作品大多取材于

---

① Vasari, “Preface,” *The Lives of the Painters, Sculptors and Architects*, 8 vols. (London: J. M. Dent, 1900), 1: xxxvi.

中世纪编年史，但相较于这些编年史，他们的作品更具可读性。这些作品赞颂了晚近时期的法国君主（在百年战争中）战胜英国人及其劲敌勃艮第人的事迹。法国的人文主义史家特别关注法国法律体系的演变，认为法国的法律已十分不同于罗马的法律条文，这反映了文艺复兴时期诞生的新历史正逐渐意识到过去与现在之间的差别。在海峡对岸，波利多尔·维吉尔（Polydore Vergil）摈弃了不列颠人神秘的特洛伊祖先布鲁图斯（Brutus）的故事以及亚瑟王的传说。在英法两国，统治者常有意鼓励和资助国别史的写作，这为国别史的发展扫清了道路，同时也将帮助建立起一种认同，即他们独立于古代和罗马帝国的传统。

新世界的历史学家

西欧新的国家君主制的出现使人们在中世纪框架下构思历史日益困难，始于1492年哥伦布航海的美洲新大陆的发现同样如此。如何将这些新人类及新土地融入进那些构筑在圣经和古代历史基础上的、为人们所熟悉的叙事之中，是一个不容易解决的问题。巴托洛梅·德拉斯·卡萨斯（Bartolomé de Las Casas）在他成书于1542年的《印度安史》中写到，印第安人拥有灵魂，因此他们的过去应当成为任何真实的普遍历史的一部分。当欧洲人试图将美洲人整合进人类历史中时，他们发现这些新大陆上的人民有自身记录过去的传统。美洲当地人拥有自己的历史记载，其中一些被保存在用象形文 52
字记录的书籍中。1425年，一位墨西哥统治者下令销毁所有之前年代的编年史，只留下那些他认同的记述，这表明他对历史之政治价值的重视。美洲人也记述了征服墨西哥这一事件，他们用阿兹特克人的视角悲叹道："断裂的长矛破败于地；在悲痛欲绝中，我们狂躁不安。"①

在墨西哥和秘鲁陷落之后，一些曾学过西班牙语的、具有印第安血统的史学家遵循前占领时代的传统，书写了一些重要的编年史，尽管在一定程度上，他们也受到欧洲作品的影响。费尔南多·迪·阿尔瓦·伊克特利切特尔（Fernando de Alva Ixtlilxochitl，他来自一个皇室家族，该家族曾与西班牙人结伙对抗墨西哥的阿兹特克人）的作品，以及华曼·波马（Guaman/ Huaman Poma）、埃尔印加的加尔西拉索·德·拉·维加（El Inca Garcilaso de la Vega，1539－1616）（他们是秘鲁印加贵族的后裔）的作品，都对之后美洲西班牙人的历史记述产生了重要影响。伯纳迪诺·迪·萨哈冈（Bernardino de Sahagun），一位西班牙神父，根据众多从讲纳瓦特尔语（Nahuatl-speaking）的线人那里收集来的材料，撰写了一些有关墨西哥人历史与风俗的著作。当他们试图创作一部其区域中"克里奥尔人"（Creole）的确切历史时，"西班牙裔美洲作家们尊崇的是那些古代或 16 世纪的美洲印第安史学家"，这些材料的当代研究者乔治·卡尼萨雷斯-埃斯格拉（Jorge Cañizares-Esguerra）写道。②

在马基雅维里和圭恰迪尼书写他们有关意大利世俗权力斗争的分析时，一场新的宗教争端在德国爆发，这场争端在接下来的两个世纪中主宰着欧洲人的生活。1517 年，德国修士马丁·路德

---

① 引自 Miguel Leon-Portilla，ed.，*The Broken Spears*：*The Aztec Account of the Conquest of Mexico*（Boston：Beacon Press，1962），137。

② Jorge Cañizares-Esguerra，*How to Write the History of the New World*：*Historiographies*，*Epistemologies*，and *Identities in the Eighteenth-Century Atlantic World*（Stanford，CA：Stanford University Press，2001），4.

（Martin Luther）发布《九十五条论纲》，向教会的基本教义与惯常做法发起挑战，很快，它演变为一场大规模的宗教动乱，影响到人们生活和思想的各个方面，其中也包括历史写作。路德和他的新教拥护者们呼吁一场“改革”，以恢复教会原初耶稣教义的纯粹性，他们认为，在经历了数世纪之后，这种纯粹性已腐化堕落了。在这场争端中，不管是天主教徒还是新教徒都试图通过诉诸过去来为自身论断正名，他们各自刊发长篇大论以论证自身的观点。同时，这两个对立的宗教派别也利用历史著作来美化自身阵营中信徒们的行为。约翰·福克斯（John Foxe）的《殉道史》记叙了16世纪中叶玛丽女王统治时期英国新教徒所遭受的迫害，在几十年的时间内，它始终是英国仅次于圣经的第二大读物。宗教改革引发的激烈冲突进一步 53
造成欧洲人的分裂，并使得书写任何一部类似于普遍历史的、被一致接受的作品较之前任何阶段都更为困难。历史的“教派化”（confessionalization）——即学者群体中新教和天主教阵营的分裂——持续至20世纪，并同时影响了英国和美国的历史写作。

然而，在16世纪中叶，一个新教史家团体促成了一个重要的历史革新，他们编纂并出版了一部称作《马格德堡世纪史》的普遍史著作，最终为双方阵营的学者所共同接受。在对大量历史资料进行汇编以论证天主教教会之腐败的过程中，这些史学家将其论述划分为不同的卷，每卷覆盖一百年，即一个“世纪”。相较于其他的分期方式，如依据圣经预言，或按照古代、中世纪、现代这样的历史序列，亦或像中国那样根据统治朝代划分，“世纪史学派”严格按照历法，划分出一段段“空洞”的时间。另一方面，他们也创造了一种根深蒂固的思维模式，即将“世纪”视为带有鲜明特点的一个阶段。即使史学家承认那些造成重大历史变革的事件很少发生或结束在以

"00"为结尾的年份上，这种思维模式在史学家的头脑中仍然挥之不去。史学家习惯于将过去划分为一百年一集合的倾向例证了历史分期的重要性：史学家对不同叙事阶段划分方式的选择将影响他们看待他们所研究的现象的方式。

印刷时代

由人文主义者发展起来的新的批判研究方法，对古希腊罗马时期作品的深入了解，对新大陆的发现，以及宗教改革所引发的冲突，这些，都改变了史学家的写作方式及叙事框架。而 1460 年左右约翰内斯・古腾堡（Johannes Gutenberg）所发明的活字印刷术，则改变了文本传播的方式，极大地拓展了历史知识的获取途径。同时，印刷书籍这种新的媒介也对历史学家研究历史的方式产生了重要影响。在这之前，书面的历史著作只能通过手抄本传播。很少有图书馆收藏有大部分的历史著作，因此，对前代史学家所写的不同著述
54 进行比较对当时的历史写作者来说极为困难。活字印刷术则使历史著作复制本的流通数量成倍增长，能够读到这些过去故事的读者人数大量增加。古代希腊罗马史家的重要著作，在中世纪时很多仅存有少量的手抄本，如今能够被广泛地获得，这也推动了文艺复兴时期历史写作的变革。同样的，中世纪的著作，包括严肃的历史作品和像亚瑟王传说这类伪历史作品，也被大量付梓。而且，不仅史学家的书写作品得以传播，印刷术还使得历史文献，如古老的法律条文和特许状，得以出版发行。到这时，历史研究者能够依据阅读原始文献而非早先编年史家们的二手记述写作了。然而，与此同时，

新技术也带来了新问题：如果人们没有接触过这些印刷复制品所声称再现的原始文献，那么，怎么能够确保这些复制品的真实性呢？活字印刷术的发明还使得统治者和宗教权威采取新的措施来控制包括历史著作在内的阅读品的传播。现在，在中世纪末诞生的正式审查体系要求作者和出版人在将作品付梓之前上交著作以备审查，它对所能讲述的历史内容设置了限制。

17 世纪，印刷术对历史思想的影响持续扩大。甚至在 1600 年之前，富有创业精神的印刷商们即已发行了讲述当时如战争、自然灾害、君主驾崩等重要事件的附有图画的大幅单页。另一种当时甚至被销售给农民的廉价印刷品是历书，其上也记录了上一年度重大事件的梗概。通过这些廉价的新闻记述，甚至底层阶级的民众们也意识到自己身处历史事件当中。至少，其中一位鞣皮匠，巴塞罗那的米克尔·帕雷特斯（Miquel Parets），通过自学成为了一名历史学家，在超过三十年的时间中，他不间断地以手稿的形式记录下自己生活中和城市中发生事件的编年史。[①] 17 世纪的头十年见证了定期发行的报纸的诞生，这些报纸不间断地为读者讲述事件。由此，那些保存下报道并将它们装订成册的读者就获得了一段以编年史呈现的有关最近世界发生之事的“实时历史”（instant history），虽然大部分史学家已抛弃了编年史的形式，但新闻记者却使之留存下来。17 世纪出现的另一种编年体形式的文本是私人日记，英国作家塞缪 55
尔·佩皮斯（Samuel Pepys）在 1660—1669 年间所写的日记即是其中一个重要的早期文本。对现代读者来说，像佩皮斯日记这类材料

---

① James Amelang, *The Flight of Icarus*: *Artisan Autobiography in Early Modern Europe* (Stanford, CA: Stanford University Press, 1998), 1.

拥有当时新闻记述和书面历史远比不上的新鲜感。史学家也常常发现自己无法抗拒这类材料，尽管他们承认日记作者在描述事件时通常是片面又主观的。

16 世纪末 17 世纪初还见证了现代剧场这种新媒介的诞生，它为再现历史事件提供了一种新形式。欧洲的戏剧起源于宗教仪式：中世纪期间，描绘耶稣受难事件的“受难剧”（passion plays）经常在复活节前后上映。然而，演员们逐渐发现观众对包括历史在内的世俗主题的故事也充满了热情。写于 1600 年前后的莎士比亚的历史剧，包括那些与英国历史有关的戏剧，如《理查三世》和《亨利五世》，以及以古希腊罗马为背景的戏剧，如《裘力斯·恺撒》，都对我们了解其主人公产生了难以磨灭的影响。甚至，如果不在脑海中呈现出莎士比亚所塑造的狡诈暴君的形象，职业史家就无法书写历史中的理查三世；如果不回忆起莎士比亚为马克·安东尼（Marc Antony）创作的祭文开头，“各位朋友，各位罗马人，各位同胞，请你们听我说”，就无法思考恺撒遇刺这一事件。直到 20 世纪电影发明之前，戏剧始终是把历史带入生活的最为有效的方式。因为放置在历史背景下的戏剧常常带有明晰的政治意涵，所以统治者们对戏剧常保持密切关注，他们对演出内容进行审查，有时禁止富有争议的作品上演。

到 17 世纪晚期，学报这种新的期刊形式开始影响历史写作。很多早期期刊，如法国哲学家皮埃尔·培尔（Pierre Bayle）主编的《文字共和国新闻》，其主要内容是对包括历史作品在内的有关新近出版著作的评论。由此，“同行评审”体系开始形成，它注定会在接下来的时间中占据职业史家生活的重要层面。另一传播历史知识的媒介，博物馆，同样在这一阶段开始出现。在富裕的统治者和学者

型知识分子收藏的“珍奇阁”中，历史手工艺品和文献档案被收纳
案上。德国哈雷的法兰克舍基金会博物馆保留了1698年在那儿开幕
的展览。在此展览中，中世纪的特许状和其他历史物品跟动物和罕 56
见的矿石标本放在一起，以让观者领略到上帝的全部造物。

17世纪发生的那些历史事件，包括让德国动荡不安的的天主教与新教之间的三十年战争、英国的清教徒革命、对查理一世的审判和处决，在北欧发生的标志着俄国第一次在欧洲事务中扮演重要角色的一系列战争，都激发了史学家进行历史写作。而他们中的大部分采用了在人文主义者中流行的雅致的文学风格，而非中世纪史家更偏爱的编年体形式。北美的英国早期殖民者在殖民之初即已开始记录他们的历史。约翰·史密斯（John Smith）的《在弗吉尼亚发生的各种事件的真实介绍》出版于1608年，也就是发现殖民地的后一年，在其中，史密斯讲述了印第安妇女波卡洪塔斯（Pocahontas）挽救其生命的故事。威廉·布拉德福德（William Bradford）的《普利茅斯垦殖记》（1630－1651）则纪念了清教徒在马萨诸塞进行垦殖的最初岁月。

17世纪，有三本记录了欧洲重大事件的史书在之后的几十年中仍受读者青睐，它们是威尼斯人保罗·萨比（Paolo Sarpi）有关反宗教改革（the Counter-Reformation）的叙述，这部著作以批判教皇体制而闻名，尽管作者本人是个天主教徒；谦逊的英国保皇党人爱德华·海德，克拉伦登伯爵（Edward Hyde，earl of Clarendon）的《叛乱史》（首版于1720年），它记述了1640—1660年间的英国内战，伯爵本人亲历了其中的众多事件；法国红衣主教波舒哀（Bossuet）的《论普遍史》（1681），作者为将全部人类历史置入圣经框架之中做出了最后努力。17世纪中叶在英国和法国上演的政治

戏码，一系列如投石党运动这样对君主政体造成威胁的反抗运动，启发了一些精英女性书写“家庭史”以记录她们丈夫的英勇事迹。露西·哈钦森（Lucy Hutchinson）的《上校哈钦森的生活》（直到1806年才出版）讲述了英国一位支持处死查理一世国王的“弑君者”的故事，它同时也记录了这位主人公的妻子在事件中的所作所为。[①] 新教徒雅克·巴斯纳（Jacques Basnage）的《犹太人史》（1806）则因关注到基督教崛起后多个世纪中犹太人的历史而闻名于世，巴斯纳也成为第一位认为耶稣时代之后的犹太历史仍可能拥有某些意义的基督教作家，尽管犹太人拒绝将耶稣视为弥赛亚。

57 值得一提的是，红衣主教波舒哀的《论普遍史》为捍卫法国国王路易十四的绝对权力提供了辩护。这位富有主见的君主有效利用了所有文艺复兴时期欧洲国王学会的借助历史来巩固其统治合法性的方式。王室官员们翻遍皇家档案，以找到能够证明路易所声称的在王国内及与外邦相冲突的领土上所拥有的附加权力。路易十四任命了一些皇家史官来记录和赞颂国王功绩，并成立了一个特殊机构，铭文学院（the Académie des Inscriptions），用以推动历史知识的积累和传播。铭文学院的其中一项任务就是设计历史勋章，以留存路易治内重大事件的记忆。路易十四建于凡尔赛的皇宫内的装饰布局囊括了一些纪录其军事胜利及其它成就的精美绘画。虽然欧洲的其他统治者也会做一些类似的事情，但没有一位能像路易十四那样，倾尽所能地挖掘历史，将历史用于宣传目的。

也许，在17世纪的欧洲，没有一部由文化精英撰写或受统治者

---

① Mary Spongberg, *Writing Women's History since the Renaissance* (New York: Palgrave Macmillan, 2002), 73.

资助的严肃的历史作品能像亚历山大·奥斯梅林（Alexandre Oexmelin）的《美洲海盗史》那样拥有如此多的读者和如此多的版本。《美洲海盗史》是第一部描绘17世纪游荡在加勒比海地区的海盗的著作。奥斯梅林是一位殖民地的法籍契约劳工，曾加入海盗团。这部具有传奇历险色彩的大众历史首先出现在1678年的荷兰，随后，出版商迅速将之翻译成英语、法语和西班牙语，并毫不愧疚地往其中添加自身素材。奥斯梅林故事的巨大成功表明这时已有足够多的读者支持统治者或教会之外的作者所写的历史出版物。在历经众多世纪之后，被不同作者改编成不同形式的奥斯梅林的故事（包括风靡一时的“加勒比海盗”系列电影）仍然吸引并娱乐着现代观众。与此同时，对17世纪底层民众生活感兴趣的学院派研究者们也重新发掘了奥斯梅林的著作，寻找有关薪水微薄的水手们是如何成为海盗以及种族观念是如何在殖民地发展起来的信息。① 奥斯梅林著作的持续影响表明，不仅只有描写过去的“严肃”的历史作品在我们自身历史观的形成过程中持续发挥着作用。

在奥斯梅林时代，大部分奥斯梅林历险故事的读者们不会注意 58
到历史精确性及历史意义的问题，而这些问题在当时已日益受到审慎的古物研究者和哲学家们的关注。即使人文主义者们不断发展出考订历史证据的精确方法，但他们的工作仍然产生了新的问题：史学家依据的相关文献是否可能是伪证，就像君士坦丁赠礼那样，或者，当文献经历了几个世纪的传抄之后，是否可能出于不同的原因被篡改。皮埃尔·培尔除创办了最早的学报之外，还编纂了一部大

① 参见 Doris Garraway，*The Libertine Colony*：*Creolization in the Early French Caribbean*（Durham，NC：Duke University Press，2005），103 – 19。

规模的《历史与批判词典》（1686－1687）。在这部巨著中，他系统地揭露了早先出版物（其中包括众多历史著作）中包含的诸多错误，质疑了掌握可靠的过去知识的可能性。培尔的著作构成了如今被称为“17 世纪怀疑论危机”运动的一部分，这一运动质疑了获得任何类型的可靠知识的可能性。

由于担心这样的质疑会损害历史研究，法国本笃会修士让·马比荣（Jean Mabillon）试图为古文书工作或古代档案研究建立规范。马比荣承认，即使是那些看上去确凿的证据，例如记有档案的纸张或羊皮纸的年代，也可能是不充分的，因为伪造者们可以获得旧材料并学习模仿古老的书写形式。然而，他认为，一位在研究古文献上富有经验的、训练有素的学者是可以做出可靠判断的，因为他已学习过要根据全部的特征来判断，而非根据单一的标准，并且要对不同的文献进行相互比较，而非孤立地研究它们。马比荣考订证据的原则在今天培养专业史家的过程中仍在被借鉴。

除了考订证据，17 世纪现代科学和哲学的发展也给历史写作提出了其它问题。科学家伽利略开创性地决定要将自然世界的知识建立在实验证据和数学公式的基础上，这提出了一个问题，即，本质上依靠记忆而非科学规律的论断是否能够真正构成知识。哲学家笛卡尔（Descartes）的名言“我思故我在”认为确定的知识得自于对人类心灵运作过程的分析，而非从外部世界进入心灵的讯息。同伽
59 利略一样，笛卡尔质疑记忆的确实可靠，并认为对那些准备运用其理性力量的人来说，过去毫无裨益。然而，不是所有 17 世纪的哲学家都如此轻视历史。相较于笛卡尔，另一位对现代科学思想的发展作出了重要贡献的人物弗朗西斯·培根（Francis Bacon）更看重经验证据，他认为在对自然进行细致观察和对文献进行批判运用以重

构过去之间没有本质区别。荷兰哲学家巴鲁赫·斯宾诺莎（Baruch Spinoza）对圣经中神启的否认深深影响了历史学。通过将圣经视为一份由人所撰写的、为人类下一步的某些兴趣而设计的普通的历史档案，斯宾诺莎挑战了犹太和基督教神定历史的传统，为全然世俗地看待人类存在开辟道路。除此之外，如果圣经不是上帝的言论，那么，就没必要费力解释地球上的一切人类如何起源于亚当，或如何将其它文明的编年史，如埃及和中国的编年史，融入创世纪的故事之中了。像英国主教詹姆斯·乌舍尔（James Ussher）的那类工程——他细致地计算了宇宙的诞生可以追溯到公元前 4004 年 10 月 23 日——开始被视为荒谬的计划而非是对学识的崇高运用了。

启蒙时代的历史学

皮埃尔·培尔的批判方法和斯宾诺莎对圣经权威的否认预示着 18 世纪一场重要的思想运动——启蒙运动——的到来。相较斯宾诺莎，启蒙思想家在消解宗教信仰之基础的问题上更为谨慎，但他们在挑战国教权威的问题上却毫不犹豫，并坚持认为历史的推动力是人而非神。然而，启蒙历史思想最为重要的特征或许是其朝向未来而非过去的态度。无论是哀痛共和国美德之败坏的罗马史家，还是视人类历史起于伊甸园的基督教史家，以及认为古典时代代表了人类成就顶峰的文艺复兴时期的人文主义者，他们皆同意时间的流逝使得人类的境况愈发糟糕。

然而，启蒙思想家开始将人类经验构想为一个指向更好未来的 60

进步的故事。在 17 世纪的最后几十年中，发生了一场大规模的争论，即“古今之争”。争论的其中一方崇尚希腊罗马的文化成就，并坚信这些成就无人可以超越，另一方则认为当今的学者和艺术家已展现出同等的创作能力。随着“崇今派”逐渐在争论中占据上风，他们开辟了一条道路，以用全新的视角看待时间在未来中的意义。他们认为，相较于过去，未来可能会获得更大的成就。对一些学者来说，这动摇了研究历史的价值：如果先前的时代是全然愚昧无知的，那昨日的经验能够为今日所用吗？但是，对另一些人来说，研究过去仍然是重要的，它能够让人们看到那些促使进步成为可能的要素以及进步道路上仍需清理的障碍。

从长远来看，18 世纪思想家中对后世历史写作产生最大影响的是一位处于启蒙思想主流之外的人物，意大利的哲学家坚巴蒂斯塔·维柯（Giambattista Vico，1668－1744）。他挑战了理性主义哲学家如笛卡尔提出的论断，后者认为，最为确定的知识形式得自于对自然世界的科学研究。相反，维柯认为，因为人类创造了历史，因此人类能够从内部了解历史，而这种方式是永远无法应用于了解自然界中的事实的。区别于理解自然世界，人类科学中的知识有其不同基础，维柯的这一论断启发了之后众多的历史思想学派，从 19 世纪的历史主义者到最近几十年中的文化史家。在今天有关电脑是否能够获得类似人类意识之物的辩论中，维柯提出的问题仍是一个中心议题。或许证实这一问题的方式之一是察看电脑是否开始对历史感兴趣。

维柯还阐述了一种历史循环理论，他认为，一切社会都将沿三个阶段展开：神的时代，在这一时代中，人们相信超自然的力量；英雄的时代，在这一时代中，权威由宣称源于神授的精英所掌控；

最后是人和“人道政权”的时代。[①] 在维柯看来，每个阶段就其自身而言是同样合理的，但任何一种文明都将不可避免地依次经历这三个阶段。然而，当国家发展到第三阶段时，将不可避免地走向衰落，新的国家将会取代它并历经自身发展和衰落的循环。*corso*（进程） 61
和 *ricorso*（复归），维柯用了这两个意大利语中的词汇。不同于大部分启蒙史学家，维柯不认为人性将随着时间的推移获得全面进步。而且，维柯不再专注于政府形式，他将社会构想为一些整体性的文化，由此，对历史来说，习俗、语言、信仰便同政治体制和政治事件一样重要。维柯所建构的这一围绕着社会演进故事展开的历史模式，能够为历史学家所理解，因为史学家与其研究对象共享着人性。虽然这一模式没有产生直接的影响，但在随后的多个世纪中，它为很多学者提供了灵感，包括直到我们时代的文化史家。

启蒙时期作品传阅度最广的史学家并非维柯的追随者，他们更主张运用文艺复兴以降发展起来的批判方法，但他们抱怨马比荣所推崇的细致的史料分析常常导致出版物陷入枯燥无味的古物研究中，它们既提不起读者的兴趣，也提供不了有用的教益。因此，启蒙时期最为著名的史学家们，如法国学者伏尔泰，把历史当作一种文学形式，试图让历史充满激情并带有一个清晰的寓意。伏尔泰写道，他的历史著作《路易十四时代》（1751）不会花费时间在古物研究者所痴迷的那些模糊的细节上：“我们应当致力于叙述值得各个时代注意，能描绘人类精神和风尚，能起教育作用，能劝人热爱道德、艺术和祖国的事件。”除了记述路易十四统治期间的战争和政治事件，伏尔泰花费大量笔墨在描述这一时期的文化成就上，尽管他的关注

---

① 引自 Kelley，*Versions*，476。

点多半集中于精英文化。宗教战争"在基督徒那里是骇人听闻的，异教徒从不发生这种事"①，伏尔泰对宗教战争的这一论述清晰地表明了他的宗教态度。在他的另一重要史著《风俗论》(1756) 中，伏尔泰打破了西方大多数作家所固守的欧洲框架。确切说来，这使得他能够用一种积极的态度描绘中国人和其他非基督教徒，从而突出对基督教的批判。

伏尔泰对路易十四时代文化成就的颂扬在法国产生了持续影响，但他作品的文学性质及强烈的论辩色彩限制了它对史学发展做出的贡献。对历史写作和历史研究传统而言，更具独创性的贡献可归功
62 于这一时期的英国人和德国人。英国史家编纂了一些杰出的典范性的历史作品，这些著作较伏尔泰的作品更能让人信服。苏格兰的哲学家们则最为可靠地构想了历史进步这一启蒙教义。苏格兰裔作家詹姆斯·鲍士韦尔 (James Boswell) 撰写了英国作家塞缪尔·约翰逊 (Samuel Johnson) 的传记，为这一与历史密切相关的文类赋予了新的活力。在德国，历史研究第一次在大学中成为一门专业，这预示着 19 世纪这一科目向纯学术研究的转变。新成立于 1734 年的哥廷根大学在发展以批判方法为基础的研究上扮演着先驱者的角色，一些哥廷根教授，如奥古斯特·路德维希·冯·施洛塞尔 (August Ludwig von Schlözer)，编纂了一些致力于历史研究的学术性期刊，尽管这些期刊的大部分内容是史料档案而非后来成为 19 世纪学术期刊主要内容的学术论文。

大卫·休谟 (David Hume)、威廉·罗伯逊 (William Robertson) 和爱德华·吉本 (Edward Gibbon) 这三位英国人被广泛认为居于

① 引自 Gay and Wexler, eds., *Historians at Work*, 2: 287, 289。

启蒙时期最为杰出的历史写作者行列。休谟叙述17世纪事件的《英国史》（1759－1761）因不偏不倚地对待党派问题而备受称赞。当时英国的党派冲突十分激烈，在休谟写作《英国史》的时候，辉格党掌控着政治大局，他们认为自己是英国内战中议会一方的继承者，因此反对休谟用相对积极的口吻描绘其对手斯图亚特王室。在回应中，休谟坚持，作为一名历史学家，他不能偏袒地看待问题。“即使我们当中自诩最为尊重自由的党派，在考虑这一问题上也不曾给予充分的自由，不曾比他的对手更不偏不倚地看待自身的价值”，休谟告诉他的批评者们。[①]

相较于今天知名度更高的哲学著作，休谟的历史作品在当时更为卖座。由于这部著作的成功，休谟写道：“我不仅获得了独立，而且相当富有。”[②] 休谟的例子表明，一位具有足够天赋的历史作家或许能够期望通过自身的写作赢得体面的生活，而非依靠私人赞助或政府公职。然而，休谟看待当时英国社会主流政治价值观的怀疑态度也遭到了质疑。辉格党的支持者们更看重凯瑟琳·麦考莱（Catharine Macaulay）的《英国史》（1763－1783），她在书中更为公开地表达了自己对当时政治观念的支持。麦考莱是最早以历史学家的身份获得名声的女性作家之一。她的著作激励了众多美国革命 63
者，在独立战争结束之后，她短暂访问了美国。莫西·奥蒂斯·沃伦（Mercy Otis Warren）即是其中一位深受影响的美国人，她在麦考莱的美国之旅期间拜访了她。以麦考莱的著作为原型，沃伦写出了《美国革命发生、发展和结束史》（1805）。

---

① 引自 Gay and Wexler, eds., *Historians at Work*, 2: 252。

② David Hume, “My Own Life”.

威廉·罗伯逊的主要著作是《查理五世在位时期史》(1769),这是第一部尝试描述16世纪欧洲历史的综合性著作,同时也突破了国别史的框架。罗伯逊还撰写了《美洲史》(1777),讲述此地欧洲殖民者的故事。罗伯逊不是唯一一位试图撰写一部涉及欧洲势力海外扩张过程的“大西洋”或“全球”历史的作家。启蒙时期的另一部历史畅销书是《两个西印度岛的哲学式历史》,出版于1770年,作者的署名是神甫纪尧姆·莱纳尔(Guillaume Raynal),但实际上是一部合作撰写的多卷本著作,概述了欧洲的殖民主义。罗伯逊和莱纳尔都谴责了西班牙征服者屠杀美洲印第安人的暴行,莱纳尔著作中的一些章节还批评了殖民制度,但他们都强调了海外殖民地对欧洲经济产生的重要影响。面对西班牙殖民社会,这两部著作传达出的消极观念激发了很多居住在美洲地区的写作者作出回应:这是第一次,居住在欧洲世界之外的历史学家们将欧洲的历史方法运用于反对欧洲人自身。例如,墨西哥裔史学家朗西斯科·克拉维赫罗(Francisco Clavijero)在他的著作《墨西哥古代史》中认为,莱纳尔和其他欧洲历史学家系统地歪曲了前殖民时期美洲文明的成就。在西班牙本土,为了有效回应殖民地批判者,学者们开始研究殖民时期的原始档案。18世纪80年代,这些档案被集中保存到西印度群岛档案馆中,这一档案馆也成为最早的现代档案机构之一。

第三位启蒙时期著名的英国史家是爱德华·吉本,他将一生倾注在书写《罗马帝国衰亡史》(1776-1789)上。吉本在史学史中居于重要位置,这不仅因为其学术著作的宏阔视野,还因为他那生动的、被认为是现代英国首部自传的《回忆录》(1796)。通过这部著作,我们能够获知一位历史写作者获得专业技能、完成其计划的诸多阶段。吉本将他那段艰苦工作的岁月浓缩在波澜壮阔的一章中,他回忆了为“梳理形式，收集罗马衰亡的事实依据”而做的一切。他写道，当他“考查希腊和拉丁文的原始文献时，总是执笔在手……勋章与铭文、地理著作与年代记，它们的光芒映射在相应的事物上”，当他试图“排列和放置所及之内松散的、零星的历史信息”时，罗马人的著作皆“是我熟悉的老朋友”。写作与研究一样艰苦：“刚开始时，一切都是隐秘又模糊的：甚至著作的标题……我常常想丢弃这七年以来的工作……我做很多尝试，直至能够在沉闷的编年史与充满修辞的雄辩辞之间找到适中的笔调。”吉本告诉回忆录的读者们，他伟大的历史事业给予了他以生命的意义。当他最终完成手稿时，“一种素净的悲伤萦绕心头，我永恒地告别了一位和蔼可亲的老朋友。”①

吉本叙事中隐含的主题切中启蒙时代对宗教的批判，他展现了基督教的传播是如何摧毁罗马帝国最根本的价值观的。相较于伏尔泰对宗教的公开嘲讽，吉本采用了一种严肃的反讽文体，给人留下更深刻的印象。“神职人员成功地宣扬了坚忍和怯懦的教义；社会积极的美德不被鼓励；军队精神的最终残余被埋葬在了回廊中，”吉本总结说。相较而言，他那时代的欧洲已不再面临相似的危机。虽没有公开说明，吉本暗示，宗教信仰已不再像当时那样钳制着人的思想，在他看来，“时代的普遍风俗”为不再回复到野蛮主义提供了保障。② 同伏尔泰、休谟和莱纳尔的著作一样，吉本的《衰亡史》获得了商业上的成功。现代学术研究虽然已将吉本的《衰亡史》视为过时的著作，但它仍被认为是一部文学巨著，出色地表达了启蒙思想。

① Edward Gibbon，*Memoirs of My Life*（Middlesex：Penguin，1984），151，158，169.

② Edward Gibbon，*The Decline and Fall of the Roman Empire*，ed. Dero A. Saunders（New York：Penguin，1952），622，626.

吉本自信地认为，他那时代的欧洲将不会再经历古罗马的命运，这种自信反映了启蒙运动对进步的信心，尤其反映了一种广泛流传的信念，即，历史揭示了人类发展的平稳节奏。苏格兰的首都爱丁堡是启蒙思想的另一个中心地。在爱丁堡，亚当·弗格森（Adam
65 Ferguson）依照一切社会将必然经历一系列经济和文化阶段的规律，在他的著作《文明社会史论》（1782）中描绘了一种“推定的历史学”（conjectural history）。其中，每个社会都始于以群体为基础的简单生活，随后，这一畜牧阶段将发展成一个以农业为基础的社会，然后再发展为一个以贸易和手工业为基础的社会。与经济进步相伴随的，弗格森和其他苏格兰理论家们认为，是社会习俗的完善。除此之外，他们强调妇女状况的改善是文化发展最为重要的指标之一。法国哲学家孔多塞（Condorcet）的著作《人类精神进步史表纲要》（1794）最为明晰地表述了这种乐观的哲学化历史，这部著作完成于法国大革命的动荡岁月中。尽管大革命的经历使很多思想家质疑进步的必然性，但孔多塞仍然确信，“自然已确保了人类的能力将无限期地达到完美状态”。历史，或“对人类曾是什么以及今天是什么的观察”，孔多塞坚持认为，“将引导我们获得我们应当运用的方法，来确保和加速未来的进步，这种进步是他的天性允许他期待获得的”。①

即便在当时，苏格兰哲学家与孔多塞所提出的进步的历史框架也有其批判者，其中最重要的一位是德国思想家约翰·哥特弗里德·冯·赫德尔（Johann Gottfried von Herder，1744－1803）。他反对用一种得自于西欧经验的文明的普遍标准来衡量不同民族的特殊文化。赫德尔强调，每个民族都有其自身独特的特征，而且，这

① Condorcet，引自 Kelley，ed.，*Versions of History*，491。

些特点最大程度地体现于普通民众的民俗文化中，而非受过教育的精英者身上。由此，赫德尔提议用一种相对主义的或历史主义的方法来研究历史，只根据每个民族自身的状况来思考其过去。赫德尔对大众文化的兴趣源于对维柯作品的大量阅读，维柯认为，历史学家们能够获得一种对过去社会的直觉式理解，这种直觉式理解要比单凭理性建构给他的知识更为深入。赫德尔还主要根据语言共性划分出不同的民族，将民族作为人类社会的基本单位，这为 19 世纪欧洲大多数历史作品中强烈的民族主义色彩做了铺垫。一位与赫德尔同时代的德国史学家尤斯图·莫泽尔（Justus Möser）用这种历史研究方法记述了其家乡奥斯纳布吕克（Osnabrück）的发展历程，由此提供了一个较具影响的范例。莫泽尔没有批判城市居民的地方主义，相反，他认为他们的行为是从他们特定的生活环境中天然生长出来的。

17、18 世纪在欧洲发展起来的历史批判方法并不是唯一的。在 66
中国，也有一种类似的批判方法。1644 年，满族进驻中原，推翻明朝统治，这在知识分子中间引发恐慌。在清朝接管政权的背景下，“考据”学派制定出更为严谨的考订史料的标准，藉此，他们希望重获儒家传统的真实本质，他们认为，这种真实本质已淹没在之前几个世纪层累的注疏之中。这一学派的学者们运用类似欧洲人文主义者们的技巧来辨识长期以来被接受的中国经典历史著作中的错误，其中包括司马迁的著作，而且，学者们也否认历史的主要功能是传授道德镜鉴。“读史者不必以议论求法戒，而但当考其典制之实；不必以褒贬为与夺，而但当考其事迹之实，亦犹是也，”王鸣盛写道。[1]

---

① 引自 Daniel Woolf, *A Global History of History* (Cambridge, UK: Cambridge University Press, 2011), 322。

因此，在历史理解和再现技巧层面，近代早期阶段是一个高度富于创造性的阶段。将历史从中世纪宗教框架中解脱出来，这给予了人类过去故事以新的自主性。尽管，这一阶段中的一些要素也时常影响史学家讲述故事的方式，这些要素包括，史学家们需顺从统治者，顺从宗教改革中斗争双方的利益，以及，甚至要符合启蒙运动所定义的“理性”标准。对古代富有启发意义的史学家的重新发现，以及在文艺复兴及其后发展起来的批判方法，都更为清晰地定义了历史真实的概念。相较于之前时代，印刷术使更多读者阅读到历史著作，并且，一部分史家通过售卖他们的作品而变得富有。美洲的发现迫使史学家们面对将其过去融入人类发展图景中的问题，进步思想的传播也挑战了历史学家，促使他们证明历史学能够为构建更好的未来作出贡献，以此捍卫自身学科的价值。

的确，正如“近代早期”（the early modern）这一标签所表明的那样，这一阶段的史学家在某些方面是“现代的”（modern），但是，在另一些方面，今天的历史学科与直到吉本及其同代人之前的历史学科又截然不同。在他们的时代，历史学还没有成为学校中的正规课程。大学中只设有少量专门从事历史研究的教职，对那些有
67 意成为历史学家的人来说，他们还无法获得正规教育。学术性历史和大众历史还没有被区分开来，使学术性历史成为可能的机构——如藏有历史档案的公共档案馆、专业性的期刊、职业协会等——才刚刚起步。那时的史学家更无法想象现代世界中拥有的这些传播历史知识的众多媒介，从历史博物馆到网页。为了全面认识今天我们研究历史的环境，我们必须追溯 18 世纪末期以来历史研究所取得的关键性进步。

第四章　19 世纪与纯学术研究的兴起 68

到 19 世纪，书写过去的传统已延续超过两千年。欧洲、中国和世界其它地区的史学家们皆已发展出考据和创作有关过去的连贯叙事的成熟方法。然而，不论是史学家，还是他们的读者们都不会想到，历史研究将在这个新的世纪中经历怎样的转变。19 世纪将见证历史学转变为一门学术性科目，并在欧洲思想中占据中心位置。史学研究者们将在 19 世纪的头几十年中获得空前绝后的巨大声望，在政治和文化领域产生举足轻重的影响。凝视今天陈列在图书馆书架上的那些 19 世纪的多卷本著作，如麦考莱（Thomas Babington Macaulay）的英国史、梯也尔（Adolphe Thiers）的法国革命史或特赖齐克（Treitschke）的德国史，我们会回想起那个时代，史学家书写庞然巨著，读者们已准备好追随著作穿越过去、做一次史诗般旅程。在 19 世纪，历史学家不只是学者。麦考莱长期担任英国议会议员，梯也尔领导了 1830 年的法国革命，推翻了旧的法国政府并建立了一个新的政权，特赖齐克与众多德国政要关系密切。

19 世纪的历史书写与旧有的历史书写形式上的差别表明了构想

69 历史的方式的彻底转变。19世纪的史学家自信地认为，自身学科在洞察变化和发展时所采用的方式对理解存在的方方面面来说是基本原则。相较于先前时代依赖宗教或哲学来寻找永恒的普遍真理，19世纪的史学家们主张，变化是实在的本质，人们需要理解每一个社会、每一个时代自身独特的个性，而非将其视作一个更为宽泛的范畴中的例子。这种理解世界的方式通常被称作“历史主义”。20世纪德国史学家弗里德里希·梅尼克（Friedrich Meinecke）的《历史主义的兴起》（1936）一书对19世纪历史主义的起源做了最为详尽的研究，他将历史主义的本质定义为“用一种**个体化**的观察来替代对历史中人类力量的**总体性**观点”。①

对梅尼克来说，这是“西方思想中所曾发生过的最为伟大的精神革命之一……一旦人们习惯于按照这些新的方式看待事物，世界及其一切生命就呈现出一个崭新的层面”。② 梅尼克认为，历史主义的核心观点在于认为，事件的结果不是由人类无法左右的普遍规律决定的。“个体的历史进步，”他写道，“不仅仅只是已呈现在生殖细胞中的进化趋势。它拥有很强的可塑性和改变的能力，它能够像被时代中千变万化的力量所影响的那样重生。”用当前的术语来讲，梅尼克认为，历史主义用不同于先前思想体系的方式来看待人类行动者的力量（the power of human agency）。在梅尼克看来，只有19世纪的历史主义能够公正地看待人类经验中“无垠的变化”，欣赏过去每一时代自身的特性，而不是将它们置于一些进步或衰落的总体

---

① Friedrich Meinecke，*Historism：The Rise of a New Historical Outlook*，trans. J. E. Anderson（New York：Herder & Herder，1972（orig. 1936）），lv. 安德森将德语词“Historismus”翻译成“historism”，而不是更通常使用的“historicism”，广遭诟病。

② Meinecke，*Historism*，lv，liv. 中译本参考陆月宏译《历史主义的兴起》，译林出版社2010年版，1—2页。

架构中。[①] 梅尼克坚持认为历史主义代表了一次与早期历史思想形式间的彻底决裂，这种看法在之后曾遭受很多研究者的质疑。纳粹时期的恐怖甚至使梅尼克自己开始批判这样一种观点里蕴含的相对主义，这种观点即，历史学家不应当运用普遍的道德规律来判定过去时代。尽管如此，源自于19世纪历史主义的很多洞见仍然保留在今天的历史思维中；20世纪晚期甚至见证了“新历史主义”（new historicism）的发展，它试图恢复19世纪思想运动对历史语境（historical context）的强调。

对19世纪的历史学家来说，一方面，他们坚信人类存在最根本的现象是历史的发展，另一方面，他们也坚信新的方法能够帮助他 70
们超越前人，获得对过去事物的精确理解，这两种信念共同树立起19世纪历史学家们的自信。今天，很少有史学家会把历史学描述为一门“科学”，但在过去的两个世纪中，所有史学家都被这样一种企图深刻影响，从19世纪早期开始，史学家们即试图将历史知识置于一个更加牢固的基础之上，并赋予研究方法以专业性。这些变化与针对历史学家的专门性的学术培养方案的发展密切相关。在现代社会中，由大学培养出来的学者并不是唯一进行历史实践的人士，但大学学者所竖立的标准已成为判断其他一切历史形式是否可算作对过去的精确呈现的准绳。

除了历史主义思想的洞见、现代专业化方法的发展之外，19世纪历史学科的第三个重要变化是逐步将历史构想为民族国家的故事。毋庸置疑，先前时代的历史著作也常常关注特定的国家及其统治者。然而，在19世纪之前，很少有史学家认定自己的任务是书写拥有个

① Meinecke, *Historism*, 504, 505.

性特征与独特命运的人物及共同体的历史。这一变化始于美国和法国革命，这两场运动致力于传播这样一种观念，即，政府是人民的代表，而人民组成了国家。在这样一种人民意愿——将自己看作能够创造自身历史的公民——之上，这两场革命发生了。民族主义的概念还来自于如 18 世纪德国思想家赫德尔的这类观念，赫德尔认为，每个人都有自身独特的文化传统，而且应当保持自身特有的认同。赫德尔将民族共同体视为随时间而发展的个别实体，他的这种观念被毫不费力地融合进历史主义的框架之中。由法国革命引发的剧烈冲突与赫德尔的文化民族主义将民族主义的观念传播至欧洲其它区域，并最终扩散至全世界。无论在何地，历史学家在这些变化中皆扮演了重要角色。

革命年代与历史意识的发展

18 世纪晚期的美国革命和法国革命深刻影响了西方文明的所有
71 层面，包括历史研究。美国革命者认为自己锻造了一个新国家，它明显地不植根于历史。满怀启蒙运动乐观精神的法国革命者同样反抗过去的权威。“不要试图步先人的后尘，他们没有任何可借鉴的准则，”一位领袖说道，并鼓励支持他的市民，“能提供教益的只有在任何国度、任何时代都永恒不变的理智，以及自然规律。”[①] 1793 年，随着革命愈发激进，革命领袖们制定了一套新历法，宣布将法

① Paul Rabaut de Saint-Etienne, *Considérations sur les intérêts du Tiers-Etat* (Paris, 1789), p. 37, trans. Jeremy D. Popkin.

兰西第一共和国成立的日子，即 1792 年 9 月 22 日，定为元年的初始。这一新历法象征着对之前全部人类历史的否定，将它们视作本质上无意义的。革命运动也并不全然反历史，实际上，几乎在运动爆发之初，革命编年史就已出现，它们大部分根据刊登在报纸上的新闻报道编纂而成，当时，为了推动革命，成立了很多报纸。1790 年，为了保存官方档案，革命者们建立了国家档案馆，并向全体市民包括历史研究者开放。1795 年，由于担心革命者对过去的全然否定会导致过分的行为，包括破坏一些历史悠久的教堂和致力于表现君主制（现在已被废除了）的艺术作品，新成立的法国政府支持建立了一座历史遗迹博物馆，以保存先前时代的文化成果。这些历史遗迹被重新视为国家“遗产”，证实着法国人民的创造力。尽管如此，法国大革命与过去之间的关系因革命者将过去斥为“旧政权”而问题重重。

然而，法国大革命对历史观念最根本的影响源于运动重新定义了“人民”和“国家”以及大革命为欧洲和世界所带来的巨大变化。譬如 1789 年 7 月 14 日巴黎群众攻占巴士底狱这类事件，表明了普通个体的集体行动所能带来的彻底的历史变革；历史不再能够被设想为本质上是统治者和精英群体的行动了。从长远来看，法国大革命中的一些事件促动了史学家越来越感兴趣于书写“自下而上”的历史，并越来越强调群众所扮演的角色。法国大革命还将法国民众团结为一个新的具有自我意识的共同体——这一共同体中的成员应认同自己的“国家”，并已准备好抵御一切外敌以捍卫国家。国王的 72
臣民，除了共同效忠于君主之外，他们可能毫无共同点，但一个国家中的市民需要视彼此为“兄弟”——妇女在国家生活中的角色尚未被定义——并抛弃彼此间的区别，例如按出生地域或社会身份划分的历史性联系。由大革命催生的法国民族主义帮助传播了这样一种观念：历史是关于特定民族共同体（这些民族共同体被组织成统一的政治国家）之形成以及特定民族共同体间冲突的故事。

随着大革命的思想拓展至欧洲甚至一些海外领地，随着法国军队推翻旧的政府和法律体系，爱德华·吉本的信念——西方文明不会再经历任何如罗马帝国覆灭那样彻底的变革了——似乎已不再有效。拿破仑远至埃及和俄国的战争以失败告终，但这是近千年来第一次，西方世界被这样一位其事迹足以与亚历山大和尤利乌斯·恺撒相媲美的征服者所统治。当拿破仑的马蹄踏过德国耶拿小镇，哲学家黑格尔（G. W. F. Hegel）写道，他已见到了“马背上的世界精神”。藉由战争时期出版的《强军通讯》及1815年后流放期间的口述回忆录，拿破仑一点一滴积累起人们对其历史成就的兴趣。史家们则面临着一项挑战：该如何解释像法国大革命这类造成巨大撕裂的事件是如何可能的，像拿破仑征服这类如此波澜壮阔的事件又是如何可能的，以及，它们的发生意味着什么。

无论如何，是大革命的反对者而非革命者自身为一种新的历史理解铺平了道路。革命者们试图根据抽象原则来重构社会，当他们这种大规模的尝试逐渐遭遇困境后，大革命的批判者们，如英国的保守主义者埃德蒙·伯克（Edmund Burke）认为，革命者们最根本的错误在于他们无视历史的教益。在《反思法国大革命》一书中，伯克强调，即使那些看上去不合理的流传至今的制度和行为模式，也是实践经验积累的一种反映，这使得它们比任何理性格言对今天来说都具有更好的指导作用。伯克十分看重理解过去遗产的重要性，尤其是理解那些自身民族的历史遗产。法国革命者也曾强调
73 民族认同的重要性，但伯克从历史的角度来定义民族，他将其视

为“不仅是一种在世之人间的伙伴联系，还是一种在世之人、离世之人及未出生之人间的伙伴联系”。伯克对历史之重要性的强调在德国尤其受到欢迎，在那里，他对每个民族过去独特性及连续性价值的重视与早前如赫德尔和莫泽尔所阐发的观念不谋而合。当法国军队入侵德国并在那里推行彻底的变革时，很多德国人通过强调自身传统的价值，包括对历史的尊崇，来做出反抗。在 19 世纪，新的历史研究方法会在德国最为强劲地发展起来，这绝不是偶然。

在所有为革命时代所激发的重思历史重要性的活动中，黑格尔的思想产生了最为重要的影响，也正是黑格尔，称拿破仑为“马背上的世界精神”。相较于之前那些寻找永恒真理的哲学家，黑格尔认为，思想本身即是历史的，历史学家所记载的公开事件标记着实在背后的精神或观念的展开。相较于启蒙思想家对进步的乐观信念，黑格尔承认在历史记载中寻找意义并非易事。“在历史这个屠宰场中，人类的幸福、国家的智慧、个体的美德皆被献祭，当我们如此沉思历史时，必然会产生一个问题：这些巨大的牺牲是为了什么原则，为了什么最终目的呢?”他写道。[①] 黑格尔的答案是，藉由他称为的“理性的狡计”（the cunning of Reason)，即使最坏的历史灾难，从长远来看，也推动了被合理规定的人类自由的进步。譬如，法国革命期间诸多暴力的结果是法治政府及福利国家的发展，在他看来，他所生活于的普鲁士王国即是最佳模式。

黑格尔不是一位历史学家，绝大部分历史学者也拒绝接受黑格

---

① G. W. F. Hegel, *Reason in History*, trans. Robert S. Hartman (Indianapolis, IN: Bobbs-Merrill, 1953), 27.

尔的看法——将历史事件看作钥匙，认为它们能够在现实中破解一些深奥的哲学原则。黑格尔强调，在任何给定年代中，只有少数国家或个体体现着世界历史的本质，这种观念使他摈弃了欧洲之外的
74 民众，认为他们对人类更高目的的实现没有作出任何贡献。黑格尔以牺牲个体自由为代价对国家之重要性的拔高常被批评应对之后德国的极端民族主义负有责任。然而，黑格尔强调实在的一切层面都要在时间中经历发展，这给予了历史学以新的在哲学上的重要性。他的辩证发展的概念，即认为一切原理都将必然生发出其对立面的论断，将时间中的变化构筑进实在的坚固结构之中。黑格尔的辩证思维激发了 19 世纪中叶社会主义思想家卡尔·马克思（Karl Marx）的历史分析，他将历史视为一系列对立的社会经济阶级间的矛盾，这种分析方式对历史学术研究产生了广泛影响。近年来，黑格尔作品中关于“主奴关系”的煽动性论述对有关反奴隶制和反殖民主义运动的历史研究产生了深刻影响。

当黑格尔体系给予历史以哲学意义，与浪漫主义文化运动相关联的文学和艺术同样激发了对过去的兴趣。浪漫主义反对启蒙运动对理性的强调而珍视情感。他们将过去尤其是中世纪视为这样一个时代，那时，男女都更自由地顺从自身的激情。没有人能比历史小说家瓦尔特·司各特（Walter Scott）更充分地挖掘出历史的浪漫魅力了，他的畅销著作让过去时代受到新的欢迎，但却对史学家造成了困扰，迫使他们将自身叙事与司各特的叙事区分开来。启蒙时期的作家们曾将中世纪描述为一个迷信、狭隘的年代，司各特对中世纪的描绘大大改变了对这一时代的这种态度。在其小说《艾凡赫》中，司各特讲述了现代版本的罗宾汉的故事，他通过将一位年轻美丽的犹太女子作为女主角之一，表达了对欧洲犹太少数族裔的同情。

在序言中，司各特提及一些批评者对他的批判，“将虚构与真实混在一起，我在历史的清水中搅入了现代创作，并将我所描绘的有关那一时代的错误观念传达给年轻人。”对此，司各特进行了捍卫并强调，他在开始写作之前定会仔细地研读历史档案，并且，他是在历史档案的基础上对“古人的私生活”进行再创作的。职业史家往往对“古人的私生活”这一主题不屑一顾，但司各特感到这一主题将会引发读者们的兴趣。最为重要的是，司各特试图用这样一种方法书写过去，“现代读者将不会感受到自己……被古物研究令人厌烦的枯燥束缚住手脚。”①

与历史小说的风尚一同出现的，还有描绘取材自中世纪和近代早期历史的戏剧性场景的精致画与受中世纪建筑启发的建筑学的潮 75
流。一些痴迷于追求精确性的历史画画家成为了古代服饰、家居与建筑的收藏者和专家，他们最早践行了今天物质文化史家们的想法。② 1837 年，法国政府开放了一家专门致力于表现法国历史的博物馆，即以前朝皇宫为基址的凡尔赛历史博物馆。法国艺术家们接受委托，创作描绘法国历史中重大事件（从中世纪早期到大革命年代）的巨幅绘画，以生动地表现法国民族认同的发展历程。直到今天，有关小说及电影（历史画在当前的同等物）之历史有效性的问题仍争论不休，职业史家批评小说家和电影导演为了使自己的故事讲得通而歪曲了历史，历史小说家和电影创作者则回应道，是他们将历史带入到观众的生活之中，不然的话，没人会对

① Walter Scott，“Dedicatory Epistle，” *Ivanhoe*（1820）.

② 2014 年，法国里昂美术馆（Musée de Beaux-Arts in Lyon）举办了一场有关十九世纪早期历史画的主题展览。展览目录可见 Stephen Bann and Stéphane Paccoud，eds.，L'Invention du passé. *Histoires de coeur et d'épée en Europe*，1802 - 1850（Paris：Hazan，2014）。

它感兴趣。

受中世纪罗马和哥特风格影响的建筑最为持久地见证了19世纪对历史的痴迷。像英国人奥古斯塔斯·普金（Augustus Pugin）这样的建筑学家们认真研究了存留下来的中世纪遗址，试图打造出能够在宗教的启迪下重获团体感的环境。他们的设计反映了一种对待历史的新态度：这是第一次，建筑学家们刻意寻求模仿过去的风格。19世纪这些“新罗马式”和“新哥特式”的建筑结构今天仍然留存在英国和美国的一些大学校园中，它们与20世纪的很多建筑形成鲜明对比，它们或反对参照历史样式，或在当代设计中刻意运用历史样式以拼凑成一件作品。今天，对中世纪建筑的全然模仿在一些主题公园中可以找到，它们召唤出一个与我们全然相隔的过去，以此来吸引观众。19世纪时，想象在这样一座建筑中享受一切现代生活仍是可能的。在这样一种文化环境下，我们也就不难理解为什么历史研究会被认为是最为重要的工作。

兰克及其“革命”

与19世纪新的“科学化”历史联系最为紧密的历史学家是德国
76 人利奥波德·冯·兰克，他是瓦尔特·司各特著作的其中一位欣赏者，这些著作吸引了他进行历史研究，但随后，他开始强调区分出历史著作与虚构作品的重要性。兰克是梅尼克《历史主义的兴起》这部著作中的核心人物。作为兰克的学生，对梅尼克来说，正是兰克真正意识到了历史学作为一种卓越方法为理解人类生活提供的可能性。在史学史中，兰克不仅因为其著作而闻名，他还是第一位因作为一名大学教授对历史学科本身作出突出贡献而受到纪念的重要人物。在兰克漫长的一生中——他生于 1795 年，卒于 1886 年，他大部分时间都任教于柏林大学。这所大学创立于 1810 年，其创办的最初目的在于增进德国的民族认同，以抵抗 1806 年曾占领普鲁士的法国的影响。柏林大学的创立者威廉・冯・洪堡（William von Humboldt）认为历史学是一门极其重要的课程，他在发表于 1821 年的文章《论历史学家的任务》中论述的计划为兰克的众多观念做了铺垫。在柏林，兰克培养了许多代年轻学者。无论在历史研究方法上还是在兰克所抱持的价值观上，德国及其之外的研究者皆倾羡于这种声名渐增的新的科学化历史。

今天，兰克最为人印象深刻的一句话是他认为史学家的任务即"如实所述"（"*wie es eigentlich gewesen*"）。对他来说，这意味着史学家不能像启蒙史家伏尔泰或吉本那样根据自身时代的准则批判地评定过去，也不能为当前的目的将事件塑造成一个带有道德教益的故事。相反，兰克强调过去的每个时代都"直接与上帝相关联"（"unmittelbar zu Gott"），这意味着每个时代都有其自身价值，没有哪个时代能够声称自己优越于其它所有时代。为了实现真正理解过去事件的目标，兰克式史学家们需要尽可能地根据事件发生年代的文献档案重构事件。对兰克来说，这意味着首要之物是保存在档案馆中的史料。随着欧洲其它政府纷纷效仿法国，向公众开放档案，学者们第一次阅读到这些史料。坚持认为史学家需优先运用原始档案或我们今天称为一手史料的结果之一，是所有关于过去的历史突然间需要被全部重写。巴托尔德・尼布尔（Barthold Niebuhr），一位在几十年前即已预见兰克的众多观点的德国史学家写道，那些依赖于过去如李维这类著名史学家著作的撰史者们，就像"那些错把 77

地图和风景画当作实在本身的人"[1]，由此，尼布尔阐明了撰写一部新的古罗马史的必要性。全部历史都等待着受过新方法训练的史学家们进行正确地研究，这种想法为历史事业注入了一种新鲜感和刺激感。兰克曾谈及搜寻"未被加工的"档案的过程，当他找到一件藏品时，他写道，"仿佛与我的挚爱度过了一段甜美的、华丽的欢乐时光"[2]。

兰克不仅十分注重搜寻原始的历史档案，而且强调要对档案提供的信息进行客观的呈现。"尽管事实也许是偶然和枯燥的，但严谨地呈现事实无疑是至上法则，"他写道。但历史研究者不能满足于仅仅将孤立的事实呈现为一段干瘪的编年史，他还应设法让"这些事实的整体性和发展过程"自明地呈现在读者面前。除此之外，史学家还应避免过度沉迷于任何过去时代的细枝末节之处，沉迷于"满足自身的乐趣"，以致忽视了结论中更为广泛的意义和"事物的普遍层面"。[3] 通过在叙事中加入脚注，这些脚注标明了来源，并对可靠性进行讨论，兰克在出版物中为读者展现了贯穿在历史书写中的档案和阐释性工作。因此，思想史家安东尼·格拉夫敦将这些作品称为"一个足够现代的双重故事"：一个是有关过去的故事，另一个是历史学家努力重构过去的故事。[4] 格拉夫敦认为，文艺复兴时期的人文主义古物研究者及其 17 世纪的继任者们已预先实践了兰克所强调的对原始材料进行批判阅读的观念；此外，吉本已娴熟地将脚注用

---

① 引自 Fritz Stern，*The Varieties of History*：*From Voltaire to the Present*（New York：Meridian Books，1956），51。

② 引自 Bonnie G. Smith，*The Gender of History*：*Men*，*Women*，*and Historical Practice*（Cambridge，MA：Harvard University Press，1998），119。

③ Ranke，引自 Stern，*Varieties of History*，57，59。

④ Anthony Grafton，*The Footnote*：*A Curious History*（Cambridge，MA：Harvard University Press，1997），27.

作对主体叙事的一种评注。然而，格拉夫敦承认，在整合这两个不同层次的历史探究工作上，兰克比他的任何先行者们都更为成功。

兰克在史学史中占据重要地位，不仅因为他阐明了一种研究和叙述过去的批判方法，还因为他发展出一种历史教育的新模式：研究型的研讨班（the research seminar）。直到兰克的时代，学院和大学始终采用讲座的形式讲授历史：教授们向学生讲授一段过去，但不会讲授构筑这样一个故事的方法。兰克的创新之处在于，通过让学生仔细地研读原始档案，学生们得以系统地参与进史料阐释的过程当中，并将自己的结论呈现给其他将对结论进行批判的学者。兰 78
克模式的大学研讨班通常在更方便讨论和辩论的小教室而非大讲堂中进行。随着研讨班模式的逐渐成熟，研讨室还通常配备有一些可供参与者查阅的参考书。兰克式研讨班的吸引力部分在于一种被接纳进精英俱乐部的感觉，因为研讨班只对那些掌握了精确的科学研究方法的人士开放。历史学科当中这种新的培养方法吸引了来自世界各地的研究者们，他们为掌握一种研究过去的新的精湛技艺感到兴奋。一位兰克的美国学生如此描述这段经历："怀揣从大学图书馆借来的书籍和档案，研究者们踏入教室，准备就其论点和引文进行论述，就像律师在法庭上为一个案件辩护……同学们就权威论述进行讨论，对相似的文献进行列举；旧的观点被推翻，众多标准的历史论述被批判得体无完肤。"① 一些兰克的学生将这种研讨班的历史教学模式带进其它大学。例如，在美国，约翰·霍普金斯大学于1876年创立了首个历史学的博士项目。

除了倡导运用档案文献做研究和创设历史研讨班之外，兰克为

① 引自 Burrow，*History of Histories*，435。

现代史学发展所贡献的第三个重要成是强调历史作为一种纯学术研究的自主性和将历史职业化的必要性。直到兰克时代，历史研究仍被普遍认为是更广的文学研究的一个分支或被作为哲学研究的一个次要部分。在兰克职业生涯的早期阶段，黑格尔正任柏林大学哲学教授。在对黑格尔的猛烈批评中，兰克清晰地阐明了哲学与历史学的区别，他认为前者基于论证一些普遍原则而只对一些特定事件感兴趣，而“历史学在于认识每一存在中的无限之物，每一状况下或每一变化中来自上帝的永恒之物”，因此，历史学有其自身的研究价值。由此，历史学也需要有自身的不同于哲学理性的方法论：根据兰克，哲学家的研究过程是从一般命题中推出结果，而历史学家的工作则是一个归纳性过程，他从特定事例入手，最终得到普遍结论。[①] 兰克坚持认为，历史研究应当根据自身的规则得到判定，而这
79 些规则只能通过系统的训练习得。这便为一个全新的职业史家团体的诞生开辟了道路。自此，只有职业同行才能判定史学家作品的好坏，公众的反应或统治者是否对其有所嘉奖这一标准不再奏效。

同希罗多德和修昔底德一样，在历史学者当中，根据他们看待历史应当如何被研究的不同方式，兰克这位标志性人物的观点引发了不同的回响。兰克的其中一位嫡传弟子，瑞士人雅各布·布克哈特（Jacob Burckhardt）在19世纪最为清晰地批判了兰克学派对政治史的过度强调。布克哈特的著作《意大利文艺复兴时期的文化》（1860）的第一章标题即是“作为艺术品的国家”，反映出在方法上与老师的不同。对兰克来说，国家是实在（reality）的一个基本

① Frederick C. Beiser，*The German Historicist Tradition*（New York：Oxford University Press，2011），cit. 260.

层面；对布克哈特来说，国家是一种人类文化的创造物，本质上应在审美的立场上来判定。布克哈特的著作复兴了文化史的传统，在某些方面让人联想到十八世纪的作者如维柯和伏尔泰。布克哈特试图说明，文艺复兴时期的一切层面——不仅包括政治，还有其艺术、思想及日常生活模式——都反映出一种共同的精神。根据布克哈特的观点，区分文艺复兴及中世纪的关键是认识一种新的个人主义，为了获得这种认识，史学家不仅需要对档案进行审慎研究，还需要对过去精神进行直觉式的理解，这两者同样重要。今天，兰克的方法论仍然受到推崇，但他的书籍却鲜少被阅读。与此同时，布克哈特的巨著仍旧被认为是文艺复兴研究的基本读物，它对近来的文化史家们仍具有启发。

尽管在当时布克哈特的著作即已受到称赞，但它通常被视为一个例外，不是其他史家可以效仿的对象。20 世纪早期，英国史学家 G. P. 古奇（G. P. Gooch）在著作《19 世纪历史学与历史学家》（1913）中称兰克为“所有人的大师”，古奇的这部著作几十年来始终是英语世界中标志性的史学史论著。梅尼克则称兰克为“不朽之人”。20 世纪 80 年代，恩斯特·布赖萨赫称兰克为定义现代历史学的“关键性人物”，这不仅因为他对历史方法论的巨大贡献，还因为“其历史视野的普遍性”①。更为晚近的一些史学史研究者，如彼得· 80
赖尔（Peter Reill）、唐纳德·凯利和安东尼·格拉夫敦，他们质疑了兰克学说的原创性，认为兰克只是把文艺复兴和 17 世纪人文主义者与古物研究者们开创的批判方法系统化，并借用一些德国学者们

① G. P. Gooch, *History and Historians in the Nineteenth Century* (Boston: Beacon Press, 1953 (orig. 1913)), 97; Meinecke, *Historism*, 496; Breisach, *Historiography*, 232, 235.

的观念罢了，这些学者在18世纪早已阐明了历史主义的洞见。女性主义研究者邦尼·史密斯（Bonnie Smith）则强调大学中兰克式的研究型研讨班将妇女排除在外，直到20世纪，女性才得以获得受到高等教育的机会。后现代主义理论家海登·怀特认为，兰克的历史叙事与其说依据事实，不如说是受到将过去事件形塑为一个特定类型故事的愿望的支配。[①] 兰克对政治和外交史的强调对史学家思考妇女在历史中的地位产生不利影响，他也毫不怀疑被他称为“种族上同源的日耳曼或日耳曼-拉丁民族”的历史是“全部现代历史的核心”，从而忽视了众多非欧洲文明，认为它们是不重要的。[②] 但即便随着历史研究逐渐触及世界其它地区的历史及人类经验的其它形式，随着大学教育向妇女和其他被排斥的群体开放，兰克有关什么构成了对史料的合理运用的观念及其研讨班的教学模式仍然具有影响。

兰克式的历史研究模式及其对研究一手史料的强调，与保存和出版这类档案的现代规范的形成密切相关。1819年，在拿破仑战争之后，作为增强民族意识计划的组成部分，普鲁士政府启动了《日耳曼历史文献汇编》工程，致力于出版经过审慎编辑的历史文献汇编，尤其是那些有关中世纪的史料，因为中世纪被视为德意志文明的顶峰。直到今天，《日耳曼历史文献汇编》仍在继续，它已成为其他国家所效仿的这类工程的一个范例。史学家对史料的全新关注使得一个新职业发展起来，即专业的档案学家，他们接受档案保存和档案整理的专门训练，以便历史学家可以便利地察阅档案。成立于1821

---

① Smith，*Gender of History*，103 - 29；Hayden White，*Metahistory*：*The Historical Imagination in Nineteenth-Century Europe*（Baltimore：Johns Hopkins University Press，1973），163 - 90.

② Ranke，引自 Stern，*Varieties of History*，56。

年、至今仍健在的法国文献学院是第一所专门培养这类人才的机构。

兰克式历史研究模式的另一个重要结果是由学院派史家组成的职业协会的建立和专门用于出版历史研究著作的学术性期刊的产生。 81
定期召开会议的历史协会，如由政治家和史学家弗朗索瓦·基佐（François Guizot）于1834年创建的法国历史协会，将学者们聚集到一起，并帮助传播新的学术标准。通常，这些由致力于运用新方法的史学家所撰写的、以大量档案为基础的、关注点更为具体的研究文章会使业内其他人士充满兴趣，但却很少引起更为广泛的公众的注意。学术期刊，如1859年由兰克弟子海因里希·冯·西贝尔（Heinrich von Sybel）创立的《历史杂志》，为这类学术研究的出版提供了渠道。“我们要求我们的作者严格遵照科学的阐述方法，每一个论断都应附有证据，附有参考文献和引用段落……我们严格地去除那些含糊的概括和修辞，”创办于1876年的法国期刊《历史评论》的编辑们如此告诫说。[①] 书评是这类专业期刊的一个重要组成部分，它作为一种机制发挥作用，用来界定学院派史家得以效仿的标准和评判新面世的出版物。19世纪后半叶，这类模式的期刊出现在意大利（《意大利历史评论》（1884））、英国（《英格兰历史评论》（1886））、日本（《史学杂志》（1889））和美国（《美国历史评论》（1895））。

1897年，法国学者朗格诺瓦（Charles-Victor Langlois）和瑟诺博司（Charles Seignobos）出版著作《史学原论》，在这部著作中，他们最为简明地拟定了专业历史研究所需达到的标准。很快，这部著作被翻译成其它语言，并在数十年内保持着权威的指导性论述地

---

① 引自Stern，*Varieties of History*，173。

位。在这部著作1898年的英译本序言中，作者如此介绍："研究者们将学会……在研究一个经过认真选择的、重要的历史问题时，绝不姑息自身的缺点，绝不逃脱任何的痛苦，绝不吝啬任何时间及精力上的耗费，彻底地完成一些细小的工作，不致于需要再重做一遍。"① 朗格诺瓦和瑟诺博司的这些建议，包括如何确定史料，对史料进行内证和外证的"分析手法"，记录和整理笔记的正确步骤，有关"一组事实"必需的"综合手法"的讨论，以及他们根据"现代科学理念"的解说，仍然为今天的历史方法课程提供了大部分"如何去做"的基础指南。

82 民族主义与历史学术研究

19世纪，在历史主义原则的指导下，伴随着依托于大学的学术研究和历史教育的兴起，以民族主义视角为主导的历史著作的广泛流行成为学科的一个主要发展趋向。当代顶尖的史学史学者唐纳德·凯利将旨在"增强民族认同或古代及现代优越性"的民族主义历史视为一种新的"历史神话"，就它的情感吁求而非事实基础来说，它是成功的。② 在那时，专业化历史与民族主义的发展相互依存，因为19世纪不断专业化的学术性历史的发展极度依赖民族国家

---

① F. York Powell, "Preface," in Charles Victor Langlois and Charles Seignobos, *Introduction to the Study of History*, trans G. G. Berry (New York: Holt, 1966 (orig. 1898)).

② Donald R. Kelley, *Fortunes of History*: *Historical Inquiry from Herder to Huizinga* (New Haven, CT: Yale University Press, 2003), 342；了解凯利有关"历史神话"的定义，可参见他的 *Faces of History*: *Historical Inquiry from Herodotus to Herder* (New Haven, CT: Yale University Press, 1998), 1。

政府的支持。在众多国家中，政府为大学和档案馆提供资助，藉此，教师方能在大学中讲授新历史，史学家需要的档案方能在档案馆中保存。反过来，史学家也将书写民族历史视为自身最重要的任务。的确，作为运用历史研究新方法的领军人物，兰克没有把自身完全限制在国别史中。他的抱负在于书写一部欧洲整体的“普遍”历史，将他所做的有关欧洲不同民族国家的研究整合起来。然而，他的大多数德国学生，都更为狭隘地专注于自身国家的历史，与此同时，积极地拥护将长久以来分裂的众多德意志邦国统一为一个单一国家的不断发展着的运动。他们将统一视为德意志民族个性的表达，正如历史主义教益所表明的要表达自身那样。兰克最为臭名昭著的学生海因里希·冯·特赖齐克（Heinrich von Treitschke）全身心地认同当时德意志最为强盛的邦国普鲁士统一德国的事业，并热切地支持普鲁士首相俾斯麦（Otto von Bismarck）的激进政策。1871 年，俾斯麦建立了德意志帝国。特赖齐克的《十九世纪德国史》（1879 - 1896）即讲述了这段当代史，论述了俾斯麦的成功是如何必要及必然的。特赖齐克强调，德国注定会成为欧洲的主导势力；他还积极地反对国家中少数的犹太群体，将他们视为威胁这一新生的民族国家之发展的外部势力。特赖齐克用来支持其抨击的一部分证据来自现代第一部有关犹太人的综合性历史著作，其作者是海因里希·格 83
莱茨（Heinrich Graetz），一位同样受“新”的科学化历史影响的德裔犹太学者。格莱茨在书中表明，虽然缺乏自身领地，但犹太人始终是一个民族共同体。由此，特赖齐克认定犹太人不可能成为任何国家的忠诚市民。特赖齐克影响广泛的著作所传达的民族主义和排犹主义观点帮助营造了一种气氛，它促使很多德国人支持那些导致一战爆发和希特勒成功崛起的政策。

民族主义视角同样渗透进其他国家的史家所编纂的历史著作当中，不管是那些接受被誉为“德国学派”的新的学术范式的学者，还是那些继续为广阔公众写作的史学家。相较于德国的民族主义史家强调国家和军队所扮演的角色，大部分19世纪著名的法国、英国和美国民族主义史家更关注宪制政府，有时也感兴趣于民主运动。拿破仑失败后，法国自由派史家如奥古斯丁·梯叶里和弗朗索瓦·基佐试图展现，正如埃德蒙·伯克所说的那样，法国大革命的自由和平等观念并非抽象的哲学原则，而是从地方自治政府的传统中发展起来的，这一传统可追溯至中世纪。他们的作品给予了这些现代观念以一种重要的历史渊源。法国最为著名的民族主义史家儒勒·米什莱（Jules Michelet）将法国的普通民众视为国家精神的化身，将法国大革命的早期阶段视为他们胜利的时刻。他有关1790年巴黎普通民众是如何为庆祝攻占巴士底狱一周年布置庆典的抒情描述（表现了“行动上的平等”），是对民主精神的经典重现。[①] 米什莱深受18世纪意大利历史主义哲学家维柯有关民族文化发展思想的影响。在学生和七月王朝精英政权的反对者当中，米什莱的作品及其公开演说使他成为一名英雄。米什莱热情地响应给予法国成年男性以普选权的1848年革命，尽管，就像很多共和国的激进分子那样，米什莱尤其反对政治权利向女性扩张。在他看来，妇女在迷信和宗教观念面前毫无主见，因此很难做出理性选择。但不是所有的法国
84 史家都像米什莱那样对革命民主充满热情。以《论美国的民主》（1835/1840）闻名于世的阿列克西·德·托克维尔（Alexis de

① Jules Michelet, *History of the French Revolution*, trans. Charles Cocks, ed. Gordon Wright (Chicago: University of Chicago Press, 1967), 459.

Tocqueville）意识到欧洲传统社会的等级体系被打破了。在 1848 年革命希望破灭之后出版的经典著作《旧制度与大革命》（1856）中，托克维尔告诫道，相较于君主统治，以 1789 年大革命原则为典型的社会平等的进步可能会造成更大的威胁。历史运动的实际结果常常与参与者的预期存在偏差，托克维尔的这一论断在研究之后众多革命运动的史学家群体中引发强烈共鸣。

当法国的民族主义史家如米什莱坚信 1789 年大革命的经历使法国成为唯一有资格向世界其它地区展现历史进步道路的国家时，19 世纪前叶杰出的英国史学家托马斯·巴宾顿·麦考莱（Thomas Babington Macaulay）歌颂了英国议会体系取得的成就。在麦考莱看来，英国人的特殊才干在于他们能够施行渐进的改革，杜绝法国人所经历的暴力革命。当 1848 年革命的记忆刚刚烙刻进法国和欧洲其它地区人民的脑海中时，麦考莱将 1688 年在英格兰发生的事件称为相对不流血的“光荣革命”。他写道：“与其他国家的革命演说相比，议会演讲几乎是儿戏的。英国的两个党派都赞同严格地尊崇国家古老的立宪传统……然而这场革命，一切革命中暴力最少的革命，同时也是最能够给予裨益的革命。”[①] 在美国，民族主义历史采纳的叙事专注在对宪法制定者和独立后新国家领土扩张的颂扬上。乔治·班克罗夫特（George Bancroft）在 1834 年后陆续出版的《美国史》中论述道，这个国家的过去展现了它持有的普遍信条，“为了永久和平与世界大同的推进”。[②] 尽管 19 世纪的美国史学家致力于强调国家历史所体现的爱国精神，但与欧洲史学家相比，他们并不是在

---

① 引自 Burrow，*History of Histories*，354。

② 引自 Breisach，*Historiography*，256。

政府的授意下进行历史书写的。直到 1934 年，美国才建立起中央国家档案馆。而美国的大学也不直接受助于联邦政府。收集和保存历史档案的工作留给了私人协会来承担，其中成立时间最久的是创办于 1790 年的马萨诸塞历史协会。

85 不仅在欧洲和美国，历史书写的民族主义框架同样对非欧洲地区的历史写作产生了重要影响。在 1798 年拿破仑占领埃及期间，受伊斯兰传统编年史教育的史学家阿卜杜勒·拉赫曼·贾巴特（Abd al-Rahman al-Jabarti）认识到理解两种不同文化间冲突的重要性。此外，他也对法国人系统收集埃及历史材料的方法感到钦佩。在他的作品中，他赞颂了穆罕默德·阿里（Mehmet Ali）所取得的成就，这位统治者在 19 世纪早期挑战了埃及的奥斯曼政权，被视为埃及近代民族主义的开创者。埃及另一位更为年轻的史学家里法哈·塔赫塔维（Rifa’ah al-Tahtawi）效仿欧洲民族主义史家的模式。为强调埃及人身份认同的深层根源，他追溯到了法老时期，这便与伊斯兰世界传统的历史书写模式产生断裂。在传统中，伊斯兰的历史写作并不重视新宗教形成之前的世纪，而更强调所有穆斯林共享的价值观，不管他们属何民族。

在印度，尽管当地有更为深厚的历史书写传统，但却是受聘于东印度公司的英国监管人员首先创作了带有“民族”字眼的区域史。旨在称赞英国统治之成效的詹姆斯·密尔（James Mill）的《英属印度史》将次大陆视为一个地理上的整体，这对之后印度的历史写作产生了深远影响。随着 19 世纪印度史学家开始依照从欧洲输入的民族主义模式书写历史，他们常常采纳密尔和欧洲其他史家的论断，即认为前殖民时期的印度不存在严格意义上的历史思想，以及，先于英国人之前的穆斯林政权本质上是暴虐的。在 19 世纪 40 至 50 年代，两位在法国过着流亡生活的海地作家，托马斯·马迪欧（Thomas Madiou）和亚历克西斯·博布伦·阿杜安（Alexis Beaubrun Ardouin），创作了早期的“后殖民”历史著作，他们为先前奴隶们取得的成就进行辩护：这些奴隶击退了拿破仑军队，使自己国家在半个世纪之前成为美洲地区第一个获得独立的黑人国家。当时，因为文字材料的匮乏，非洲史仍然被认为是难以叙述的，马迪欧和阿杜安通过讲述杜桑·卢维杜尔（Toussaint Louverture）领导的反抗运动的故事阐明了，正如阿杜安所说的那样，黑人“能够……和白人一样，想象并完成任何白人所能够做的事情”。①

19 世纪在西欧发展起来的新的历史方法及欧洲国家民族主义思 86
潮的传播同样在东亚产生了重要影响，尽管在这里，历史书写的悠久传统已长期存在。在 18 世纪的中国，所谓的“乾嘉学派”已在历史研究中引入了批判方法，这种方法同文艺复兴以降由欧洲学者发展起来的方法有众多相似之处。② 在 19 世纪，随着欧洲与中国的交往增多，作为回应，很多中国史家比以往任何时候都更加坚定地主张自身的传统价值观，包括用编年形式而非更加结构性的叙事来书写过去的独特实践。

与中国相比，日本统治者更为激烈地阻挡外来文化的冲击。在 1854 年日本“开国”和 1868 年“明治维新”之后，西方世界的影响突然降至，迫使天皇顺从国家现代化的道路。接纳西方的历史方法即是这一现代化过程的一部分。1875 年，日本史家福泽谕吉

---

① Aléxis Beaubrun Ardouin，*Etudes sur l'histoire d'Haiti*，*suivies de la vie du général J.-M. Borgella*（Port-au-Prince：Dr. François Dalencour，1958（orig. 1853）），2：92.

② Georg G. Iggers and Q. Edward Wang，*A Global History of Historiography*（Harlow，UK：Pearson Education，2008），52 - 57.

（1835—1901）出版著作《文明论概略》，在这部著作中，他呼吁抛弃儒家传统，支持一种将展现日本如何能够在世界文明的总体进程中发挥作用的历史写作。1887 年，德国学者路德维希·里斯（Ludwig Riess）在新近成立的东京大学被任命为第一位历史学教授。很快，他受到了日籍同事们的欢迎，这些同事热切期望将新的方法运用于书写自身国家的历史。然而，随着日本实力朝向大国地位的快速提升，史学家们压力倍增，他们不仅要砍削在其文化的形塑中扮演着重要角色的更为庞大的邻国中国的影响，而且要强调国家遥远过去与当前的连续性以及日本传统的独特性。因此，日本的历史呈现出强烈的民族主义色彩。①

历史学与社会科学

兰克与他的学派将历史学视为一门科学（*Wissenschaft*），即一种客观知识的形式，但他们认为历史学不同于自然科学，因为它处理的是单一事件，不旨在发现普遍规律。然而，很多 19 世纪的思想家们坚持认为，那些使得对自然现象的理解取得大步飞跃的科学原
87 则，同样能够被运用到社会研究中，包括研究历史的发展过程。与此同时，这些社会理论家们也深处浓重的历史主义氛围之中。不再将他们的理论建立在有关社会的永恒概念之上，19 世纪的社会哲学家们试图给出历史变化发生原因的一般解释。

法国思想家奥古斯特·孔德（Auguste Comte）将他的社会科学

① 同上，137—39，142—47。

称为“实证主义”，意思是，它只建立在对绝对确定之事实的理性观察的基础上。他的学说认为，观察表明，一切人类知识分支都始于宗教信仰的阶段，随后，经历“形而上学的阶段”，最终发展至“实证”阶段。在“形而上学的阶段”，人类借助抽象力量来解释现象。在“实证”阶段，人们放弃了对终极原因的搜寻，而代之以一种建立在经验基础上的对规律的理解，这些规律支配着世间发生之事。从很多方面看，孔德的学说符合自然科学的发展过程，它也强有力地推动了社会科学如社会学的发展。很多史学家认同孔德有关进步之必然性的观念，他们也赞同，历史研究的确需要以自然科学的发展过程作为参照模型。孔德思想的一些成分可以在更为近期的历史解释的总体框架中找到，如 20 世纪中叶影响了美国大量历史研究的“现代化理论”。然而，在 19 世纪末期以来的史家争论中，“实证主义”（positivism）逐渐成为一个贬义词，那些倡导历史应以理论作为支撑的学者们用它来谴责那些盲目坚信“如果把‘事实’弄对，结论自然就会呈现”[①] 的人。在这种意义上，实证主义这一术语更接近于描述兰克而非孔德的观点。

众多 19 世纪思想家确信的一个“实证”事实是，科学已经阐明，人类不同种族间、不同性别间的智力和性格是有本质差异的。如法国作家阿瑟·德·戈比诺（Arthur de Gobineau）的《种族间的道德与智力多样性》（1855）及 1854 年出版于宾夕法尼亚的合著《人的类型》这类畅销书都传播了一种观念，即用人种的不同来解释社会生活的一切重要层面。带有固定特征的生物种族的概念在很多

① Eric Hobsbawm, *Interesting Times*: *A Twentieth-Century Life* (London: Allan Lane, 2002), 288.

方面是与历史思想相违背的，因为它否认了人类群体会随着时间的
88 推移演变和进化的可能性。即便如此，在 19 世纪和 20 世纪的大部分时间里，种族主义的思想在西方文化中广为盛行，人们常常从种族中寻求解释，来为一些历史进程辩护，如欧洲在世界其它地区的帝国统治、美国的西进运动、在美国南部地区施行的奴隶制和种族隔离政策。种族主义通常与达尔文（Charles Darwin）的进化论密切相关，尽管达尔文的核心观念是物种的特征将随着环境状况的变化而变化，而且，他不认为人类不同种群间存在本质差别。然而，达尔文的观念——即为争夺资源，为相同物种不同个体间的竞争所引发的进化将导致“适者生存”——很容易被误解为历史即是人类敌对种族竞争的结果，那些胜利的种族要比失败者更为“优越”。

德国社会主义思想家卡尔·马克思（Karl Marx，1818 - 1883）的观念被视为另一种“科学的”历史研究方法。马克思将哲学家黑格尔的辩证发展论融合进其经济思想中，由此创造了一个颇为复杂的学说，即将历史变化解释为社会经济结构变动的结果。马克思认为，经济发展的每一阶段，都会生发出一个特定的社会形式，这一特定的社会形式被利益间相互冲突的不同阶级划分。欧洲过去的农业经济由地主这一统治阶级主导，地主剥削作为劳动力的农民。18 世纪发展起来的现代工业社会孕育出有产的资产阶级和受剥削的工人阶级或无产阶级。与黑格尔用来解释哲学发展阶段的辩证过程相类似，马克思强调，资本主义经济体系中的内在矛盾将不可避免地导致其破产，并为一个平等的社会主义社会所替代，在这一社会中，不再有阶级冲突。在马克思看来，政治本质上受敌对的社会经济阶级间的冲突支配。在《法兰西内战》（1850）这部描绘 1848 年法国失败革命的著作和《路易·波拿巴的雾月十八日》（1852）中，马克

思展示了他的观念如何能够被应用在分析历史事件上。其中，在后一部著作中，马克思将事件解释为两个阶级间利益冲突的结果，一边，是由小业主和手工业者组成的“狭隘的资产阶级”，另一边，是产业工人或无产阶级。

相较于这一时期孔德实证主义和种族主义的观念，马克思的体 89
系极具历史性，事实上他的合作者弗里德里希·恩格斯（Friedrich Engels）称马克思已经“发现了人类历史发展的规律”。[①] 马克思的名言，“人们自己创造自己的历史，但是他们并不是随心所欲地创造，并不是在他们自己选定的条件下创造，而是在直接碰到的、既定的、从过去承继下来的条件下创造”，是一个强有力的构想，要求史学家们平衡人类行动者与行动者必须身处其中的环境之间的关系。[②] 马克思有关经济和社会发展的理论为历史研究提供了大量议题，甚至那些拒绝他的社会主义观念的史学家也深受其有关经济变化与社会结构及政治变革密切相关的论断的影响。马克思自己的历史作品更关注政治而非社会，但他的观念启发了其他史学家研究一些社会议题，如中世纪欧洲封建制度的本质，近代早期阶段贸易、手工业的发展与土地贵族没落之间的联系，19 世纪工会的兴起与工人运动等。19 世纪，欧洲的大部分地区因为大型工厂的扩建和铁路的延伸而发生变革，马克思的主张因此看起来尤其让人信服。凭借着大量的数据，他的巨著《资本论》呈现出科学的样貌，而这种科学根基是黑格尔有关观念之作用的哲学论断所不曾拥有的。与此同时，马克思为受压迫的工人阶级（工人阶级的壮大是这一阶段最为显著

① 引自 Breisach，298。

② Karl Marx，*The Eighteenth Brumaire of Louis Bonaparte*（1852）.

的特征）发声也给予了他的学说以道德吁求。

然而，对马克思观念的批判从一开始便已产生。马克思的预言，即资本主义必将发展出一个社会，在这个社会中，有产的资产阶级与劳动无产阶级间的冲突将起支配作用，无法解释现代社会实际历史中一些重要的层面，如民族主义情感的力量。民族主义常常使得不同阶级间的成员联合起来，而在马克思主义理论看来，他们本该相互对立。马克思所预期的资本主义经济的发展潜力将很快耗竭，并导向一场社会体系的全面危机还没有实现，或至少目前还没有。
90 马克思假定欧洲的经济发展模式表明，世界其它地区的道路将必然追随这一模式，这导致他将欧洲的帝国主义视为一种历史的进步力量。尽管如此，在那些因资本主义经济体系引发的社会不平等问题仍显而易见的地方，马克思学说始终受到社会活动家和一些历史学家的拥护。

大部分 19 世纪的学院派史家和社会理论家们都认同妇女较之于男性的低劣植根于两性间的生理差异。这也常被用来证明，女性不适合参与高级形式的智力活动，如历史研究。甚至一些妇女也支持这种观点，如英国作家斯托达特（M. A. Stodart），她在 1843 年写道，女性的“心灵力量难以适应加入这一领域来引导别人……她的情感将取代判断，她将为情感所吞噬。她热情地感受一切事物，为冲动所驱使，而非冷静地衡量事实，根据证据做出决断”。斯托达特之所以认为“对女性力量来说，不那么复杂的传记也许适合她们”，大概是因为传记处理的是论述对象的私人生活。[1] 事实上，在 19 世

---

① M. A. Stodart, *Female Writers: Thoughts on Their Proper Sphere and on Their Powers of Usefulness* (London: R. B. Seeley and W. Burnside, 1843), 124 - 25, 128.

纪，女性不仅撰写传记，她们还撰写通俗历史作品与历史小说。例如，被誉为“儿童历史小说之母”的夏洛特·扬（Charlotte Yonge，1823－1901），是“第一位以儿童的视角重新观看历史”的作家，她创作了很多有关过去的现实主义故事，在这些故事中，儿童常被作为主角。[1] 在法国，奥古斯丁·福耶的小学课本《两童环法记》于 1877 年用一个男性笔名首次出版，它教授了几代法国儿童以历史、地理知识及爱国精神。

尽管女性为其它历史门类的发展献出了力量，但她们仍几乎被完全排除在大学教育之外，而在那时，大学研讨班已成为在历史专业领域获得学术成就的关键。到 19 世纪后半叶，一部分人类学家和社会理论家开始质疑妇女状况是人类生活中永恒和未曾改变的层面这一观念。其中瑞士学者巴霍芬（Johann Jakob Bachofen）是第一位挑战者。在出版于 1861 年的著作《母权论》中，巴霍芬认为，在人类社会发展的某一阶段中，母权制而非父权制是普遍法则，女性 91
神受到广泛地崇拜。1884 年，卡尔·马克思长期以来的合作者弗里德里希·恩格斯将巴霍芬的理论融合进一个更为宽泛的社会主义理论中，他认为，在原始社会，女性的经济贡献足以保障她们获得一定的尊重，但随着社会财富逐渐积累，女性工作逐渐丧失其重要性，男性得以施加统治，并将女性降低到男性所有物的地位。巴霍芬和恩格斯的论断在当时并没有产生什么影响，直到 20 世纪中叶，他们的著作鼓舞女性主义者们着手反击长久以来弥漫在历史中的性别不平等观念。

① Suzanne Rahn, “An Evolving Past: The Story of Historical Fiction and Nonfiction for Children,” *The Lion and the Unicorn* 15, no. 1 (June 1991), 4.

一种历史的文明

正如19世纪欧洲科学技术的发展似乎证明了人类的无限潜能那样，1800年之后，伴随着新方法的出现，历史书写的发展似乎已给予了人类有关过去的知识以新的视野和新的确定性。与此同时，其它文化领域的进步正在创造一幅宇宙图景，在其中，依时而变成为一个普遍现象。地质学的研究开始强调，在过去的几十万甚至几百万年中，缓慢的自然过程是如何形塑我们的星球的，圣经中创世纪的故事从而被取代了。达尔文的进化理论则假定植物、动物皆是长期进化的产物。新的考古发现凭借着“穴居人”是如何生活的确切证据将人类历史向前拓展了几千年，从而取代了圣经的时间框架以及启蒙哲学家有关原始的“自然状态”的猜想。就像当前一些建构一种“大历史”运动（这一运动试图将人类的进化过程纳入到以宇宙创始为起点的故事之中）的支持者那样，19世纪的学术研究试图阐明世界从创始直至当前的发展过程。

随着世界历史的故事越来越向前追溯，史学家们将自身与“自然历史”的研究者及文字发明之前时代的关注者即考古学家们区分开来，他们将自身限制在研究留有文字记录的社会上。19世纪见证
92 了对世界早期文明历史的认识的飞跃式发展。1798年法国对埃及的占领开启了现代埃及学的时代。在法国随军学者的发现中，同时刻有希腊文和埃及象形文字的罗塞塔石碑成为破解埃及文字中神秘符号的关键。一旦学者们能够阅读记载有象形文字的碑刻和纸草，他们便能够开始重构这些东西由以产生的社会生活。还有学者成功地解读了以楔形文字呈现的铭文，这些铭文记载了中东地区的古代文

明。英国语言学家威廉·琼斯（William Jones）开启了语言的比较研究，他论证了古代希腊语和拉丁语同印度梵语间存在着一些共同的特征，由此，他假定，这些语言及大部分欧洲语言系出同源，皆属“印欧”语系，这为研究古代文明间的联系提供了新的视角。

19 世纪的历史科学还将关注点转向宗教和神话文本，这些文本长期以来被视为西方文明的根基，几个世纪以来，它们始终影响着人们对过去的理解。17 世纪哲学家斯宾诺莎和他的一些同代人首先提出要用历史的方法研究圣经，他们破坏了圣经在获得有关人类过去的真理上的特权地位。甚至有激进的批评者认为我们无法获得坚实的证据证明耶稣本人曾经存在过。在《对拿破仑·波拿巴的相关历史质疑》（1819）一书中，英国牧师理查德·惠特利（Richard Whately）试图推翻这一论断，他运用一些怀疑性的论据来表明，如果按照相同的标准，那么我们也无法确切证明这位法国皇帝曾生存于世。德国学者大卫·施特劳斯（David Strauss）在他的著作《耶稣传》（1835）中接受了一位“历史的耶稣”的存在，但他认为，新约四部福音书中阐述的那些奇迹应当被视为神话。随后，法国作家厄内斯特·勒南（Ernest Renan）在他的《耶稣传》（1863）中将耶稣呈现为一位剥离了神性的人类，勒南运用在研究其他历史人物时用到的批判方法来重构耶稣的生平，这种方法随后广受欢迎。

在接下来的时间中，德国学者尤利乌斯·威尔豪森（Julius Wellhausen）运用历史与语言学的分析方法证明了希伯来圣经前五卷的律法是一些写于不同阶段的更早期文献的合成物，可以肯定的
是，它是在其所描绘事件发生很久之后才形成的。另一位德国人海 93
因里希·施里曼（Heinrich Schliemann）挖掘了现在已被广泛接受为是特洛伊古城所在地的城址，他强调他已发现了能够证明《伊利

亚特》历史真实性的遗迹。尽管随后的研究表明施里曼误判了其主要发掘成果的所对应的历史时间，而且，他粗糙的方法可能对荷马所描绘的最为真实的遗迹造成了破坏。但他的工作依然表明，考古发现能够为希腊历史提供一幅新的图景，而在以前，人们只能通过存留的文学和艺术作品窥探这一过去。

除了新的考古发现，向公众呈现历史的新方式同样催生了19世纪人们对过去的浓厚兴趣。1835年，杜莎夫人蜡像博物馆在伦敦开业，它呈现了法国大革命期间的一些恐怖场景和其它戏剧性场面，这一博物馆今天仍在营业。以马修·布雷迪（Matthew Brady）拍摄美国内战战场的照片为例，19世纪中叶推出的摄影术将对当前历史事件的现实主义描绘带至一个新的高度。照片看上去能够客观地保存图像，让观众直接目睹其所描绘的场景，尽管布雷迪装备上的限制意味着他的所有照片都是在作为描绘主体的战争结束之后拍摄的。在一个特殊环形建筑中展出的全景画和圆顶天幕广受欢迎，它们给予观众一种置身于历史场景中的错觉。保罗·多米尼克·菲利波托（Paul Dominique Philippoteaux）作于1883年，描绘皮克特冲锋（它是葛底斯堡战役的最终转折点）场景的画作至今仍然吸引了大量游客。在瑞典，奥脱尔·赫塞利乌斯（Artur Hazelius）担心乡村的快速城市化将摧毁人们对农村文化遗产的记忆，他开始大量收购农民的村舍和其它物品，保存下它们。1891年，他设立了斯堪森露天博物馆，这也是第一座历史主题公园，直到今天，它仍然是斯德哥尔摩的一大主要景点。

到19世纪的最后几十年，历史学以一种前所未有的程度遍及西方文化。各地受过教育的人都将自身和他们的国家设想为历史发展的产物。尽管很少有人真正阅读过受兰克方法影响的学术期刊，但

读者普遍都认为他们购买的那些更平易近人的作品都是建立在科学
研究的坚实基础上的。受过大学教育的历史学家在数量上仍相对较
少，那些为学科扩建搭建平台的机构正在快速成型。正是在这种积 94
极的氛围下，1884 年，美国史学家组织成立了美国历史协会，它至今仍然是美国职业史家的主要组织。J. 富兰克林·詹姆森（J. Franklin Jameson）是协会的其中一位主要领导者，他在五十年后回顾协会成立之初的情况时评论道，那时美国只有“少数几位……真正意义上的……史学家”。然而创建者们满怀信心。他们已获得国家领导人的支持——前总统卢瑟福·B. 海耶斯（Rutherford B. Hayes）是协会 41 位创始成员之一，1889 年，国会热切地赞成为协会颁发官方执照，他们期望那些前往德国学习的年轻一代学者“怀抱着热情学成归来，将美国的历史研究推向一个更高的层次”。①

1885 年，在协会的第二次会议上，兰克成为美国历史协会的第一位荣誉会员，这也是兰克在 1886 年去世之前所获得的最后一项荣誉。兰克的历史主义视野，他的批判方法及教学创新，似乎在整个文明世界都获得了成功。在兰克去世后的几十年中，新的学术性历史仍然获得了发展，但随着 20 世纪的展开，其实践者发现自己面临着越来越多的挑战。历史学在理解世界时所发挥的关键性作用遭到多方面的质疑。兰克的研究方法将被讨论，他所推动的对国别史的重视也将遭受攻击。甚至他所发展起来的研讨班体系也将受到批评。尽管如此，兰克的历史主义原则——在仔细考察历史背景的情况下审慎地评定证据，辨别过去不同时代的独特性——始终是一条重要的史学准则。

---

① J. Franklin Jameson, "Early Days of the American Historical Association," *American Historical Review* 40 (1934), 1, 2.

97

第五章　冲突年代中的科学化历史

到 1886 年去逝，利奥波德·冯·兰克已成为新的历史研究路径的象征，通过这种路径，对过去的研究被定义为一项由在大学中受过系统训练的专业学者从事的科学事业。很大程度上归功于兰克及其学生，在西方社会甚至其它地区，支撑这类历史研究的成熟体系建立起来。藉由公共档案馆，研究者得以阅读保存在其中的历史文献；通过职业协会和学术期刊，研究者能够分享各自的发现；以兰克在柏林开设的课程为模版的研究性研讨班则为学科发展输送了更多年轻学者。尽管在高校中任职的全职史家的数量仍然有限——1884 年，美国四百所大学和学院仅任命了 20 位全职历史学教授——但随着高等教育体系的扩张，这一数字快速增长。世界各地的政府和精英们将发展科学化的历史研究视为至关重要的事情，他们希望借此来增强民族认同感，促进民族团结。他们大力支持和鼓励受过大学教育的史学家从事历史研究，而史学家的研究成果反过来可以成为学校教师教授学生的素材。通过嵌入一般性的文化之中（在其中历史思想处于中心位置），历史学科似乎已建立起无可撼动的地位。

在随后的四分之三个世纪中，直到 20 世纪 60 年代，兰克式的 98
学术性历史的确取得了巨大成功。几乎在世界各地，职业历史研究者和研习者的数量都大为增加。这种新的学术性历史的一些代表人物大方承认，这类研究也许没有产出很多天才式的作品。然而，正如美国学科带头人 J. 富兰克林·詹姆逊在 1891 年所说的那样，产出天才式的作品并非学科所需。他写道：“当前，我们的科学最需要的……是彻底规范化的二流作品的传播；因为它亟需技术流程的提升，以更好地完善技艺，而大量赋有才智的作品比一些文采飞扬的著作更能做到这一点。”① 然而，詹姆逊有些过于悲观了：从 1890 年到 1960 年，史学界见证了大量被持续视为经典的历史著作的出版，如约翰·赫伊津哈（Johan Huizinga）的《中世纪的衰落》（1919），查尔斯·比尔德（Charles Beard）的《美国宪法的经济解释》（1913）和费尔南·布罗代尔（Fernand Braudel）的《菲利普二世时期的地中海和地中海地区》（1949）。

然而，在专业史学全面开花的同时，19 世纪 80 年代至 20 世纪 60 年代也是一个对历史学学科进行全面审查的时期，有时，审查对象也涉及其实践者。即便新的研究方法和教学方法不断巩固历史学在学术界的地位，但它仍然遭受了多方面的批评。从 19 世纪最后几十年开始，越来越多的思想家开始质疑在整个兰克时代主导西方思想的历史主义观点的前提。思想家们对历史知识的可能性和历史知

① John Franklin Jameson, *The History of Historical Writing in America*（1891），引自 Robert B. Townsend, *History's Babel*: *Scholarship*, *Professionalization*, *and the Historical Enterprise in the United States*, 1880 - 1940（Chicago: University of Chicago Press, 2014），19。

识的价值提出新的疑问，要求史学家证明其工作的意义。在学科内部，一些史学家反对兰克派历史对政治和民族国家的强调，呼吁将目光投向工人阶级、妇女和少数族群的历史。职业史家为他们新的科学方法是否切断了与公众间的联系而争吵，有时他们也哀叹新媒介如电影的不良影响，在他们看来，电影常用一种歪曲的方式将过去带给广大公众。20 世纪，两次世界大战造成的巨大动荡摧毁了不言而喻的历史进步的信念，在 19 世纪，这种信念支撑了大部分人研究过去的热情。反民主的政治运动迫使历史学家遵从其意识形态需
99 求。历史事件也扰乱了很多历史学家的生活和职业生涯，而这些，是他们的先辈们在 19 世纪所不曾经历过的。

对科学化历史的批判

在兰克逝世前十几年，一位当时默默无闻的德国哲学家弗里德里希·尼采发表了第一篇抨击历史学之价值的文章，这也是其中一篇最为沉重地打击了 19 世纪历史学信念的文章。在这篇作于 1873 年的论文《历史学对于生活的利与弊》中，尼采告诫到，纯粹地沉迷于过去知识可能是危险的。“这种实践和评定历史的方式将使我们的生活凋零和蜕化，”他写道。尼采区分出了三种形式的历史学，他称之为纪念式的历史学、好古式的历史学和批判的历史学。每一种形式，他认为，在某些情境下可能是有利的，但在其它情境下却是有害的。他称为的“纪念式”的历史学，即是对过去重大事件和重要时代的赞颂，他认为，这种历史学能够通过展现人类的能力鼓舞当前时代的人们，但同时也会使得当前时代在过去时代面前微不足

道。第二类“好古式”的历史学则纯粹地珍视过去，它能够提供一种认同感，但如果过度，也会导致对变化和发展的否定。批判的历史学“将过去带到法庭上，细心地审问它并最终谴责它”，这也许可以激发反抗长期不公的运动，但同时，尼采也告诫说，那些试图完全脱离过去之人，“举起屠刀，砍断根源”，否认全部人类在某种程度上都是由他们先前的历史所形塑的，而试图给予自身“一种自己更愿意起源于的新的过去，反对那种自己真确起源于的过去”。尼采强调，一切形式的历史学皆“服务于生活，而非纯粹的知识”①。这是对学术性研究过分枯燥和深奥费解的批判，但它也很容易被曲解，用来论证意识形态运动能够依照自身目的形塑历史的论断。在 20 世纪，阿道夫·希特勒的纳粹运动尤其喜欢借用尼采的名义来为篡改过去正名。

尽管尼采是一名大学教授，但在这篇论辩式的文章中，他是以
一名学术圈外人士的身份提出这些看法的。伴随着兰克“革命”的 100
扩展，在大学领域内部，同样出现了对这类学术性历史的批判。在很多国家，学者们质疑了兰克式历史对政治的关注以及其学派对历史学自身独特方法论的强调，兰克学派认为，这种独特的方法论区别于其它一切形式的研究。在德国，卡尔·兰普雷希特（Karl Lamprecht）于 1890 年前后提出的观点震动了史学家群体，他呼吁史学家应更多地研究社会和经济因素，并且，历史学要像其它科学那样，突破对单个社会现象的解释，以阐明普遍规律。兰普雷希特的反对者们谴责他的社会主义倾向，并指控他将“国外的”实证主

① Friedrich Nietzsche, “The Utility and Liability of History,” 载于 Nietzsche, *Unfashionable Observations*, trans. Richard T. Gray (Stanford, CA: Stanford University Press, 1995), 85, 107, 93。

义思想混入德国学术之中。在进行激烈的公开辩论之后，他们成功地阻止了兰普雷希特担任《历史杂志》这一当时德国领军性历史学术期刊的主编，而将民族主义政治史家海因里希·冯·特赖齐克扶上台。由此，德国主流的历史研究和历史教学不仅执着于捍卫兰克式传统，而且也与政治保守主义密切相联。

与此同时，一些哲学家和社会科学家也对兰克式研究路径抱持的一些假定提出质疑。兰克曾认为，通过合理地运用史料，史学家便能够揭示历史的过去中的客观存在。并且，尽管每一时代都有自身的判定标准，但历史的发展仍然反映出一个总体进步的趋势，并以兰克自身时代的现代民族国家为顶峰。在 19 世纪 80 年代，受 18 世纪意大利哲学家维柯的深刻影响，哲学家威廉·狄尔泰（Wilhelm Dilthey）质疑了能够通过客观方法真正认识过去的观点。在狄尔泰看来，唯一有意义的认识过去的途径即是藉由个人体验，由此，相较于档案，主观性更强的自传体在重构过去方面更为可靠。“在我们成为历史的观察者之前，我们首先是历史的人，”狄尔泰写道，“只因为我们是历史的人，我们才能成为历史的观察者。”[1] 因此，狄尔泰认为，历史知识与自然世界的知识有着不同的基础。

狄尔泰的作品启发了“观念论”（idealist）的历史思想传统。观念论之所以会叫“观念论”，是因为它的拥护者们认为，是历史学家
101 的想象观念或过去在心灵中的重演而非文献证据本身，使历史认识成为可能。最著名的观念论思想家是意大利史学家和哲学家贝奈戴托·克罗齐（1866 – 1952），他在 20 世纪上半叶的大部分时间中主导着意大利的思想界，并在意大利之外拥有众多仰慕者。同狄尔泰

① Wilhelm Dilthey, *Gesammelte Schriften* (Stuttgart: Teubner, 1914), 7: 278.

一样，克罗齐十分重视其同胞维柯的思想。克罗齐关注于史学家施行的心灵活动，这使得他认为，对那些研究过去是为了回答与自身时代相关的问题的人来说，在心灵之外，过去不曾真确地存在。因此，他强调，历史产生于当下。卡尔·贝克尔，美国一位杰出的历史学家，如此总结克罗齐的论断："一切**活的**历史……都是相生的：当我们思考过去（如果不进行这项活动，即便档案讲述了全部历史，它也与我们无涉），它就成为我们当下生活中不可或缺的、活的那一部分。"克罗齐的观念在英国史学家、哲学家柯林武德的《历史的观念》（1946）中得到了发展。今天，这部著作仍经常被作为史学史课程的参考文献。为了认识过去，柯林武德认为，"史学家们必须在他自身的心灵中重演过去……只有这样做，他才能获得任何历史知识"。[①] 批判者们认为这种观念是在怂恿史学家将自身思想与他们研究的历史主体混同起来，但柯林武德坚信，这是历史知识成为可能的唯一基础。

狄尔泰和克罗齐认为历史学天生就是一种主观的知识形式，德国哲学家文德尔班（Wilhelm Windelband）则试图重新确立历史学与自然科学之间的关系。他区分出所谓"制定法则"的学科和"描述特征"的学科。前者如化学、物理学等自然科学，它意在于发现现象背后的普遍规律。后者则指试图对独特的单一事件进行解释的知识领域，其不仅包括历史学，也包括天文学、地质学这类"历史性"的自然科学，因为它们研究的是如宇宙诞生、地球形成这类只

---

① Carl L. Becker, "Everyman His Own Historian," 1931 American Historical Association presidential address，载于 Stephen Vaughn, ed., *The Vital Past*: *Writings on the Uses of History* (Athens, GA: University of Georgia Press, 1985), 27; R. G. Collingwood, *The Idea of History* (New York: Oxford University Press, 1956), 282, 283。

发生一次且无法被复制的事件。这种区分方式仍然保留了历史学作为一门科学的头衔，但却牺牲了兰克所强调的史学的自主性，承认历史学无法获得数学的精确性，并像物理学和化学那样作出预测。
102 另一位重要的德国思想家是生活于20世纪前后的社会学家马克斯·韦伯，他捍卫了将社会科学方法用于历史研究的合法性，但否认了学术研究能够为选择不同的意识形态价值观提供基础的看法。他对科学与政治的区分暗示着历史学无法像大多数德国史学家坚持的那样为民族国家的合法性提供任何有意义的辩护。同时，韦伯也挑战了这样一种观念，即纯粹通过对经验数据进行分析，历史学就能够确切地阐明过去事件发生的原因。他认为，史学家需要建构一些"理想类型"（ideal types），即过去社会的一些心灵模式，这些模式并不确切地与任何过去实在相符，但通过它们，思维实验得以解释历史结果。韦伯所做的最为著名的尝试即是他的经典著作《新教伦理与资本主义精神》（1905），在这部著作中，他用加尔文主义信仰所培育出的企业家精神解释了资本主义在欧洲北部的兴起。韦伯没有去搜寻与这些新教企业家的动机相关的经验证据，而是通过逻辑推理，探寻宗教信仰与特定结果间的联系。

到20世纪，这些有关历史学之性质与意义的哲学争论没有偃旗息鼓，学院派史学家们接过了这块烫手山芋，而他们，也是那类由受过大学教育的学者们所撰写的新历史的主要读者。20世纪初，这些职业史家开始接管成立于19世纪的历史学学会，取代原本在创始成员中占据很大比重的公众人物和业余学者的位置。两位英国史学家，J. B. 伯里（J. B. Bury）和G. W. 屈威廉（G. W. Trevelyan）在1902年和1903年发生的那场著名交锋反映了这种趋势所造成的一些后果。伯里追随兰克及兰克式学术研究在英国最为杰出的践行者阿克顿勋爵，在1902年就任剑桥大学钦定历史学教授的就职演讲中，伯里严肃地说道，“历史是一门科学，不多也不少”。意识到对过去的科学研究仍然处于婴儿期，他呼吁学者要“依据我们所知的最佳方法，积累材料，整理材料”，同时，也要意识到，可能要倾注几代人的心血，这些工作的意义才能被真正认可。[①]面对伯里的观点，屈威廉在发表于1903年的《克丽奥：一位缪斯》中做了直接回应。他告诫说，依照德国人的模式将历史学变为一门科学的尝试，以及在史学家未做充分研究的情况下拒绝说明结论的做法，正在让历史学远离公众。“不久之前，”他写道，“历史写作仍 103
未仅仅是学者与学者之间的对话，它还是一种深入和广泛的传播方式，向所有阶层的读者传递爱与历史知识，传递高尚而又至关重要的爱国精神，传递智慧和心灵的品质。”[②] 尽管大部分德国史家拒绝追随兰普雷希特研究更偏社会取向的历史学，但其它国家中支持社会改革运动的史学家接手了这一事业。这也是一种重新连接历史写作与普通公众的方式。在英国，韦伯夫妇（Sidney and Beatrice Webb）出版了《贸易联合主义史》(1894)；在法国，一些史学家致力于编纂《法国大革命社会史》，这套著作的主编让·饶勒斯（Jean Jaurès）是法国社会主义运动中的领军人物，他也拥有大学学位。这是将学术性历史研究与马克思主义结合起来的最初尝试之一。

法国还见证了将当时顶尖的社会学家埃米尔·迪尔凯姆（Emile Durkheim）的思想融入历史研究的努力。受迪尔凯姆思想的启发，亨利·贝尔（Henri Berr，1863－1954）这位影响深远的法国教师呼

① 引自Stern，*Varieties of History*，210，220。
② 引自Stern，*Varieties of History*，229。

吁要用一种跨学科的方法来研究过去，他强调，“要从社会因素出发阐释历史”。① 在其创办的期刊《历史综合评论》和丛书《人类的演化》中，贝尔鼓励写作者突破民族国家及史学研究的界限。1903 年，《历史综合评论》发表了社会学家弗朗索瓦·西米昂（François Simiand）的文章，这篇文章对兰克式的学术性历史发起了全面攻击。“史学家的部落”，西米昂抗议道，忠诚于三个“偶像”：对政治夸张式的关注，“根深蒂固地认为历史学是一种个人史而非对事实的研究”，过分关注制度的历时性发展而不研究其意义。② 在受贝尔方案及西米昂批判启发的人群中，有两位年轻的史学家，马克·布洛赫和吕西安·费弗尔（Lucien Febvre）。一战之后，他们创建了今天为人所知的年鉴学派，发起了 20 世纪最为重要的史学运动。

20 世纪早期，美国史学家同样为一种具有社会关切的历史学的
104 发展作出了突出贡献。这些学者中的很大一部分受实用主义的影响，这是在美国本土发展起来的第一个哲学思潮。实用主义哲学家如查尔斯·皮尔士（Charles Peirce）、威廉·詹姆士（William James）认为，应当依据效用来定义真理，而非根据某一绝对标准来衡量。将这一观点应用于历史研究，便指向支持那类能够帮助解释美国社会独特性及指明社会改革道路的作品。受惠于 1890 年的人口普查，弗雷德里克·杰克逊·特纳（Frederick Jackson Turner）在其名作《边疆在美国历史上的重要性》中表明，在国家的定居区与非定居区之间，已不存在明显的界限。特纳认为，“美国人生活的流动性，这一带来新机遇的西进拓殖运动”，已形塑了民族性格，边疆的定型将

---

① 引自 Stern，*Varieties of History*，251 – 52。

② François Simiand，“Mé thode historique et science sociale，” pt. ii，*Revue de Synthèse historique*（1903）.

必然开启新的历史时代。[1] 正如特纳所强调的那样，在边疆地区，正是普通个体而非政治精英的经验定义了美国史。詹姆斯·哈威·鲁滨逊（James Harvey Robinson）在他所谓的“新史学”（the New History）中呼吁学术研究应当关照到社会的一切层面，为读者“富有智识的社会活动”铺平道路。为了这个目的，他认为研究者不仅要学会揭露事实，而且要掌握他们所生活的社会是如何创造出来的过程。这样的历史教育，他预言道，“将比任何一样事物更能促进合理的进步”。[2]

20 世纪初，当学院派史家陷入有关历史知识之本质及其与政治理念间关系的论争中时，除了谴责他们所认为的大众读物的非科学性，很少有学院派史家会花费很多精力在关注让历史向更多公众传播的新方式上。19 世纪读写能力的普及使得读者数量骤增，大众史学是其中一个极受读者喜爱的类别。不能在大学中任职的女性作者通常更多地为普通读者写作。首版于 1912 年的伊丽莎白·奥尼尔（Elizabeth O’Neill）的《孩子的英国史》是一部专为儿童撰写的历史书，它大获成功，甚而近年来仍在被不断地再版。印刷技术的改进使得彩色插图成为可能，这激发了一代又一代儿童的想象力，甚至包括本书作者自身的想象力。19 世纪末“动态影像”的发明提供了一种让观众沉浸于过去世界的新方式，即使他们真正看到的是演员重演 105
的事件。早至 1899 年，法国先锋影人乔治·梅里爱（Georges Méliès）就制作了一部默片，再现了惹人争议的德雷福斯事件（Dreyfus

① Frederick Jackson Turner, “The Significance of the Frontier in American History,” 引自 Caroline Hoefferle, *The Essential Historiography Reader*（Upper Saddle River, NJ: Pearson Education, 2011），102。

② James Harvey Robinson, “The New History,” 引自 Stern, *Varieties of History*, 265。

Affair）中的高潮片段，这是一场对一位被控犯有叛国罪的法国籍犹太军官的审判，这场审判在法国引发轩然大波。D. W. 格里菲斯（D. W. Griffith）发行于1915年的影片《一个国家的诞生》用一种在艺术上富于创新但却过分种族主义的手法描绘了美国的重建时期，这表明这种新媒介所同时拥有的力量和危害。当时支持对黑人的种族歧视的美国总统伍德罗·威尔逊（Woodrow Wilson）深为这部影片所动容，他说："这就像用闪电书写历史"。而非裔美籍群体，如刚成立不久的全美有色人种协进会，则全力抗议这部影片所表现的被歪曲了的过去画面，但这无法抵消影片在白人观众中产生的影响。

第一次世界大战与对历史的理解

除了那很少的例外，直到1914年一战爆发，史学家们仍然对西方文明的未来充满自信，就像他们对自身学科的发展充满自信那样。在所有参战国中，史学家通过书写著作和文章——这些著作和文章试图表明自身战线的胜利将如何必然地促进人类进步，对方战线的行为又如何揭示出他们的落后和野蛮——热切地支持战争活动，抓住机遇，表明自身的用处和爱国情怀。例如，在1917年美国加入战争之后，美国大学开设起最早的西方文明史概述课程，这些课程意在于教导学生，美国正在为捍卫进步的价值观而战，而这些进步的价值观也体现在英国和法国的历史中，同时与德国的体系相冲突。①

① 参见 Gilbert Allardyce,"The Rise and Fall of the Western Civilization Course," *American Historical Review* 87（1982），695－725。

除非像法国史学家马克·布洛赫那样真正在前线作战，学者们对战争实际状况的掌握通常是滞后的，他们难以意识到这场战争比之前所有的军事冲突都更为残酷，更具破坏性。迟至 1918 年 10 月，在德军最高指挥官已告知政府军队濒临崩溃之时，弗里德里希·梅尼克，这位战前德国最博学多闻的民族主义史家，同时也是一位与政治保持密切联系的学者，仍坚信他的祖国将取得有利的和平条件，实现领土扩张。①

到 1918 年 11 月炮火最终归于沉寂，整个世界被彻底改变。19 106
世纪学术性历史发展所立足于的根基，即对人类进步的普遍信念，碎裂了：现代文明的技术成就被用于引发前所未有的灾难，最为“发达”的国家间相互斗争，令人咋舌地忽视人类为战争所付出的代价。那些质疑人类理性力量的思想家在战后主导了西方文化，例如心理学家西格蒙德·弗洛伊德（Sigmund Freud），他提出，战争已表明在人类心灵中存在着固有的“死亡天性”。战争还重新勾勒了政治版图。一些拥有数百年历史的国家如奥匈帝国和奥斯曼帝国从地图上消失，为一些新的民族国家所代替，这些国家试图通过书写自身的过去来确定其统治的合法性。1917 年，沙俄帝国被推翻，代之以一个革命的共产主义政权，在卡尔·马克思思想的鼓舞下，这一政府宣告开辟了人类历史中一个新的时代。在德国，施行民主制度的魏玛共和国代替了君主专制政府，然而，很多德国人将这一政权视为不可接受的失败的象征。在东亚，作为同盟国参战的日本一心想在损害中国利益的情况下打造自身帝国，跻身军事强国的行列。

① Friedrich Meinecke, Strassburg, *Freiburg*, *Berlin* 1901 - 1919. *Erinnerungen* (Stuttgart: Koehler, 1949), 266.

而在中国，延续了两千多年的帝国王朝在 1911 年被推翻，随后，中国始终为日益深化的内部矛盾所困扰，直到 1949 年共产主义取得胜利。在一些战胜国尤其是法国、英国和美国中，在战后时期，产生了对战时民族主义宣传的反动，而俄国的共产主义政权则以胜利者的姿态宣告一个国际团结新时代的来临。除此之外，在一些战败国中，在奥地利、沙俄和奥斯曼帝国领土上切割出的大部分新的“继任国家”中，在众多欧洲的殖民地上，战争引发了越来越强烈的民族情绪。

在理解战争及其后果上，史学家采取了不同的方式。一些史学家总结说，伴随着巨大的毁灭，战争预示着西方文明的终结。德国学者奥斯瓦尔德·斯宾格勒（Oswald Spengler）的《西方的没落》出版于 1918 年战争结束后不久，在这部著作中，斯宾格勒将世界历史
107 描绘为不同文化体前后相继的过程，其中每一种文化都遵循生长和衰落的循环。斯宾格勒认为，就像生物有机体那样，众文化体将不可避免地衰老，失去其生命力。斯宾格勒对西方世界之未来令人沮丧的展望暗合战后德国弥漫的失败情绪，但他的著作也受到了众多其他国家读者的关注。他的做法，即将人类历史的整个过程融合进一个单一模式中，启发了一些后继者，其中最为著名的是英国学者阿诺德·汤因比（Arnold Toynbee），他完成于 1939 年（一场新的世界大战的开端）的著作《历史研究》要更为乐观些。然而，在人类历史的整个进程中找到一些支配模式，同时在历史证据的基础上证明这些假定的合理性，这始终是一项令人望而生畏的工作。最近几十年中，很少有人试图模仿斯宾格勒和汤因比的作品。

在人类经验中找到一个支配模式的工作毕竟只是少数史学家的尝试，一战之后，大多数史学家处理的是更具体的问题。1919 年

《凡尔赛和平条约》中的“战争罪责条款”明确规定，“德国及其同盟国承担（战争所导致的）一切损失和赔偿”，这一条款引发了巨大争议，直到今天仍未停歇。甚至很多战胜国的史学家在不久之后即确信，这一结论与档案记录相违背，尤其与那些 1919 年后由德国、奥地利及俄国战后政权所公开的先前秘密档案中包含的证据相违背。这些有关战争起源的看上去无休无止的“修正主义”争论打击了读者和史学家的自信，他们原本以为，19 世纪发展起来的研究方法能够查明过去的真相。“只要通过关注任何一个人或一个国家的行为，在文献中挑选出支持其论点的篇章，写作者便能够很容易地得到一个看似确凿无疑的论断，”美国史学家西德尼·费伊（Sidney Fay）在 1928 年写道。[①]

两次世界大战期间，有关战争罪责的争论只是其中一个对历史客观性观念的挑战。对此，当时美国最为著名的史学家查尔斯·比尔德写道，“1918 年之后，史学家有些动摇了”。比尔德认为，“无论史学家的研究活动多么纯粹，他终究是人，是时间、地点、情境、兴趣、偏好和文化的造物”，因此他不可能完全的客观。[②] 甚至在战前，比尔德即已在他的著作《美国宪法的经济解释》中质疑了美国史的权威性观点。在这部著作中，他认为他已表明一个事实，即宪法 108
诸条款更多地反映了起草者的经济利益而非任何对自由理念的承诺。比尔德是今天被称为美国史“进步学派”的领军人物，这一学派倡导将经济冲突视为国家发展的决定因素。此外，它也质疑历史学家

① Sidney Bradshaw Fay, *The Origins of the World War*（New York：Macmillan，1928），1：vi.

② 引自 Peter Novick，*That Noble Dream*：*The ‘Objectivity Question’ and the American Historical Profession*（Cambridge，UK：Cambridge University Press，1988），186；Beard，“That Noble Dream，”引自 Stern，*Varieties of History*，324。

是否能够真正采取一种中立的态度来研究这些问题。卡尔·贝克尔同比尔德一样，持相对主义的观点。1931 年，在就任美国历史协会主席的演讲“人人都是他自己的历史学家”中，贝克尔提出了一种实用主义观：历史学总是为了满足当前不断变化的需求而不断变化。“十分明显，活的历史，即那一系列我们在记忆中证实和把握的理念中的事件，它们如此密切地与我们正在做和希望做的事物相关，因此，它不可能在任何给定的时刻都拥有完全相同的模样，或在不同代际的眼中拥有完全相同的模样，”贝克尔总结说。[①]

黑人史学家则质疑了能够获得一种对美国史的统一的、客观的阐释的观念。《黑人的灵魂》（1903）这部经典著作的作者 W. E. B. 杜·博斯（W. E. B. Du Bois）是第一位获得历史学博士学位的非裔美籍黑人。1915 年，他出版了一部开拓性的非洲及美洲黑人史概述。1915 至 1916 年期间，非裔美籍史家卡特·G. 伍德森（Carter G. Woodson）创立了黑人生活与历史研究协会（今天的非裔美籍黑人生活与历史研究协会和《黑人史杂志》）。伍德森的目的在于，通过展现美国黑人也拥有自己的历史，也为国家发展作出了重要贡献，来反击如《一个国家的诞生》这类带有种族主义观点的历史再现。然而，直到 20 世纪中叶，非裔美籍黑人史在美国史学术研究领域仍处于边缘位置，非裔美籍黑人仍然被大多数研究型大学的教职所排斥。南部的白人史学家则把奴隶制描绘为一个善意的体系，如乌里奇·B. 菲利普斯的《美国黑人奴隶制》（1918）和《南北战争前南方的生活和劳动》（1929），这两部著作在当时被当作权威性参考著作。美国之外，黑人作家如简·普瑞斯-马尔斯（Jean

① Becker, “Everyman His Own Historian,” 载于 Vaughn, *Vital Past*, 27。

Price-Mars）同杜·博斯一道，致力于展现非洲人已为世界文明的发展作出了重要贡献，尽管这些贡献被长期忽略。在两次世界大战期间，伴随着黑人运动的发展，这类观点开花结果，塞内加尔法语作 109
家利奥波德·桑戈尔（Léopold Senghor）的众多著作即可作为例证。

像战争罪责争议这些对客观历史知识之理想构成的挑战，使得两次世界大战之间时期的一些史学家认为，既然历史写作内在地含有某种偏见，那么我们应当为支持自身坚信的事业而书写历史。在苏维埃，这种观点被抬升到原则的高度。1917 年俄国革命之后，掌权的共产主义政府呼吁史家按照马克思的观点书写历史，以对抗来自“资本主义”世界的批判。“只有那些为了无产阶级的利益而战斗在历史领域的人……才是真正的列宁主义史学家，”一位新政权的官方发言人写道。[①] 这一阶段中最具影响力的马克思主义史学作品是利昂·托洛茨基（Leon Trotsky）的《俄国革命史》（1932）。托洛茨基自身是革命运动中的一位领军人物，但随后遭到了斯大林（Joseph Stalin）的排挤并被迫流亡。在托洛茨基看来，在为群众事业服务的历史与依据科学原则书写历史之间没有矛盾，因为“历史进程本身的……自然法则”已阐明了无产阶级必将胜利。当然，为了解释工人阶级为何能够在其中一个最为落后的欧洲国家中掌握政权，而非像马克思自身预测的那样在一个经济最为发达的欧洲国家，托洛茨基修正了马克思学说。托洛茨基认为，“历史落后者的特权”在于这类国家能够向他人习得经验，由此越过历史发展的某些阶段。[②]

---

① M. N. Pokrovsky, “The Tasks of Marxist Historical Science in the Reconstruction Period”（1931），引自 Stern，*Varieties of History*，340。

② Leon Trotsky, *The Russian Revolution*，trans. Max Eastman，ed. F. W. Dupee（New York：Doubleday，1959），xiii，3.

在托洛茨基认定的科学方法的伪装之下，是将俄国革命讲述为一个英雄传奇故事的浪漫主义冲动，在这个故事中，一些富有远见的领导者如列宁和托洛茨基成功地领导了人民打败其仇敌。从这一层面看，苏维埃所推动的历史学在某些方面与战后一些新成立国家中书写的更为开放的民族主义历史学间有着共同之处。在土耳其这个从奥斯曼帝国废墟之上建立起来的新兴民族国家中，在"土耳其史观"的引导之下，战后领导人凯末尔·阿塔图尔克（Kemal Atatürk）推动了学术研究的进步。"土耳其史观"意在强调土耳其人民在文明传播过程中所发挥的独特作用，并把土耳其与阿拉伯世界长期联系起来的伊斯兰信仰视为国家进步的阻碍。① 自 1933 年希特勒上台之后，德国史家便需依照意识形态路线将种族作为影响事件的主导因素。犹太裔学者不得不逃离德国，而那些拒绝接受纳粹路线的学者也被迫离职。

在美国，在 20 世纪 30 年代大萧条期间，政府同样对历史研究施行了前所未有的干预，然而却以一种不同于欧洲独裁政权的方式进行。政府在 20 世纪 30 年代所采取的策略与"进步学派"所倡导的观念一致，即呼吁创作能够反映普通民众贡献的历史作品，这一观念随即主导了当时美国的职业史学界。作为富兰克林·罗斯福（Franklin Roosevelt）总统为降低失业率而推行的新政政策的一部分，上百名史学家受雇为国家历史遗迹编目。这体现出政府在历史保护层面大幅度增加的投入，在这之前，这些工作多为一些私人慈善家和地方计划所承担，前者如亨利·福特（Henry Ford）和小约翰·洛克菲勒（John D. Rockefeller Jr.），他们是密歇根州迪尔菲

---

① Iggers and Wang, *Global History*, 199 - 200.

尔德村和弗吉尼亚殖民地威廉斯堡历史主题公园的开创者，后者如1931年南加利福尼亚州查尔斯顿县第一个国家“历史保护区”的建立。据国家公园管理局历史办公室主任弗恩·夏特兰（Verne Chatelain）说，新政所创造出的岗位数量巨大，我们需要大量的够格的历史学家，以致于“我们几乎不得不伪造出一些历史学家的身份，我们承受着很大压力”。[①] 另一政府机构公共事业振兴署则雇佣了大量学者来整理保存在国家和地方档案馆中的历史文献。此外，联邦作家计划致力于收集奴隶幸存者的回忆记录，它在口述史领域做了一些具有开拓性的探索工作。

“年鉴”学派的创立

到20世纪20年代末，职业的学院派史家们已丧失了大部分曾在19世纪激励他们的先辈进行研究的自信。他们工作的价值及其科学属性已受到如尼采、贝克尔和克罗齐等不同批评者的质疑。在一战期间，他们中的很多人已放弃了学术中立的价值观以支持自身国家的利益。而那些战争之后生活于专制政体中的史学家们则发现自已在工作时不得不遵循国家所推崇的指导方针。在民主国家，史学 111
家们通常被谴责过于曲高和寡。在这段时间中，史学家们仍然在大学中做研究、写作和教书，但对历史学的发展道路却感到迷茫。

两次世界大战期间为重振历史学术研究所收获的最具意义的成

① 引自 Ian Tyrrell，*Historians in Public*：*The Practice of American History*，*1890 - 1970*（Chicago：University of Chicago Press，2005）。

果来自于所谓的“年鉴”学派，这一学术运动最先发起于两次世界大战期间的法国，并注定会对职业史家的研究工作产生世界性的影响。年鉴学派这一名字源自于一本学术期刊，1929 年，斯特拉斯堡大学的两位教师马克·布洛赫和吕西安·费弗尔创办了《经济与社会史年鉴》（*Annales d'histoire économique et sociale*）。正如其标题所表明的那样，这本新期刊更看重经济与社会史而非政治史，并且从一开始，它的投稿者们便试图从大部分历史研究仍然局限于的国家框架中解放出来。布洛赫和费弗尔的灵感部分来自于亨利·贝尔，他呼吁用跨学科的方法对人类文明史进行研究；部分来自于弗朗索瓦·西米昂，他谴责前代史家对政治、个人和起源问题的过分关注。他们还在其它国家的史学家中找到了同盟，这些史家已自主地抛弃政治史研究，如比利时史家亨利·皮朗（Henri Pirenne），他有关中世纪早期伊斯兰教扩张之经济影响的研究直接将目光放在文明的互动上。还有荷兰学者约翰·赫伊津哈，他的《中世纪的衰落》重新运用了布克哈特文化史的研究方法，他有关人们为何要参与游戏的论述《游戏的人》（1938）对感兴趣于体育史的人来说仍然是一部基础性读物。布洛赫和费弗尔有意识地接触其它社会科学，不仅包括经济学和社会学，也包括地理学、心理学、人类学和语言学。他们自身的著作涉猎广泛，并且运用很多新的方法来研究过去。费弗尔的第一部著作是有关法国某一地区的具体研究，这表明进行区域研究的不同可能性，在随后的几十年中，这种方法成为年鉴学派的主要研究方法之一。而布洛赫有关英王、法王所谓医疗能力的专著表明，通过仔细研究一个明显非理性的现象，我们或许能够获得洞察当时集体心理的视野。

112 年鉴学派能够在世界范围内产生影响，得益于其开放、灵活的研究方法，这一点与19世纪“科学化”历史所奉行的严苛的指导方针形成鲜明对比。年鉴学派史家认为，人类存在的一切层面都值得研究，历史研究的目标应当要生产一些囊括过去每一层面的“总体”史。“优秀的历史学家就像童话中的巨人，他善于捕捉人类的踪迹，人，才是他所追踪之物，”布洛赫写道。[①] 布洛赫和费弗尔也强调严格依照学术标准阐释文献的重要性，但他们鼓励史学家最大程度地拓宽所利用的史料范围。除了文字材料，史学家还能够从物质制品、语言研究、习俗和仪式研究及其它众多史料中获得信息。如果说在兰克传统中培养起来的史学家主要关注于政治精英和知识分子的话，年鉴学派则表明，过去记录同样能够被用来阐明穷人和文盲的生活。例如，布洛赫的《法国农村史》重构了中世纪至近代早期法国农民的社会，在这之前，几乎没有人能够像布洛赫这样写作，既利用与农业实践有关的物质材料，也利用有关税收、土地纠纷和这一时期词汇的文献资料。

年鉴学派方法的魅力部分源自于它的开放性。尽管布洛赫、费弗尔及其追随者们同马克思主义史学家一样，关注经济与社会变迁之间的联系，但他们不认为必须要将研究置于一个意识形态框架内。他们倾向于将目光投向那些与当前稍有距离的历史阶段，这帮助他们避免卷入政治斗争，远离那些民族主义纷争。即使年鉴学派的创立者们已极力拓宽历史研究的视野，但他们仍然留有盲点。例如，他们之中没有谁能够像美国史学家玛丽·比尔德（Mary Beard）那样，关注到男性与女性历史经验间可能存在的不同之处。这一时期，

① Marc Bloch, *The Historian's Craft*, trans. Peter Putnam (New York: Knopf, 1953), 26.

玛丽·比尔德大胆地在与其丈夫查尔斯·比尔德合著的著作中含沙射影式地指出了妇女史的重要性。的确，年鉴学派试图不断地将自

113 身从对政治和战争的过度关注中解放出来，从他们嘲笑为“事件史”（*histoire événementielle*）的研究中解放出来，但当年鉴学派的共同创始人马克·布洛赫在二战中因保卫国家自由、反抗侵略而遭到德军逮捕并被处决时，“年鉴学派”对那些会对普通人的生活产生巨大影响的人类经验的贬低便显得尤其沉重了。

历史学与第二次世界大战

在那场从1937年至1945年横扫世界的战争中，马克·布洛赫仅仅是其中一位个人命运被改变的史学家。战争对历史学科同样产生了无远弗届的影响。战争本身是一个充满戏剧性的历史故事。得益于自身在事件中的位置，战争的两位主要领导者，英国首相温斯顿·丘吉尔（Winston Churchill）和法国抵抗运动领袖夏尔·戴高乐（Charles de Gaulle）从自身视角出发，撰写了两部畅销著作。[①]在美国和西欧，纳粹德国及日本的失败重新树立了在两次世界大战期间摇摇欲坠的民主、进步的基本价值观。德国及苏联的极权主义政权为了宣传目的对历史真相的篡改，使得对待历史的坦诚态度和历史客观性受到新的重视。1948年，乔治·奥威尔（George Orwell）出版反乌托邦小说《1984》，在其中，奥威尔描绘了一个想

① Winston Churchill, *The Second World War*, 6 vols. (Boston: Houghton Mifflin, 1948 53); Charles de Gaulle, *War Memoirs*, trans. Jonathan Griffin, 3 vols. (London: Collins, 1955).

象的受这类独裁政权统治的世界。依照“谁掌握了过去，谁就掌握了未来；谁掌握了现在，谁就掌握了过去”的口号，小说主人公在“真理部”的工作即是销毁与政府对过去的最新诠释相违背的档案文献，而他也对他在“真理部”的冷漠上司作出了反抗。奥威尔故事的蕴涵在于，对历史真相的捍卫与对自由、民主的捍卫直接相关。

到二战结束，德国终结了他在历史学界所长期持有的公认的领头羊的地位，这首先因为纳粹政权所强行施加的种族主义意识形态，其次因为很多大学遭到破坏。与此同时，历史学科在美国，以及某种程度上的英国和法国，都经历了前所未有的繁荣。兵役将很多年轻人带至世界其它遥远地区，激发出他们对其所效力于的战争的历史根源的兴趣。一些人，如日本史专家赖世和（Edwin Reischauer）曾效力于美国情报部门，因此能够在历史性决策被制定之时便追踪 114
这些决策。这段经历“让我熟知政府的工作过程及世界的现实状况，这将在未来给予我很大帮助，”赖世和在他的回忆录中写道。[①] 在美国，“军人安置法案”规定经历过战争的退伍军人可以在大学中接受教育，这改变了高等教育的状况，从仅仅为富人开放到为所有社会等级的学生提供机会。新学生的大量涌入需要大量授课教师，这逆转了战前大萧条时期教职难求的状况。

战后美国高等教育扩张的结果之一即是，阻止犹太人在人文学科领域获得学术地位的障碍被扫除了，这是大学学术教育向被禁足者开放迈出的第一步，最终，它会对妇女及其他少数族裔全部敞开。在受益于这些新机会的犹太裔史家之中，有一部分是从德国希特勒

---

① Edwin Reischauer，*My Life between Japan and America*（New York：Harper & Row，1986），109.

政权下逃离出来的难民，这段经历用一种极端的方式让他们清晰地意识到历史事件如何能够影响普通人的生活，也促使他们希望用一些非常规的方式来研究过去。这一群体包括乔治·莫斯（George Mosse，一位研究纳粹政权史、随后又研究性别史的先锋史家），心理史家彼得·盖伊（Peter Gay），大屠杀学术研究的开创者、历史学家劳尔·希尔伯格（Raul Hilberg），妇女史研究的开拓者之一格尔达·勒纳（Gerda Lerner）以及史学史专家格奥尔格·伊格尔斯（Georg Iggers）。在先前的一个世纪中，美国人不断地前往德国学习最为先进的历史研究方法，现在，这一状况被一位德国移民汉斯·罗森伯格彻底改变了。他多次回到之前的祖国德国，向年轻一代的历史研究者介绍在他的移居国家中所发展起来的新的社会科学导向的历史研究。

战争也极大提升了自然科学领域和社会科学领域中科学研究的声望。对前者而言，从原子弹的发明到抗生素的早期使用，战前的学术发现已引发了惊人的变革。对后者而言，为了组织作战，政府召集经济学家们制定资源使用计划，召集心理学家们筹划宣传运动，召集社会学家、人类学家和历史学家们解释对方社会的本质，并帮
115 助制定战后重建计划。两次世界大战期间如查尔斯·比尔德等人对获得客观历史知识之可能性的质疑让位于一种更为强烈的乐观主义，即相信能够把历史学变为一门严格意义上的科学。1942 年，哲学家卡尔·亨普尔（Carl Hempel）强有力地否定了狄尔泰和其他哲学家在 19 世纪后期最初构想的论断，即尝试着把历史学方法与其它社会科学方法区分开来。在亨普尔看来，史学家能够也应当试图去发现那类在其它科学中存在的普遍规律。“历史解释意在于表明，所论事件并非一个‘偶然事件’，而是一个依据某些先前的或同时的条件能

够得到预测的事件，”亨普尔写道。[1] 在美国哲学家间，亨普尔的文章引发了有关历史学之科学身份的长期争论，尽管很少有史学家冒险涉足这场在他们看来抽象的、与真正的研究实践毫无关系的讨论。在美国，史学家更通常所做的是与其他社会科学领域的研究者合作，参与进地方研究项目，这些项目不仅旨在获得他们所研究区域的知识，而且意在为美国和世界其他国家、地区的领导人提供实际的政策意见。

在成功渡过两次世界大战与经济大萧条的磨难后，美国政府没有像其它欧洲国家那样，或屈从于法西斯主义，或转向共产主义，这一事实对战前“进步”学派重视过去国家中社会冲突的做法提出了质疑。相反，战后史学家们如理查德·霍夫斯塔特（Richard Hofstadter）和路易斯·哈茨（Louis Hartz）认为，美国历史反映出存在着一种对自由价值观的广泛共识，这种共识正包含在美国建国文献之中。思想史家佩里·米勒（Perry Miller）注重研究新英格兰的宗教清教主义形塑美国思想的方式，这将注意力从经济转向了文化问题，并强调美国文明的独特性质。

美国史体现了一种由共享的文化价值观所塑造的广泛认同，但种族史和奴隶史对这种观念构成了挑战。黑人史家们（其中最为著名的有约翰·霍普·富兰克林（John Hope Franklin））参与到为布朗案——即为反对公立学校种族隔离政策提出的诉讼——而进行的法律调查中，这一诉讼最终取得了胜利，1954 年，最高法院宣判教育委员会违宪。出生于南方的史学家 C. 范恩·伍德沃德（C. Vann

---

[1] Carl G. Hempel, “The Function of General Laws in History,” *Journal of Philosophy* 39 (1942), 35 – 48, cit. 39.

Woodward）于 1955 年首次出版著作《吉姆・克劳的奇异人生》。在
116 这部著作中，伍德沃德认为，美国南部的种族隔离政策并非种族间“生理”区别的体现，而是重建时代之后政治决策仔细考虑的结果。民权活动家们将伍德沃德的作品作为一个有力的论据以支持这样一种观念，即种族隔离政策是历史的产物，因此它能够也应当被废除，以便适应变化了的境况。在幕后，伍德沃德极力促成了富兰克林作为第一位黑人学者在南方历史协会上发言，南方历史协会是美国主要的职业史家组织之一。然而，为了获得业已成名的白人史家们的支持，黑人学者不得不遵循既有的通行规范。伍德沃德欣赏富兰克林，因为他的著作“比之前的这类作品在种族意识和宣传方面更为自由”。[①]

在战后美国，除了以大学为依托的历史学蓬勃发展、研究者数量前所未有地增多之外，历史学也成为大众文化的一个重要组成部分。不论是身担教职的历史学家还是独立学者都收获了大量的读者。前者中的代表人物有小阿瑟・施莱辛格（Arthur Schlesinger Jr.），1945 年，他凭借作品《杰克逊时代》荣获普利策奖，此外，他讲述罗斯福新政历史的三卷本著作同样获得了巨大成功；后者的代表人物有内战研究者布鲁斯・卡顿（Bruce Catton）和芭芭拉・塔奇曼（Barbara Tuchman），她是描绘一战的畅销书《八月炮火》的作者。新闻记者威廉・夏伊勒（William Shirer）的《第三帝国的兴亡》以严酷的万字符作为封面，出现在很多美国家庭的书架和咖啡桌上。内战史家卡顿还是《美国遗产》杂志的第一位主编，这份杂志中的大量插图使它在几十年中始终是美国的一种文化标志。

---

① C. Vann Woodward, letter to Guggenheim Foundation, November 1949，载于 Michael O'Brien, ed., *The Letters of C. Vann Woodward*（New Haven, CT: Yale University Press, 2013），124。

电视这一新媒介将对著名历史事件的戏剧性重演带进美国家庭。在近 20 年的时间中，主播沃尔特·克朗凯特（Walter Cronkite）每周都会用他粗哑的嗓音播报“走进现场”，并以这段标志性的话语结束每期节目：“这是怎样的一天？它同所有其它日子一样，有各种各样的事情发生，而这些事情改变并照亮了我们的时代。”在这档节目中，演播室中的主持人被安排回到过去，与扮演历史人物的演员们对话。在今天看来，这节目有些矫揉造作，但它的确吸引了大量观众。第二次世界大战和 1950 至 1953 年的朝鲜战争为漫画书作者提供了无尽的素材，这些漫画书作者不仅意在于教育读者，也为了提供娱乐。“地标系列读物”中的很多作品由家喻户晓的成年作者编纂，这些读物涉及美国史和世界史中的大量议题，同作者一样，越来 117
越多的年轻读者对这些读本感到着迷。在这个大部分女性仍无法在历史学领域获得教职的年代，地标系列读物中的很多杰出作品都出自女性作者之手。其中一些读本也涉及女性历史人物，包括贝琪·罗斯（Betsy Ross）、叶卡捷琳娜大帝（Catherine the Great）和克拉尔·巴顿（Clara Barton），还有一些读本则涉及美国黑人史和美国印第安人史中的一些主题。公众对这些重要历史主题的兴趣表明，在专业学者与公众作家之间存在着某种认同，大家在看待历史意义和历史应当被描绘的方式上是相似的。

战后时期的社会史研究

对美国史学家来说，战后时期是一个充满活力的时段，但史学中最为重要的理论发展仍继续在欧洲发酵。其中最为重要的当是由吕西安·费弗尔和马克·布洛赫在战争年代创立的年鉴学派之影响的持续扩大。布洛赫在二战中英勇牺牲了，但他的同伴费弗尔幸存下来，并在 1947 年成为巴黎高等实践学院第六部的主任，为年鉴学派打造了一个在 20 世纪 30 年代所不曾拥有的基地（1975 年，这一机构更名为高等社会科学研究院）。在费弗尔的继任者费尔南·布罗代尔的领导下，依照布洛赫和费弗尔早期作品所提倡的路线，研究院发展为国际性的社会科学研究中心。布罗代尔筹措资金，为研究院在巴黎布勒尔·拉斯派尔街 54 号盖起一栋全新的玻璃钢架建筑，这栋建筑正反映了 20 世纪中叶，史学家试图将自身与现代性和进步联系起来的夙愿。

年鉴学派对历史学术研究的影响如此广泛，以至于学派本身成为大量历史研究的主题。这些研究将学派的主要人物划分为不同的“代际”。毋庸置疑，布罗代尔是学派“第二代”的首要人物。他最广为人知的著作《地中海与菲利普二世时代的地中海世界》大部分成稿于 1940 年后的德国战俘营中，这是一部为年鉴学派创始人布洛赫
118 和费弗尔所支持的“总体史”的典型著作。布罗代尔跨越国家和文明的界线，将整个地中海地区作为他的研究主题，展现了地中海地区独特的气候和地理环境如何影响居于其上的所有民族的历史，促使他们发展出与其自然环境相适应的农业体系和定居模式。布罗代尔认为，过去的生活的这些基本特征当然是变化的，但它们的变化如冰河期般缓慢，这要求史学家采用“长时段”的视角，并意识到，对生活于其上的人来说，这些限定因素应当被视为是永久性的或结构性的。与这一缓慢变化层次相互作用的，是一些变化速率更快的事件，如经济的兴衰循环和文化运动，这些事件也许会历经一代或几代人。布罗代尔也没有完全忽略节奏最快的战争和政治事件，如

1571 年终结了土耳其在东地中海地区霸权的勒班陀战役。但在他的描述中，这些事件就像“轻烟”，“填充了当代人的心灵”，但不应当耗费史学家的全部精力，因为“它们一闪而过”[1]。

布罗代尔这种将历史学与经济学、人口学和地理学融合起来，突破文明界线，横跨数个世纪的全景式研究无疑充满力量。他的第二部主要著作《文明和资本主义》（1967－1979）视野更为宽阔，对三个多世纪中世界的经济和社会史进行了跨学科研究。布罗代尔著作留给人的印象是，他十分强调长时段结构在影响人类生活方面的决定性作用，以致没有给人类主体性及观念和文化世界留出空间，而后者是年鉴学派创始人布洛赫和费弗尔的主要关注点之一。另一位年鉴学派“第二代”的主要人物罗伯特·芒德鲁（Robert Mandrou）将他的研究领域称为“历史心理学”（historical psychology），在《现代法国概论》（1961）一书中，又被称为“心态史”（the history of mentalities）。布罗代尔的专横个性没有让芒德鲁在领导“学派”上产生很大的影响，直到布罗代尔去世。

尽管年鉴学派领军人物并非马克思主义者，但他们与马克思主义传统一样，都重视社会和经济史研究。这让年鉴学派的作品类似于另一个具有影响力的史家群体的作品。这一史家群体形成于上世纪 50 年代，由一些英国的马克思主义学者构成，并依托于社会史杂 119
志《过去与现在》。1952 年，包括克里斯托夫·希尔（Christopher Hill）、艾瑞克·霍布斯鲍姆（Eric Hobsbawm）及 E. P. 汤普森等在内的马克思主义史家连同一些非马克思主义社会史家如劳伦斯·

① Fernand Braudel，“History and the Social Sciences：The Longue Durée，”载于 Fernand Braudel，*On History*，trans. Sarah Matthews（Chicago：University of Chicago Press，1980），27。

斯通（Lawrence Stone）共同创办了《过去与现在》这一杂志。不像世界其它地区的马克思主义者那样谨遵马克思主义教条，《过去与现在》的作者们在研究如 17 世纪英国革命期间的不顺从国教运动、工业革命早期工人阶级的形成以及“原始叛乱者”在抵制现代化的行为所发挥的作用等问题上运用了全新的视角。相较于法国年鉴学派史家，《过去与现在》在看待历史研究与社会正义的关系上要更为开放。汤普森的《英国工人阶级的形成》（1963）可能是这一群体史家中影响最为深远的著作，在这部著作中，汤普森呼吁，历史学应当把“穷苦的织袜工、卢德派的剪绒工、‘落伍的’手织工、‘乌托邦式’的手艺人，乃至受骗上当而跟着乔安娜·索斯科特的人都从后世的不屑一顾中解救出来”。[①] 汤普森扩展了传统马克思主义定义社会阶级的方式，相较于经济结构，汤普森更看重阶级意识与阶级文化，他尤其关注宗教在贫困阶级生活中所扮演的角色，而非仅仅将其视为一种社会控制机制。汤普森对社会正义的热切追求与工业革命研究领域中更为主流的史学家形成鲜明对比，后者倾向于将 19 世纪早期工人的遭遇视为技术进步不可避免的代价。50 多年以来，汤普森的著作始终鼓舞着其他的遭受压迫及被边缘化的史家。

冷战时期的历史学

到 20 世纪 60 年代早期，战后格局已基本稳定。在政治上，美

---

① E. P. Thompson，*The Making of the English Working Class*（New York：Vintage Books，1966（orig. 1963）），12. 卢德分子（The Luddites）是 19 世纪初一些反对将机器引入工厂的工人。乔安娜·索斯科特（Joanna Southcott）自称为一位先知，19 世纪初，她在贫苦人中拥有大量追随者。

国及其西欧同盟对阵苏联及其卫星国，任何一方都无法打破这种均衡状态。相似的，东亚也分裂为以中国、北越及北朝鲜为一方的共产主义阵营和西方支持下的日本、南朝鲜及南越阵营。随着南亚、中 120
东及非洲大部分前殖民地获得独立，欧洲海外帝国主义时代快速终结。通常而言，史学家所持立场与其所处国家的政治体系相一致。西方世界中的大部分史学家视历史为一个漫长的渐进发展的故事，尽管有一些超乎想象的障碍，但这一故事终将会以繁荣的民主社会而告终。大部分史学家仍然依照国家框架书写历史，尽管年鉴学派已做出了另外的尝试。在以苏联为首的阵营中，史学家严格遵照逐渐固化的马克思主义教条，尤其在涉及近现代史问题时。铁幕将双方分隔开来，很少有跨越铁幕的真正对话。在由新近独立的前殖民地国家组成的“第三世界”中，学者们试图依照西方的模式，建立起自身的学术体系，为新的社会提供有关过去的统一叙事，由此，国别史的模式产生了重要影响。

随着欧洲海外殖民地陆续在 1945 年及其后获得独立，这些国家决心要掌握定义自身历史的话语权；与此同时，这些地区的学者们也热切希望证明，他们能够达到西方历史学界所设定的那套标准。1947 年，在印度获得独立之后，新政府提议已告终结的斗争史应当突出国家和政治领袖——如领导了民族运动的莫罕达斯·甘地（Mohandas Gandhi）——的重要性。同欧洲的民族主义历史一样，这一路径倾向于认定，总有一种清晰的民族认同。而且，相较于普罗大众，这种历史更多聚焦于政治精英和知识分子。印度史家在关于如何建构国家认同的问题上产生了分歧，一部分学者认为，国家认同必须与甘地主义，即大部分民众的信仰，联系起来；另一部分学者认为，还需要为其他族群的信仰留出空间，特别是在英国占领之前曾统治了次大陆多个世纪的穆斯林群体。也许因为在独立后的前十年中印度学者取得的成就过于令人瞩目，到 20 世纪 70 年代末期，这一阶段中编纂的“民族主义”历史在印度内部的反响很不积极。在新兴独立的后殖民社会国家中，职业历史写作的发展还依赖
121 于西方式大学的建立，如创建于 1962 年、主校区位于英联邦牙买加的西印度群岛大学。西印度群岛大学是英语加勒比海地区培养历史学博士的主要基地，它资助出版了《加勒比地区史研究》杂志，为这类作品提供了一个重要的展示平台。[①]

撒哈拉以南非洲地区的反殖民运动在 1945 年后同样日益高涨，书写这一地区的历史是一项尤为艰巨的任务。在非洲的大部分地区，史学家研究前殖民时期时所能依据的书面文献少之又少，大学层次的历史研究机构的建设也刚刚起步。局外人时常质疑书写非洲史的可能性。1963 年，当非洲大部分的欧洲前殖民地已获得独立，休·特雷弗-罗珀（Hugh Trevor-Roper）这位英国顶尖学者自负地宣称：“未来也许可以讲授一些非洲史。但在当前，这绝无可能：非洲只有欧洲人的历史。余下的陷落在黑暗之中。”[②] 对此，比利时裔史家简·万森纳（Jan Vansina）、英国学者罗兰·奥利弗（Roland Oliver）及尼日利亚学者肯尼斯·戴克（Kenneth Onwuka Dike）等转向口述史研究。他们认为，通过运用恰当的方法，如借由证词，还是能够为研究非洲大陆前殖民时期的历史提供有用的信息。万森纳曾用一整本书来阐明口头传说作为史料的价值，他主张，它们

① 参见 B. W. Higman，*Writing West Indian Histories*（London：Macmillan，1999），ch. 5。

② 引自 Kwame Anthony Appiah，“Africa：The Hidden History，” *New York Review of Books*，Dec. 17，1998。

“不仅是有关过去的史料，而且还是有关过去的史学（historiology）（他竟敢不用 historiography 这个词!），一种有关人们如何阐释它的记述”就像其它证据那样，口头传说需要被批判地阐释，但万森纳认为，这不意味着它们不同于书面档案。“这类史料是无可替代的，”他继续写道，“没有口头传说，我们将无法得知世界大部分地区的过去，我们也将无法从内部了解它们。”[1] 1964 年，一个主要由非洲大陆史家组成的项目委员会启动了联合国教科文组织的非洲通史项目，这一项目旨在于促进非洲史研究，使其赶上世界其他拥有更久历史学术传统地区的研究水平。然而，正像在印度那样，它因对政治精英的重视，以及对独立后手握权力的政治党派及政治领袖的曲意逢迎而广遭诟病。

到 20 世纪 60 年代，历史书写似乎已在世界各地被广泛接受，确立起牢固的地位。作为一门学术性学科，它历经时间检验的方法
似乎能够被用于研究有关人类过去的大量问题。尽管历史学的声望 122
不及一些“硬”社会科学，如似乎能够为解决实际问题提供更多教益的经济学和政治科学，但它仍在公众生活中占据一个体面的位置。冷战的产物，即共产主义世界中马克思主义学术与其它地区不同意识形态方法的分裂提醒我们，历史学家在一些基础的方法论问题上仍存在不同意见。苏联强加给学者们的教条限制了他们作品的旨趣。是的，英国史家 E. H. 卡尔在 1961 年出版了一部抨击历史客观性概念的著作，这部著作的可读性极强，它同两次世界大战期间卡尔·贝克尔所做的那些论述相似，重新强调历史知识的主观特性，

---

① Jan Vansina，*Oral Tradition as History*（Madison：University of Wisconsin Press，1985（original edition 1959）），196，197，198.

并力劝读者“在研究事实之前先研究历史学家”。[①] 卡尔的著作在史学课堂上仍被经常提及，但它难以代表学院派史家的普遍意见。英裔美籍学者J. H. 赫克斯特（J. H. Hexter）曾撰写了一个尖锐的答复，他认为，在史学家对职业标准的恪守面前，他们的意识形态偏向不值一提。“证据和论证从不分激进的还是保守的，”赫克斯特写道。[②] 另一位英国学者G. R. 埃尔顿（G. R. Elton）在《历史学的实践》（1967）一书中也对卡尔做了回应，这部强烈捍卫历史客观性的著作依然被广泛阅读。然而，不论是卡尔、赫克斯特，还是埃尔顿，都无法想象历史实践将在接下来的时间中经历怎样的剧变。

---

① E. H. Carr，*What Is History*?（New York：Vintage Books，1961），26.

② J. H. Hexter，“The Historian and His Society：A Sociological Inquiry—Perhaps，”载于J. H. Hexter，*Doing History*（London：Allen & Unwin，1971），100. s。

第二部分

当代史学

第六章　大混战：20 世纪 60 年代至世纪末的史学 127

事后看来，20 世纪 60 年代同时呈现出两种状况：一方面，人们对于历史学学术前景的自信达到了某种高潮；另一方面，新的历史问题和新的方法论路径又向学科整体发起挑战。在美国和西欧，前所未有的资源被投入高等教育，学院派史家们即生活于这样一个社会当中，他们中的绝大部分人对历史研究的恰当方法已形成共识。大学迅速扩张，以适应不断增长的在学人数，这是二战结束之后“婴儿潮”的一个体现，准历史学家们的就业前景也从未如此明朗。前殖民地世界中新近独立的国家似乎热切渴望接受西方的学术研究模式，其中也包括历史研究模式。生活于共产主义阵营国家中的历史学家们则处于不同的境况下，他们的研究严格遵循正统的马克思主义观念。这种境况与西方更为自由的学者比起来，似乎后者的道路更行得通。

20 世纪 60 年代的挑战

毋庸置疑，20 世纪 60 年代的史学家意识到他们仍生活在一个问题成堆的世界当中。1962 年 10 月的古巴导弹危机使得冷战局势加
128 紧,美苏间的核冲突一触即发。1962 年，在法国承认阿尔及利亚独立后，几乎所有欧洲在非洲和亚洲的殖民地皆成为自治国家，殖民主义时代看似终结。然而，美国愈演愈烈的民权运动和南非白人政府日益强硬的种族隔离政策提醒人们，种族平等仍然是一个遥远的目标。到 20 世纪 60 年代中期，反对美国在越南军事占领行为的抗议活动在众多国家的大学校园中蔓延开来。在以男性历史教授为主导的课堂中，学生们借由自己的衣着和行为越来越大胆地质疑老师有关世界运作方式的说教。在 1968 年 5 月的法国，历史上规模最大的学生抗议运动使得全国范围内的高校停课，并引发一波全国性的罢工潮，几乎迫使政府倒台。在中国，毛泽东激进的支持者们于 1966 年发动“文化大革命”，这场运动的目标是破除“四旧”，即打碎一切国家前革命时代的代表物，这严重威胁到历史具有价值的观念。

史学界中的一些成员已做好准备来证明，为了获得新的对过去的理解，历史学科能够重塑自身。英国马克思主义史家们的著作，如E. P. 汤普森的《英国工人阶级的形成》、艾瑞克·霍布斯鲍姆(Eric Hobsbawm）的《原始的叛乱》(1959)，成为备受追捧的经典作品，激发对不同历史情境下劳工运动及民众抗议活动的研究兴趣。在美国，C. 范恩·伍德沃德的《吉姆·克劳的奇异人生》和研究奴隶制及重建时期的新一代“修正主义”史家们如肯尼斯·斯坦普(Kenneth Stampp）的著作，为民权运动的倡导者们提供了历史武

器。1963 年，C. L. R. 詹姆斯（C. L. R. James）的《黑人雅各宾派》再版，这部著作开创性地记叙了 18 世纪 90 年代的海地起义，为热衷于研究第三世界自由运动的史学家们提供了有力的范本。然而，20 世纪 60 年代的不安需要的是超越这些早期版本的更为激进的学术研究，一种“新历史”。重现贫苦之人与受压迫群体的生活现实似乎不仅需要新的视角，还需要新的方法。现在，众多历史研究者逐渐意识到的这种更新的迫切性开始挑战 1945 年后即在学界占据主导的客观性观念。

这时，甚至承继自兰克的传统教学法也遭到批评，它被谴责为 129
扼杀颠覆性问题、维系传统权力结构的工具。20 世纪 60 年代，在众多高校中，历史系学生要求开设一些直接与他们自身生活关注点相关的课程，如能够解释越南战争缘起的越南史课程，论述过去激进运动史的课程，论述美国黑人史及少数族裔历史的课程，以及与非洲和拉丁美洲相关的课程。有时，学生们聚集起来组织自己的课堂，并要求高校同样给予学分。在一些地方，同情学生的教授们与学生一起开设课程，就像娜塔莉·泽蒙·戴维斯和吉尔·克尔·康威（Jill Ker Conway）在 1971 年的多伦多大学开设先锋性的妇女史课程时所做的那样。在伯克利，思想史家卡尔·休斯克（Carl Schorske）将人数众多的讲座式课堂与以学生为主导的“卫星研讨会”（satellite seminars）结合起来，让学生自己选择看待材料的视角，这颠覆了唯有一种正确方式来阐释其主题的观念。在普林斯顿，马丁·杜伯曼（Martin Duberman）同一位精神分析学家合作开设了一门研讨课，希望学生们学会识别研读材料时所产生的无意识动机。在英国，资深的马克思主义史家拉斐尔·塞缪尔（Raphael Samuel）将学术带出校园。1967 年，他创办历史工作坊，让学生、学者和工人（其中很多是工会会员）聚集到一起，旨在于开创一种“人民的历史”。旧派学者们往往反对这类有贬低权威之嫌的实验，因为权威们是经由学习了大量知识、掌握了历经时间检验的方法而成为权威的。随着 20 世纪 70 年代严酷的经济环境的到来，60 年代蓬勃发展的运动逐渐平息，众多试图改变传统历史教学模式的激进尝试也偃旗息鼓。然而，这一阶段的革新的确使得多样化的课程设置固定下来，并将学生课程评价体系制度化，保证学生代表参与进院系委员会的事务中。

尽管 20 世纪 60 年代的学生激进主义很快平息，但这一阶段涌现的对历史学标准直言不讳的挑战在史学领域开创了一个新时代。今天，我们仍生活于这个新时代之中，它丝毫没有要消褪的迹象。并非所有的职业史家都接受这些新事物：1970 年，大卫·哈克特·费希尔（David Hackett Fischer）出版了一部名为《史学家的谬误》的宣言书，在这部著作中，他认为这一阶段历史作品中的多数论证
130 是禁不起严格检验的。尽管费希尔的作品在很多史学课程中仍会被提及，但它没有降低研究者试图运用新方法来探察过去的热情。这些年中在历史学领域蠢蠢欲动的骚乱的最为确切的信号之一，即是众多新兴学术期刊的创立，这些学术期刊意在发表那些新领域中或运用新方法的作品。它们包括：于 1960 年创刊的《非洲史研究》和《历史与理论》（这是历史编撰领域的第一本专门性期刊），于 1967 年创刊的《社会史研究》以及于 1969 年创刊的《跨学科史研究》。对一些史学家来说，这一阶段中特有的激烈争论以及新视角、新兴领域的一再兴起展现了历史学科的活力，展现了历史学科能够很好地回应新问题甚至帮助阐明社会应当如何发展。然而，这种一部分史学家认为有益的多样性却冲撞了另一部分人，他们将其视为无政府

主义的啸鸣，它抛弃了学术传统，抹灭了试图确立过去真相的希望。乐观主义者褒扬这些新的关注点将视线投向先前被排除出历史叙事的群体，如妇女、有色人种和少数族裔；悲观主义者则告诫说，这种对历史的再定义将为那些否定大屠杀曾经发生之人或把令人窒息的“政治正确性”强加给学者和老师的人士敞开大门。从一些层面上来说，这些争论可以被理解为新瓶装旧酒，我们可以想象希罗多德将支持今天乐观主义者的观点，而修昔底德则将提醒革新的危害。但另一方面，这些让史学家产生分歧的话题又的确是崭新的，需要全新的回应。

寻找一种新历史

在上世纪 60 年代和 70 年代早期，激进派史家们，如研究美国革命时期的史学家杰瑟·莱米什（Jesse Lemisch），呼吁一种“来自底层”的历史，关注“无权者，失语者，贫困者”。[①] 激进派从马克思主义传统及美国进步派历史那儿获取灵感，而这两者几十年来一直被淹没在一些“一致”的阐释中。在美国，很少有哪一领域能够像奴隶史那样，为了重塑边缘人群的经历而彻底改变自身。新一代史学家们，不管是黑人还是白人，他们中的很多人受到“黑人权力”运动的影响［这一运动较马丁·路德·金（Martin Luther King）等温和派民权运动领袖所做的更为激进］，开始转向运用一些非传统史 131

① Jesse Lemisch, “Towards a Democratic History,” (1967) 和 “The American Revolution Seen from the Bottom Up,” 载于 Barton J. Bernstein, ed., *Towards a New Past: Dissenting Essays in American History* (New York: Vintage, 1967), 29。

料，如黑奴所唱的灵魂乐的歌词，编纂于20世纪30年代但通常被学者遗忘的黑奴幸存者访谈，进而证明，黑奴们从未接受主人的支配，他们创造了一种自身的富有意义的文化。诸如尤金·基诺维斯（Eugene Genovese）《约旦河，滚滚地流：黑奴创造的世界》（1973）等著作即总结了这种新研究，并展现了“极端残暴状况下人类精神的美与力量”。[①] 对非裔美籍黑人史的这种强烈兴趣使得有关这一主题的课程在全国范围的大学中创设起来，尽管人们也时常激烈地争论这一主题是应该被作为历史课程的一部分讲授，还是应该放进致力于研究黑人或非裔美籍人的跨学科项目中讲授。此外，人们也争论像基诺维斯这样的白人学者是否能够理解黑人经验的问题。

创设以底层阶级经验为主要关切点的“新社会史”的尝试，常需要将历史学与经济学、社会学、人口学等“硬”社会科学更为密切地结合起来，这也是法国年鉴学派史学家所支持的做法。很多学者看到了将定量数据运用于历史研究的独特前景，认为这将给予学科更多的科学性。过去的底层阶级个体成员们很少留下关于其生活较为完整的文献档案，但通过累积上百人、上千人的信息，史学家们便能够构建出一幅群体肖像，从而洞察其经验。这些年中逐渐发展起来的电脑技术也使史学家受益，这种技术让分析大批的定量数据成为可能，而在之前时代，这难以办到。

建立在统计资料基础上的、对过去人口变动进行研究的人口史的兴盛，一方面表明了逐渐被人熟知的“计量史”所贡献的重要成果，另一方面也解释了为什么大部分史家最终会放弃这一方法。研

---

① Eugene Genovese, *Roll, Jordan, Roll: The World the Slaves Made* (New York: Vintage, 1973), xvi.

究过去生活的一些基本层面，如平均寿命、出生率和疾病的影响当然是探索过去中普通人经验的一种方式。在近几个世纪中，很多国家保留有人口普查数据。在法国，年鉴学派“第三代”史家，如埃马纽埃尔·勒华拉杜里（Emmanuel Le Roy Ladurie），舍弃了布罗
代尔的宏阔方法，致力于精细的区域研究。他们运用如关于洗礼、 132
婚姻、丧葬等的教堂记录来回答如在更为早期的世纪中人们的寿命有多长，结婚夫妇有几个孩子和什么导致了死亡这类问题。人口史研究将自身引向社会科学方法，甚至将历史学同生物学这类自然科学联系起来。历史人口学的全盛期恰逢20世纪60年代中叶避孕药品的最初推广以及人们对人口负荷危机的热切关注，保罗·埃尔利希（Paul Ehrlich）的畅销书《人口爆炸》是引发这种关注的原因。这些新动态使得过去人口趋向的问题成为理解当前主要议题的关键。

对人口学的历史研究起初产生了让人印象深刻的成果。当早期史家接触这类话题时，他们依靠的证据大多来自于文学文本，例如，当莎士比亚将苦命的恋人罗密欧与朱丽叶设定成青少年时，他正反映了他周围世界的现实状况。然而，人口史家所得到的统计数据证明，莎士比亚时期欧洲普通人的平均结婚年龄要更高些：大部分农民夫妇要到25岁前后才结婚生子。尽管这一时期尚不存在人工节育的方法，但因为较高的婴儿死亡率以及大多数已婚妇女的生育间隔要比设想中更长的事实，人口数量仍然保持稳定。死亡数据与主食尤其是谷物价格间的相关性充分说明了饥荒年份与高死亡率间的关联。这些借由细致的统计数据所得到的范式勾勒出一幅新的有关近代早期阶段普通人生活的严酷画面，这一画面与借由统治者、艺术家和宗教改革者之档案文献所得到的这一时期的画面形成鲜明对照。以统计数据为基础的人口史研究的视野不局限于近代早期欧洲。在

美国，赫伯特·古特曼（Herbert Gutman）的《奴隶制下的黑人家庭与自由》认为，即使在奴隶制下，黑人们也能够组成家庭单位，城市贫民窟中家庭破裂的状况是近来的新现象，而非奴隶制的必然结果。

历史人口学研究表明了计量史的价值，但同时也展露出一些缺
133 陷。即使那些最初转向量化方法以阐明大众经验的开拓者们也时常受挫于这样一种状况，即他们自身的方法将其想要研究的人简化为了一个数字的集合。年鉴学派史家皮埃尔·古贝尔（Pierre Goubert）写道，从17世纪法国幼童的高死亡率中，我们不可能得知父母是会因为他们的逝去而深受苦痛，还是会通过切断与其婴儿的情感联系来逃离伤痛。在大多数情况下，计量史还需要投入大量的人力物力，来将史料中的数据拼凑起来，这通常是一项十分枯燥的工作。对这类研究结果的呈现也存在问题：大多数读者并没有耐心来费力地阅读计量史家针对史料阐释问题所进行的细节性讨论，而这一领域中的其他专家则一心想要从其晦涩难懂的方法论中揪出缺点。

1974年，两位经济史家，罗伯特·福格尔（Robert Fogel）和斯坦利·恩格尔曼（Stanley Engerman）出版了《艰难时代》这部有关美国奴隶制的计量研究著作，评论者称其“可能是历史学科中做过的最大型的、最为昂贵的研究”。这部书的出版引发了公开争议，在总体上动摇了计量方法的声誉。这部著作的结论认为，对奴隶的身体惩罚是相对罕见的，奴隶劳工们已接受了其主人所宣扬的辛勤劳动的价值观。这个结论遭到了这一领域学者们的一致反对。其他计量史家谴责作者所采用的证据是站不住脚的，这突出了一个事实，即，有关过去的统计数据常建立在那些微小的、可能不具代表性的

数据样本上。研究奴隶制的非定量史家们则强调，数字无法衡量鞭打的创伤性影响和奴隶所遭受的其他虐待。对《艰难时代》的抨击甚至动摇了史学家对其它计量史学作品的信心，即使它们没有犯相同的错误。[①]

历史的新范式

1984年，林恩·亨特（Lynn Hunt）这位年轻的美国史学家出版了著作《法国大革命中的政治、文化和阶级》。这部著作显示了在《艰难时代》出版十年之后，席卷了人文和社会科学领域的所谓的语
言和文化转向促使历史研究方法产生了怎样的转变。对史学家来说， 134
在职业生涯中改变其研究方法是不常见的，但亨特的著作即是这样一个不同寻常的例子，在这部著作中，读者们可以看到史学家为了适应“现实时代”而对方法的改变。正如亨特向读者所解释的那样，在20世纪70年代她开始着手写作这部书的时候，她计划运用社会科学中定量的计量工具来研究不同人群和法国的不同区域，包括那些最热切支持大革命之新观念的地区和那些抵抗这些新观念的地区。实际上其后半部著作先于前半部完成，是典型的社会科学史，当中遍布有关法国城市中地方官员社会地位、选举中投票模式的统计数据，并且参考了如政治科学和地理学等学科的专业文献。然而，在写作过程中，亨特自己转变了研究方法。著作的前半部分抛弃了定

① Thomas L. Haskell, “The True and Tragical History of Time on the Cross,” *New York Review of Books 22* (Oct. 2, 1975), 38.

量研究，转而开始分析革命活动家所运用的语言和修辞，他们创造的视觉符号，甚至他们的服饰。在这些章节中，亨特从文学、艺术史和人类学等学科中获取灵感，读者们也能感受到亨特激动于这些学科的观点为阐述所带来的新视野。问题在于，如亨特自己所承认的那样，著作的这前后两部分内容是否能够自洽，还是说，它们代表了两种互不相容的理解过去的方式。

亨特在写作过程中所接受的新方法是一种“范式转换”的明证，这种“范式转换”不仅影响了历史学，也遍及整个学术界。科学史家托马斯·库恩（Thomas Kuhn）在他的著作《科学革命的结构》中创造了“范式转换”这一术语。这部书出版于 1962 年，但在几年之后，才产生全面影响。库恩的著作挑战了一个基本观念，即，随着时间的推移，通过新数据的积累，科学知识是逐渐但稳定增长的。然而，库恩认为，就宇宙如何运行的问题而言，科学史反映出一些全然不同的模式的更迭和转换，例如，从牛顿的稳定宇宙图景到爱因斯坦的相对论，后者不是用更为精确的信息来对前者进行答复，而是科学家在阐述问题方式上的一种突然的、有些费解的转变。在库恩看来，新理论得以流行，不是因为它们比被替代物更为“真
135 确”，而是因为在一个特定的学界中大部分职业学者接受了它们。转换为史学术语来说，库恩的范式理论即认为，有关过去的知识不是研究方法逐步完善、更多信息逐渐积累的结果。相反，史学家思考过去的新方式源自其有关个人和社会如何运作的观念的改变，或许没有任何单一的标准来界定历史真实。

林恩·亨特的著作证明了后来被称为“语言学转向”的范式转换，这一转向提出，对语言的理解是认识人类经验的关键。语言学转向与随后所谓“新文化史”的崛起关联密切。新文化史家受美国

人类学家格尔茨（Clifford Geertz）的影响，1973年，格尔茨写道，对人类社会的研究“不是一门寻找规律的经验科学，而是一门寻找意义的阐释科学”。通过将“一个族群的文化”定义为“一个文本的集合体……人类学家努力从这些文本的当然拥有者的背后去解读它们”[1]，格尔茨的方法便与语言学转向产生了关联。除此之外，语言学和文化转向也提出了有关学科边界间关系的重要问题。与此同时，人文和社会科学也深受其它一些挑战长期以来前提假设的观念的影响。其中一项便是女性主义的崛起，它质疑了有关性别关系的基本前提。另一个重要挑战来自这样一些学者，他们质疑最初在西方社会中发展起来的思想框架是否能够用来理解世界其他地区族群的经验。“后殖民”方法的倡导者们谴责学界中的“欧洲中心主义”将美国与欧洲的文化，包括其历史研究的方法，视为世界其它地区必须遵循的模式。

海登·怀特出版于1973年的著作《元史学：19世纪欧洲的历史想象》戏剧化地体现了学术领域中这一转向对史学家造成的威胁，这部仅仅比《艰难时代》早几个月出版的著作同《艰难时代》一样，引发了激烈的争论。怀特毫不妥协地宣告：“我将会把历史作品视为它明显所是的那样——也就是说，一种以叙事散文话语为其形式的
言语结构，这种结构意在成为过去结构和过程的模式或图象，其目的 136
是通过再现过去的结构和过程以解释它们的样子。”借助文学理论家诺斯罗普·弗莱（Norbert Frye）的理论，怀特分析了19世纪一些

① Clifford Geertz, “Thick Description: Toward an Interpretive Theory of Culture,” 载于 Geertz, *The Interpretation of Cultures* (New York: Basic Books, 1973), 5; Geertz, “Deep Play: Notes on the Balinese Cockfight,” *Daedalus* vol. 134, no. 4 (Fall 2009), 86 (orig. 1972).

重要的史学家和具有历史思维的哲学家，包括黑格尔、兰克、托克维尔、米什莱、马克思和布克哈特。他试图借助这些分析来增强其论断，即，历史著作并非透明地反映了过去事实，相反，它们是一些难以与虚构相区分的文学文本，而史学家编织其故事“情节”——如喜剧的、悲剧的、浪漫剧的或讽刺剧的——的方式并非受其所依托的证据支配，而是反映了他们自身的预设。怀特总结说，史学家彼此间的歧异不是因为某人做了更多的搜集资料的工作，“当在这些可相互替代的历史图景中进行选择时，我们偏向一种而非另一种的唯一基础是道德的或审美的”①。

怀特对历史记载与历史叙事间不一致的强调以及坚持把历史叙事视为“虚构”的做法受到大部分史学家的反对，他们视其为极端甚至危险的。即使一位持同情态度的评论者也议论道，怀特的理论“也许会被认为是一位史学家在其职业生涯中所曾做过的最具破坏性的工作”②。然而，《元史学》所产生的影响甚至波及到了那些不曾阅读过它的史家那里。怀特对历史叙事之文学性的强调以及他关于史学家再现了事件而非仅仅让事实自己说话的观点使得学界更为自觉地意识到他们是如何使用语言，以及如何形塑其记叙的。不管怎样，《元史学》提出的问题仍然在有关历史知识之性质的重要论辩中占据关键位置。基思·詹金斯（Keith Jenkins）、弗兰克·安克斯密特（Frank Ankersmit）等自发的支持者进一步阐述了怀特的观点。其他人，例如哲学家保罗·利科（Paul Ricoeur）则承认，怀特激发他们尝试用一种更符合主流历史实践的方式来定义历史性质。在《时

① Hayden White, *Metahistory*: *The Historical Imagination in Nineteenth-Century Europe* (Baltimore: Johns Hopkins University Press, 1973), 2, 433.

② Andrew Ezergailis, review of *Metahistory*, *Clio*, 5, no. 2 (1976), 240.

间与叙事》（1984）中，利科为区分虚构与历史叙事奠定了理论基础。他强调，历史叙事必需建立在可被追溯的“痕迹”或证据的基础上；历史叙事必需能够以这样一种方式被填充进一个共同的时间框架中，即，其各个部分能够相互协调，以勾画出一幅人类过去的综合图景；史学家的叙事必需承认“代际纽带”，换句话说，他们必须意识到，因为生活时代的不同，人类看待世界的方式也会不同。[1] 137
利科的作品表明，在不消解历史与虚构间区别的条件下，怀特的一些见解仍然能够被吸收入历史中。

怀特和利科都把注意力放在历史叙事的语言性质上，将历史叙事视为文化的构成物，但他们也都关注一个严肃的史学议题，即史学家创作的文本的性质问题。1979 年，法国哲学家让-弗朗索瓦·利奥塔（Jean-Francois Lyotard）完成《后现代状况》一文。在这篇颇具影响力的文章中，利奥塔从另一层面批判了历史写作的传统形式，他认为，世界中的文化和经济变动已使我们难以把历史融于一种“宏大叙事”中，在这种“宏大叙事”中，所有变化都要被安放进一个融贯的总体框架中。利奥塔强调，这类宏大叙事，包括认为历史呈现为向更高文明进化的启蒙论断，特定国家必然崛起的民族主义故事和历史将以被解放的无产阶级之胜利而告终的马克思主义史观，都不再具有说服力。“不管宏大叙事运用一种什么样的统一模式，不管它是思辨的叙事还是一个关于解放的叙事，它都已丧失了其公信力”。[2] 在这一“后现代”的时代，历史学家将必须寻找一些新的方

---

① Paul Ricoeur, *Time and Narrative*, trans. Kathleen McLaughlin and David Pellauer, 3 vols. (Chicago: University of Chicago Press, 1984 – 1986).

② Jean-François Lyotard, *The Post-Modern Condition: A Report on Knowledge*, trans. Beoff Bennington and Brian Massumi (Manchester, UK: Manchester University Press, 1985 (orig. 1979)), 37.

法来证明其论断和他们的学科价值。

法国哲学家兼史学家米歇尔·福柯示范了这些有关语言之影响及宏大叙事之破产的新观念如何能够被运用到理解一般过去中，他的观点极具影响力。在他的一部早期著作《疯癫与文明》（1961）中，福柯认为，精神失常的现象本质上是由用来描述这类行为的语言所定义或建构的。他说，在中世纪，那些随后被归类为精神病者的个体反而被认为是富有宗教远见之人。与库恩的观点类似，福柯认为话语框架的变化不是逐渐演变的结果；事实上，福柯并没有成功地解答是什么导致了这些转变的问题，这也是其他史家批评他的主要立足点之一。然而，福柯将话语定义为一种对社会成员进行塑造或“规训”（用其《规训与惩罚》（1975）这部著作中的一个术语来说）的机制的观念，已对史学家产生了深远影响。

138 福柯的话语概念只是他为史家思想做出的其中一个贡献。同样具有影响的还有他关于权力关系如何建构了人类交往各个层面的分析。在福柯看来，政治不仅只是政府和领导人的活动，它还以“微观政治”或“生命政治”的形式存在于日常生活的每一层面，参与对人类身体行为的控制。因此，福柯的分析打破了将社会史（长期以来它被定义为“省略了政治的历史”）与政治史分离的做法。福柯认为，史学家自身也卷入在权力活动当中。他强调，对知识的占有，包括史学家声称通过研究所获得的知识，即是对权力和威望的占有，甚至史学家“档案”的结构或对史料的选择亦是权力活动的结果，它决定了什么应当被视为证据而什么应当被排除出去。由此，福柯启发历史学家要更为自觉地反思他们作品中的蕴涵。福柯的最后计划是书写多卷本的《性史》，但直到1984年去世，他仍没有完成这项计划。在这部著作中，他提出，创造了性别认同的话语并非一成不变，相反，这些话语在历史中产生了很大变化，它们在形塑认同上发挥着作用。福柯的作品从根本上推动了人们对性别关系史的关注。

如利奥塔和福柯这类作者的影响常使得评论者认为历史学科中的语言学和文化转向是玄奥的后现代主义理论的产物，这种理论是 20 世纪 70 年代法国人的独创物。然而，大约在同一时间，其它国家中一些重要的历史学者也提出了语言发挥着重要的构建作用的观点，如英语世界中的 J. G. A. 波科克（J. G. A. Pocock）、昆廷·斯金纳（Quentin Skinner）和德国的雷因哈特·科塞勒克。波科克所做的语言研究——从文艺复兴时期的意大利到 17、18 世纪的英格兰再到北美“市民共和主义”——在随后几十年中对美国政治思想及政治体制起源的研究产生了决定性影响。斯金纳的观点，即，只有把如政治理论家霍布斯（Thomas Hobbes）、约翰·洛克（John Locke）的作品的文本置于他们时代论辩的背景下，他们的作品才能得到理解，使近代早期政治和宗教思想史研究焕然一新。科塞勒克则推进了概念史（Begriffsgeschichte）的研究，这种研究旨在于对哲学和政治、社会理论中关键概念的意义变化进行系统研究。他的发现，
例如，18 世纪见证了多元“历史”向囊括全人类的单一“历史”的转 139
变，使他认为，这一阶段见证了人们理解过去、现在及未来间关系之方式的根本性变化。[1] 20 世纪 60 年代，因为思想史与“精英”思想家研究间的关联，思想史曾遭遇困境，波科克、斯金纳和科塞勒克的研究很大程度上帮助思想史这一分支适应了由语言学转向所产生

① Reinhart Koselleck，*Futures Past*：*On the Semantics of Historical Time*，Keith Tribe，ed.，(Cambridge，MA：MIT Press，1985 (orig. 1979))，29.

的新的历史环境，显然，这种环境拒绝接受“伟大头脑”的观念。

米歇尔·福柯的著作最先受到很多法国学者们的欢迎，这些学者大多与著名的年鉴学派有关联。年鉴学派最初由马克·布洛赫和吕西安·费弗尔所创建，他们预见了“文化转向”的一些重要层面，如布洛赫在有关国王神奇的治愈能力的信仰研究中对人类学视角的接受，费弗尔在有关近代早期欧洲无神论形成的著作中对语言的强调。但在其后继者布罗代尔及学派“第三代”更为年轻的学者的带领下，年鉴传统逐渐以大量依靠定量数据及对长时段历史过程的重视为标志。尽管如此，年鉴史家仍常谈到文化现象是历史实在的“第三层次”，它与人口和经济状况所界定的基础层面及社会制度这一中间层次密切关联。然而，到 20 世纪 70 年代，随着学派第三代学者开始从布罗代尔对社会和经济结构的重视中解放出来，转向关注布罗代尔的对手芒德鲁所支持的“心态”的观念，第三层次逐渐占据主导。1973 年，中世纪史家乔治·杜比（Georges Duby）在法国出版了他研究布汶战役历史记忆的传播广泛的著作，这部著作致力于研究那类短时期的军事和政治事件，而在布罗代尔看来，这些事件只不过是掩盖了更为基础的结构性实在的、无关紧要的“青烟”，应当被舍弃。学派的另一领军人物埃马纽埃尔·勒华拉杜里（Emmanuel Le Roy Ladurie）在 1975 年同样引起了轰动，他放弃了早先以定量工作为基础的研究，转而书写了一部研究蒙塔尤这个中世纪村庄中异教状况的戏剧性作品。这两部著作都可以被视为对布罗代尔社会科学取向方法的反叛。

在不因循守旧的独立学者菲利普·阿利埃斯（Philippe Ariès）那里，转向所谓“心态史”研究的年鉴派学者找到了自己的同盟，
140 阿利埃斯称自己为“星期天史学家”，因为他只是在业余时间发展个

人爱好时书写他的历史作品。阿利埃斯的《儿童的世纪》是一部研究历史中看待儿童方式之嬗变的开创性著作，它首版于1960年，但直到十几年后才受到学者们的关注。以图像和文学材料而非人口统计数据为主要史料的《儿童的世纪》，连同阿利埃斯随后有关死亡观念的著作一起，展现了富有想象力的史学家如何能够重构出日常生活的精神现实，而非将自己限制在计算定量数据的牢笼中。1977年，阿利埃斯受邀在高等研究院中任教，这表明这一机构对“心态史”的全面接受。阿利埃斯的著作成为多卷本《日常生活史》的主要灵感来源，这部五卷本的合著出版于20世纪80年代中期，其中的文章覆盖了几乎日常生活的每一层面，包括食物、衣着和家庭关系。对日常生活史的研究推促年鉴学派最大程度地重视所有人都会参与的个人生活领域，这种重视远远超过了对政治和思想活动的那种更为精英主义的关注。

日常生活史也与另一种历史的新体裁密切相关，这种新体裁从文化史运动中生发出来，随后以“微观史”的名字广为人知。一些意大利学者最先发展起微观史这种体裁，如卡洛·金兹伯格（Carlo Ginzburg），他的《奶酪与蛆虫》研究了一个16世纪村庄中的磨坊主，一位自学成才的异教徒。微观史往往关注狭小时空中的特定事件，牵涉出不知名的微小人物。微观史家通过这些细微故事所构建出的“总体史”完全不同于布罗代尔这类社会史家所塑造的宏大景象，他们将其研究对象生活的不同层面拼凑起来，从而展现一个单一事件如何能够阐明过去社会和文化中更为广阔的层面。微观史也允许史家们论说普通人的作用，而非像布罗代尔那样将普通人视为其著作所勾勒出的庞大社会结构的囚徒。例如，在金兹伯格笔下，对16世纪意大利磨坊主麦诺齐奥的异教审判成为讨论乡村社会结

构，无神论及宇宙唯物观之传播，印刷术之影响和公正、社会秩序
141 等观念的基础。微观史家们能够巧妙地用既吸引普通读者又吸引专家学者的方式来呈现他们的故事；娜塔莉·泽蒙·戴维斯的《马丁·盖尔归来》（1976）讲述了一位农妇与一位冒名顶替者的生活故事，这位冒名顶替者自称是农妇失踪已久的丈夫，它展现了微观史能够拥有某种小说的魅力。戴维斯甚至与两位法国导演合作，创作了一部同名电影，这部电影在票房上收获了成功，也成为一部在银幕上进行历史重演（reenactment）的经典之作。

新文化史的成功尤其与其它一些历史研究方法在20世纪七八十年代遭受的思想困境形成鲜明对比。随着这一年代中激进抗议运动的消逝，在20世纪60年代再度盛行的马克思主义历史研究方法面临着越来越多的质疑。在法国，由前共产主义者弗朗索瓦·孚雷（François Furet）领导的“修正主义”学派推翻了长久以来的固有论断，即认为1789年的法国大革命是一场“资产阶级”革命，是国家经济和社会结构变化的产物。在英国，借由“语言学转向”提供的新视角，加雷斯·斯蒂德曼·琼斯（Gareth Stedman Jones）质疑了E. P. 汤普森在《英国工人阶级的形成》中的前提预设。汤普森强调的确有一个客观的、可辨别的“工人阶级”，而琼斯则主张“阶级”是一种语言建构，它不是一个可度量的实体。

在20世纪60年代和70年代早期，很多社会科学导向的有关经济发展的历史作品将乐观的“现代化论题”作为其研究基础，如戴维·兰德斯（David Landes）的《被解放的普罗米修斯》（1969）。现在，这些作品遭到了如安德烈·弗兰克（Andre Gunder Frank）、伊曼纽尔·沃勒斯坦（Immunuel Wallerstein）等学者的批评，他们认为，西方的发展实际上是以对“边缘”的非西方世界的系统性剥

削和“不良发展”为代价的。这一领域中的很多作品呈现为有关经济进步的宏大叙事，但威廉·克罗农（William Cronon）这类先锋性的环境史家则提供了不一样的分析，他强调经济剥削所造成的破坏性的生态后果。在他有关新英格兰早期殖民史的结尾处，克罗农总结道，自美国史开端以来，“生态富足便与经济挥霍携手并进：富 142
裕之人即为滥用之人”。尽管他告诫不要肤浅地做出印度安人就曾与其自然环境和谐共处这样的反主流文化的假定，但他结论中的批评要点是清晰的。[①]

随着新文化史在20世纪80年代占据主导地位，它自身也受到了批评。注意到像格尔茨和福柯这类思想家更擅长于描绘意义模式而非解释历史变迁，一些史学家抱怨采纳文化视角即意味着抛弃历史学科最为独特之处，即强调变化的原因。政治史家们告诫说，在文化转向中，史家们忽略了政府、领袖和意识形态的影响。在一篇广为人知的、针对林恩·亨特法国大革命政治文化研究著作的评论中，罗伯特·达恩顿，一位在某些方面同样接受这些新历史方法的史学家问道，一部论述这一主题的著作如何能够几乎不提及像米拉波（Mirabeau）、罗伯斯庇尔这类人物或如《人权宣言》、恐怖时期这类话题。“这就是大革命的全部吗？我想没有一场革命会认同这一点”，达恩顿批判说。[②] 另一些史学家也注意到，对话语塑造人类生活之权力的过分强调将可能制造出一幅同结构社会史一样缺乏人本身的历史图景，而这一点恰恰是一些文化史家所反对的。

---

① William Cronon, *Changes in the Land: Indians, Colonists, and the Ecology of New England* (New York: Hill and Wang, 1983), 170.

② Robert Darnton, “Revolution sans Revolutionaries,” *New York Review of Books*, Jan. 31, 1985, 23.

妇女史与性别关系史

在语言和文化史兴起的同时，恰逢妇女史与性别关系议题广受关注。很多先锋性的妇女史家深受法国哲学家西蒙娜·德·波伏娃（Simone de Beauvoir）《第二性》的影响，这部首版于 1949 年的著作对女性状况做了经典性分析。而美国年轻的史学家们则常从贝蒂·弗里丹（Betty Freidan）的畅销书《女性的奥秘》（1963）中获取灵感，这部书质疑了女性的唯一价值在于家庭的观念。然而，妇女史的发展不仅只是受到这些作家观念的影响，它还是一个集体推动的过程，在 20 世纪 60 年代激进环境中发展起来的女权主义运动的参
143 与者们在其中发挥了很大作用。对女性历史研究兴趣的增长与当前对妇女地位的关注直接相关，尤其与这样一些需求相关，即妇女需要在学术界获得更多的工作机会，女性学生需要受到免遭教授骚扰及性剥削的保护。由此，妇女史的兴起不仅影响到历史研究的内容，还影响到历史学家这一职业的实质和师生间的互动关系。因为在妇女史运动兴起的同时，史学本身也取得了一些新进展，因此妇女史家大多从这些新进展中寻找资源。例如，女性在传统中通常无法踏入权力地位之门，由此很少出现在政治史的作品中，那么，妇女史研究便更贴近于文化史和日常生活史的研究。微观史的技巧也常能够用来突出女性在过去时代中的推动作用，正如娜塔莉·戴维斯所阐释的马丁·盖尔之妻贝特朗·德·荷尔的生活所表明的那样。

20 世纪 60 年代至 80 年代妇女史的发展是现在通常被称为女性主义“第二次浪潮”的组成部分，它超越了 19 世纪末 20 世纪初女权运动“第一次浪潮”的诉求，在第一次浪潮中，人们关注于妇女

选举的政治议题以及受高等教育权利的问题，但运动没有进一步质疑包括历史领域在内的制度本身的性质或课程本身的内容问题。现在，史学家们开始强调女性不仅拥有像男性那样研究历史、讲授历史的同等权利，而且历史需要依据女性的经验被重新定义，“她的历史”（herstory）也要被囊括进“历史”（history）之中。借用托马斯·库恩的流行术语，运动的领军人物之一格尔达·勒纳写道，“妇女史呼求一次范式转换”[①]。这意味着什么？琼·凯莉-加多尔（Joan Kelly-Gadol）、卡罗尔·史密斯-罗森伯格（Carroll Smith-Rosenberg）及其他很多学者的著作提供了范例。凯莉-加多尔提出疑问，“女性曾经历过文艺复兴吗?”她总结说，尽管意大利文艺复兴对那个时代的很多男性精英来说是一次解放，但“女性作为一个群体……遭遇了社会和个人选择自由的削减”。[②] 她认为，对于世界历史中其它所谓进步事件的影响，例如法国大革命，也可以提出类似的问题。借由“独立空间”这一术语，通过展现那些女性 144
曾能够在其生活中发挥作用的领域，史密斯-罗森伯格试图超越先前所认为的女性被父权社会体系和意识形态所压制的论断。她有关 19 世纪美国女性间友谊纽带的研究为其它历史领域的研究提供了范例。[③]

对那些推动了妇女史研究的学者来说，探索几乎未知的领域是激动人心的。“哇，那个时代，当我们在图书馆和档案馆找到少有的

---

① Gerda Lerner, “The Challenge of Women’s History,”（1977）载于 Gerda Lerner, *The Majority Finds Its Past: Placing Women in History*, Forward by Linda K. Kerber（Chapel Hill: University of North Carolina Press, 2005（orig. 1979）），142。

② Joan Kelly-Gadol, “Did Women Have a Renaissance?” in Renate Bridenthal and Claudia Koonz, eds., *Becoming Visible: Women in European History*（Boston: Houghton Mifflin, 1977），175 – 201.

③ Carroll Smith-Rosenberg, “The Female World of Love and Ritual: Relations between Women in Nineteenth-Century America,” *Signs* 1（1975），1 – 29.

原始材料，并且跨越整个北美交换书目和教学提纲时，教授和学生之间充满热情，”娜塔莉·泽蒙·戴维斯之后回忆到。[1] 创建于 1973 年的伯克希尔女性历史学家协会为女性学者提供了一个定期见面、交流思想与经验的平台。然而，在努力扩大就业机会、提升职业内认同的过程中，女性历史学家们在收获思想激情的同时，也经历了很多沮丧时刻，有时甚至是全然的愤怒。当中世纪史家卡罗琳·拜纳姆（Carolyn Bynum）受命在哈佛调查女性学者的待遇时，她“收到了攻击性邮件，甚至可以说是恐吓信，一度不得不寻求警察的保护”。[2] 在美国，女性历史学家们于 1969 年成立了历史界妇女协调委员会。为了回应这一群体的需求，美国历史协会专门组织了一个由威利·李·罗斯（Willie Lee Rose）领衔的委员会，罗斯是一位杰出的女性历史学家，1970 年，她发表了一个报告，报告指出了当时女性在顶尖高校部门及机构内部代表不足的问题，并呼吁公众关注到如儿童保育工作阻碍了妇女从事学术研究工作等问题。

由于妇女的抗争运动及美国反就业歧视的立法，自 20 世纪 70 年代早期以来，大学中女性的就业机会大大增加了。女性主义的兴起对理解历史所产生的影响是难以衡量的。尽管像琼·凯莉-加多尔这样的学者在 20 世纪 70 年代依据女性经验重新考虑了如历史分期这样的基础性问题，但一些传统的标签如“文艺复兴”和“革命年代”等仍然制约着历史讨论，妇女史通常只是“调味剂”，被添加进本质上由其它要素所主导的历史叙事中。在《历史的性别》（1998）
145 中，邦妮·史密斯控诉到，史学研究本身仍然将女性边缘化，并无

① Natalie Zemon Davis, *A Life of Learning*, ACLS Occasional Paper no. 39 (New York: American Council of Learned Societies, 1997), 16.

② Carolyn Bynum, “Interview,” *The Historian* 59 (1996), 8.

视女性为研究过去所曾作出的贡献。“几乎所有的史学史家都是男性，他们很少能够为女性让出一亩三分地。”[1] 随着女性主义运动影响的不断扩大，妇女史也得到了更多传播。女性史家们从未将自己束缚于某一单一的观点，就像法国史家米歇尔·佩罗特（Michelle Perrot）那样，她们中的一些从一开始便反对将妇女史作为一个独立的学科分支，她们担心这将可能组成“一个新的小团体，女性在其中固步自封”，运动也可能产生一种“女性主义科学”，从而被教条化和政治化。[2] 女性史家自身也批评了对“父权制”固定模式的强调，在其它学科的女性主义理论家著作中，常常可以找到这种论调。她们告诫说，父权制概念正是通过让女性地位在任何时间、任何地点都看起来本质上相同，进而忽视了历史变迁的观念，抛弃了基本的历史视野。

在很早以前，一些对妇女史感兴趣的学者们即已强调，任何对过去性别认同之重要性的研究不仅要考虑到女性，而且要考虑到男性和性别间的关系。福柯的最后一部著作，即未完成的《性史》，为探究这些问题提供了框架；琼·斯科特（Joan Scott）发表于 1986 年的重要文章《性别：历史分析的一个有用范畴》突出了这种视角的重要性。福柯和斯科特皆认为，性别身份不仅只是一个简单的生理问题，它还是文化建构的结果，这些建构物同时影响了男性和女性。这些理论视野推动了新的男性气概史和同性恋史的研究，20 世纪 80 年代早期，致命的艾滋病将同性恋史这一话题带至聚光灯下，这种病毒也结束了福柯本人的生命。至 20 世纪 80 年代，女性主义的第

---

① Smith, *Gender of History*, 238.

② Michelle Perrot, "L'air du temps," 载于 Pierre Nora, ed., *Essais d'ego-histoire* (Paris: Gallimard, 1991), 292。

三次浪潮改变了女权主义本身，它提出疑问：把所有女性置于一个单一类别下看待是否给予了中产白人女性的经验以特权，从而模糊了不同族裔、不同种族、不同社会阶层、不同性取向女性间的区别。例如，研究女同性恋的历史学家们常抱怨她们同时被其它女性史家和在同性恋及酷儿研究领域占据主导地位的男性学者边缘化。虽然，
146 妇女史向性别、男性气概领域及性少数研究的拓展意味着这一学科在很大程度上已远离了 20 世纪 70 年代那些先锋性妇女史家的最初关切，但是，毋庸置疑，由妇女史带之而来的新视角已彻底改变了历史学界及历史学术研究的内容。

对欧洲中心主义的质疑

与 20 世纪 70 年代的语言学转向和其它发展有所关联的第三个对历史思维方式的挑战在于一种逐年增长的吁求，即拒绝将欧洲及美国的经验作为思考世界其它地区历史的范式。文学批评家爱德华·萨义德在其出版于 1978 年的著作《东方学》中将欧洲的“东方”文化观（包括学术性的历史研究）视为“西方用以控制、重建和君临东方的一种方式”。福柯认为，有关某一主题的知识是一种建立权力关系的方式，借用这一理论，萨义德将“东方学”研究与欧洲帝国主义和殖民主义联系起来。对史学家尤为重要的在于，萨义德认为，东方主义否定了任何非欧洲社会各自的现实的历史，而将这些社会中的变迁视为“仅仅为了回应西方”。[①] 非欧洲社会是静止的、

① Edward Said，*Orientalism*（New York：Vintage Books，1979（orig. 1978），3，109.

不变的，直到接受外部力量的驱动，这种观念意味着，唯一正当的历史关注点在于欧洲文明的进步。人类学家马歇尔·萨林斯（Marshall Sahlins）的《历史之岛》（1985）是另一部促使史学家意识到非欧洲历史观的著作。在这部著作中，萨林斯对太平洋岛民进行了研究，他认为，“不同的文化秩序有其自身的历史行为、历史意识和历史动力模式——亦即其自身的历史实践”。① 质疑有关非欧洲历史的欧洲观念需要达成一种共识，即，其它族群有其各自体验时间之流的方式，他们再现过去的方式与那些在西方发展起来的方式同样有效。

萨义德主要关注 19 世纪学者，并将对非欧洲社会的严肃的学术
研究与文学再现和亲帝国主义的宣传混同起来，萨义德对东方主义 147
的全面控诉并非没有争议。萨义德的批评者认为他“接受了他自己所谴责的方法”，因为他将写于不同年代、从不同视角出发的大量亚洲研究混为一谈。② 这些批评者主张，很多欧洲学者真挚地欣赏他们所研究之社会的语言、艺术和文化，并且也为理解它们作出了有价值的贡献。拉丁美洲和非洲的史学家们则质疑萨义德这种被扩大至整个非欧洲地区的方法是否能够真正地被运用于研究这些地区。萨林斯同样受到批评，一些学者认为他有关土著有其自身历史思维模式的主张实际上暗示这些人本质上是非理性的。然而，由《东方学》和《历史之岛》所开启的论战还是提出了一些无法被简单驳回

① Marshall Sahlins, *Islands of History* (Chicago: University of Chicago Press, 1985), 34.

② R. A. Abou-El-Haj, “Historiography in West Asian and North African Studies since Said's Orientalism,” 载于 Arif Dirlik, Vinay Bahl, and Peter Gran, eds., *History after the Three Worlds: Post-Eurocentric Historiographies* (Lanham, MD: Rowman & Littlefield, 2000), 67。

的议题。在萨义德著作出版的差不多时间，1963 年，美国史学家威廉·麦克尼尔（William McNeill）出版了《西方的兴起》这部被认为也许是最具综合性的现代世界历史著作。这部著作的标题似乎印证了萨义德所提出的现象。正如一位当前书写世界历史的史学家所指出的那样，“麦克尼尔在欧洲历史与世界历史之间假定了一个因果关系链条，并将这个链条放置于编年中”。① 即使那些强调欧洲对世界其它地区的影响有其剥削性的作品，如经济史家伊曼纽尔·沃勒斯坦的《现代世界体系》（1974），也仍然将欧洲定义为一个“核心”，认为正是它的发展建立起世界其它地区这些“边缘”地带。

要纠正以西方为中心的历史与世界其它地区经验间的不平衡，就牵涉到史料的问题。像中国这样的非西方文化本身就有长久的写作传统，包括大量的史学作品，但像撒哈拉以南的非洲地区却并非如此。除此之外，一些文明（如印度）的绝大部分年代记并不包含底层阶级的历史。非洲史家在发展运用口述史方面走在最前列：如简·万森纳这样的学者已表明，如果学者们能够理解那些社会中流传下来的自身过去故事的重塑历程，那么，学者们便能够从中挖掘出信息。理查德·普莱斯（Richard Price）为评定无文字文化中口
148 述历史证词的价值作出了最艰苦卓绝的努力，他研究了一些苏里南（Surinam）的萨拉玛咖人（Satamaka）流传下来的口述叙事，这些人是黑奴的后代，他们在 1700 年左右成功击退过白人的入侵。他认为，这些口述叙事反映了一种全然不同的历史观，由此，他能够将

① Patrick Manning, *Navigating World History: Historians Create a Global Past* (New York: Palgrave Macmillan, 2003), 53.

这种历史观与那一时期欧洲殖民者所作的记录做一对比。在其中一部致力于这一主题的著作《阿拉比世界》中，普林斯用不同的字体标注出这些从相互矛盾的历史记叙中摘录出来的选段，以鼓励读者比较从中体现出的不同视野，而这些选段指涉的的确是同一组事件。[①]在印度，“庶民研究小组”在 20 世纪 80 年代早期发展起来，他们承认，对研究印度大部分人口的历史来说，史学家所能运用的书面材料是稀缺的，依赖统治精英和英国殖民机构的档案文献是必要的，但需要尤其关注这些材料所包含的有关穷人和妇女这些“沉默人口”的信息。吉安·普拉卡什（Gyan Prakash）强调，对庶民经验的研究“不能仅仅是‘来自底层的历史’的方法的印度版本”，因为即使是“来自底层的历史”也是西方的建构。“我们需要从不同的视角看待庶民，书写不同的历史”。[②] 庶民研究学者们通常认为，那些在档案中没有被提及的事情才是研究贫困者和边缘化人物之生活唯一可用的线索。通过坚持直面重塑这些群体声音的困境，庶民研究小组对世界各地的历史学家产生了深远影响。

迪佩什·查卡拉巴提的《将欧洲地方化：后殖民思想与历史差异》（2000）为思考欧洲和非西方历史间关系的问题作出了重要贡献。最初是“庶民研究小组”成员之一的查卡拉巴提认为，当兰克等史学家付出努力推动历史主义思想在 19 世纪的欧洲发展起来时，正是历史主义思想“使得 19 世纪欧洲在全世界的占领成为可能……历史主义使得现代性或资本主义看起来不仅仅是全球的，而且是在

---

① Richard Price, *First-Time: The Historical Vision of an Afro-American People* (Baltimore: Johns Hopkins University Press, 1983); Richard Price, *Alabi's World* (Baltimore: Johns Hopkins University Press, 1990).

② Gyan Prakash, "Subaltern Studies as Postcolonial Criticism," *American Historical Review* 89 (1994), 1480.

时间中成为全球的，因为它在一个地方（欧洲）生根发芽，然后向外拓展”。除了让欧洲看起来成为一切重要历史发展的起源，这些历史发展定义了现代性本身，历史主义思想还让欧洲的历史研究方法成为一些规范，由此为一种对过去的“不对称性无知”（asymmetric ignorance）正名：史学家在书写所有世界其它地方的历史时都必须
149 参照那些在研究欧洲历史时发展起来的历史研究模式，但欧洲和美国的史学家却无需注意世界其它地区史学家的作品。然而，查卡拉巴提不认为非西方的史学家应当简单地拒绝西方史学遗产。相反，史学家们需要认识到西方历史思维模式的影响是切实的，并用其自身的方法将“矛盾、冲突、武力的使用以及掺杂其中的悲剧和讽刺剧写入现代性的历史之中”。[①] 尽管批评者们认为他没有彻底地指明资本主义和民族国家在欧洲向世界其它地区施加其影响过程中所扮演的角色，但查卡拉巴提的著作已成为分析西方与非西方历史间关系的基本读物。[②]

记忆史

妇女史、性别史以及对“欧洲中心主义”的挑战是带有明显政治蕴涵的历史运动。而 20 世纪七八十年代文化或阐释性历史转向的另一大史学成果——记忆史——的政治意蕴则不那么明显，直到赶

---

① Dipesh Chakrabarty, *Provincializing Europe: Postcolonial Thought and Historical Difference* (Princeton, NJ: Princeton University Press, 2000), 7, 28, 43.

② 对查卡拉巴提的批判观点，可见 Arif Dirlik, “Is There History after Eurocentrism? Globalism, Postcolonialism, and the Disavowal of History,” 载于 Dirlik, Bahl, and Gran, eds., *History after the Three Worlds*, 25 - 47。

上在20世纪80年代后期爆发、在随后十年中持续进行的“历史论战”的喧嚣。1925年，法国社会学家莫里斯·哈布瓦赫（Maurice Halbwachs）提出一个观点：有一类为某一特定社会成员所共享的集体记忆，这种记忆会随着时间而改变，换句话说，这种记忆有其自身的历史。但哈布瓦赫的著作在当时并没有产生影响。直到20世纪80年代早期，哈布瓦赫的思想被重新发现，这些思想成为史学家逐年增长的对记忆之兴趣的主要灵感来源。这一领域的先驱之一是文学学者保罗·福塞尔（Paul Fussel），他运用英国有关第一次世界大战的文学作品来论证被记住的痛苦战争如何塑造了“我们时代政治和社会认同”的形式，或者，换句话说，战争记忆本身即需要被理解成一种历史力量。[①]

通过主持一个大型的集体项目“记忆之场”，法国史学家皮埃尔·诺拉（Pierre Nora）将记忆史变成史学中一项专门的研究，这一项目的七卷本著作自1982年以来陆续出版。在诺拉看来，记忆史之所以产生，是因为现代化所带来的变迁已撕裂了法国社会与其集 150
体记忆的现存感之间的关联。与此同时，他说，史学家已丧失信心，不再认为自己有能力将过去重构为其原本真实的样子。“总体而言，历史已开始质疑自身的概念和史料，质疑自己的生产过程和社会分配手段，质疑起源和传统；由此，它步入了史学阶段，完成了与记忆分离的过程——反过来，记忆也成为了历史研究的可能对象”，诺拉写道。[②] 诺拉与其同事用“记忆之场”这个词指代所有引发了集体

① Paul Fussell, *The Great War and Modern Memory* (New York: Oxford University Press, 1975), 35.

② Pierre Nora, “General Introduction: Between Memory and History,” 载于 Pierre Nora, ed., *Realms of Memory: Rethinking the French Past*, trans. Arthur Goldhammer, 3 vols., 1: 4。

记忆并帮助建立起法国认同的不同文化客体。记忆之场可以是物理对象，如凡尔赛宫和埃菲尔铁塔；也可以是各种仪式，从国庆日（Bastille Day）庆祝到环法自行车赛；或者是文本，如为大众所深切牢记的校园读物《两童环法记》，好几代人从中学到了法国的历史和地理知识。“记忆之场”还可以是一些符号，如法国的三色旗；可以是一些头脑中的概念，如将政治运动划分为“左派”和“右派”的法国式区分。毋庸置疑，“记忆之场”这一概念的弹性——一些批评者也称之为模糊性——正是其具有魅力的原因之一。

文化史的实践无疑为“记忆之场”提供了很多借鉴，但诺拉还为近两百篇独立文章提供了一个总体框架，这在文化史门类下的独立专著中是很少见的。实际上，对诺拉计划的一种批评在于认为，这一计划偷偷地回到为法国年鉴学派创始者所强烈批判的以国家为中心的那类历史上去了。尽管合集的内容各不相同，但对“法国”的定义却是传统的：性别议题基本没有被提到；为避免涉及像国家在大西洋奴隶贸易中所起作用和欧洲殖民主义时代这类棘手的问题，法国的海外帝国几乎被排除在外。然而，尽管诺拉的计划全然聚焦于法国，但他对“记忆史”的探索对其它地方的史学家产生了巨大影响。诺拉在论述社会记忆与学术性历史间冲突时所运用的那些术语帮助理解了如 20 世纪末在其它国家中发展起来的历史论战。更普遍地说，正如另一位为记忆史作为重要贡献的英国史家杰伊·温特
151 （Jay Winter）说，记忆史为当前一种似乎正在席卷全球的“记忆热”提供了批判视角，这种“记忆热”体现在人们逐年增长的对历史博物馆、历史遗迹游、历史主题公园及其它文化消费形式的兴趣中。

对历史记忆逐渐增长的兴趣不局限在专业的历史学者中。在记忆史发展的同时，愈来愈多的人关注到了历史事件之目击者和受害

者的证词，相较于职业史学家的作品，这些人的个人故事通常更引人注目。这一现象在大屠杀研究领域表现得尤为明显，其中，像埃利·威塞尔（Elie Wiesel）、普里莫·莱维（Primo Levi）这类第一人称的幸存者记述在创造集体记忆方面要比任何训练有素的史学家作品都更具影响力。真相与和解委员会的公开听证会同样产生了很多证词。这一委员会在1995年于南非成立，当时种族隔离政策刚刚结束，建立这一委员会的目的正在于探明在反对种族主义隔离政策的斗争中发生的事情的真相。那些提交给委员会的高度情绪化的证词产生了很大影响，但在这一关注个体受害者与犯罪者经验的过程中，很多有关南非过去的重要历史问题被搁置起来。史学家通常不是很乐意接受这类目击者证词的优先性，但他们承认这种将历史"还给其真正作者"之思想的魅力之处，一位大屠杀研究者曾提及"目击者与史学家之间的张力……事实上，这甚至是一种权力斗争"[1]。目击者讲述过去的权威建立在那些他们记住的所曾经验之事的基础上；他们也通常不愿承认个体记忆可能是错误或混乱的。另一方面，史学家则常常书写那些他们不曾经历过的事件，他们习惯于比较证据，而且更偏向于那些在事发时产生的档案文献而非在之后阐述的东西。然而，直面灾难幸存者，并告诉他们，他们的记忆并非准确，这对史学家来说是难以做到的。

对记忆和目击者证词愈加浓厚的兴趣的确使得史学家更为接受口述历史的价值。如非洲前殖民史所展现出来的那样，在最开始，只有在找不到其它形式的档案文献的情况下，以访谈形式呈现的口述历史才似乎具有价值，现在，即使在书写事件时有丰富的印刷史

① Annette Wievorka，*L'Ère du témoin*（Paris：Plon，1998），150，165.

152 料存在，口述史依然被作为证据使用。其中一位为了历史目的而做了大量访谈的重要实践者是斯特兹·特克尔（Studs Terkel），一位天生能让受访者讲述其经历的兼职演员和播音员。他最具影响力的著作《正义的战争：第二次世界大战口述史》出版于 1985 年并获得了普利策奖。特克尔从其访谈对象的言语中获得一个对战争的合成性描述，美国人将这场战争理解为残酷但在道德上是必然的，特克尔的这种方法甚至影响到学院派史家的作品。这部著作标题所描绘的观点已成为美国如何看待这场战争的普遍性阐释。意大利学者亚历桑德罗·波特利（Alessandro Portelli）则为口述历史提供了一个理论性框架，他认为，访谈提供的是有关受访者情绪化经验的信息而非单纯的事实数据。“口述证词的重要性不在于它与事实相符，而在于它作为一种想象、象征和欲望的来源而背离了它自身”，波特利说。“因此，不存在‘虚假的’口述史料……‘错误的’陈述在心理上仍然是‘真实的’……这种真实也许与以事实为根基的记叙同样重要。”[1]

同记忆史先驱保罗·福塞尔的作品一样，史学家杰伊·温特的著作聚焦于第一次世界大战的记忆，这是吸引记忆史家的主要话题之一。“不仅是战争造成的伤害，还有其戏剧性、地震般的特点，都点燃了记忆热，”温特写道。[2] 由于公众对过去战争极为浓厚的兴趣，史学家有关它们如何被记忆的研究便有机会不仅通过印刷品，而且通过其它一些受众范围更广的方式得到传播。温特自身曾追溯他在

① Alessandro Portelli，*The Death of Luigi Trastulli and Other Stories：Form and Meaning in Oral History*（Albany：State University of New York Press，1991）.

② Jay Winter，*Remembering War：The Great War Between Memory and History in the Twentieth Century*（New Haven，CT：Yale University Press，2006），6.

法国佩罗讷历史博物馆（一家第一次世界大战相关的重要博物馆）设计过程中所扮演的角色，他和他的同事试图有意地将新文化史的多元视角融入其中，以一种不再让观众美化战斗之恐怖的方式再现战争。他还参与制作了有关这一主题的、已同时在美国和英国上映了的电视纪录片。

新闻记者托尼·霍维茨（Tony Horwitz）的畅销书《阁楼上的同谋》生动地记载了美国普通民众所用来保存内战记忆的众多不同形式，大学课堂也常常会提及这部著作。此外，通过霍维茨的著作，我们也可以看到新闻记者与学院派史家研究方法间的不同之处。[①] 在
其故事的一开始，霍维茨即加入一帮内战重演者的队伍之中，他们 153
试图体验一个“尖峰时刻”，即获得一种真正生存于那一时代士兵所经历的生活中的感觉。他们穿着真实的服装，吃着那时难以消化的食物，由此复制“士兵式的痛苦”。[②] 他访谈了一些内战狂热者，有时和他们一起狂饮啤酒，他追问那些将星条旗贴于车身之人的动机，并诧异地记录下美国白人和黑人战争记忆中的巨大分歧。专业史家也许会质疑霍维茨的访谈者在多大程度上可以代表有关这一主题更为一般性的观点，也会怀疑霍维茨是否选择性地突出了他所遇见的最丰富多彩的人物。通过融入行动之中，他毫无疑问最大程度地接受了一些后现代主义史学家的建议，以突出其结论的主观特性。尽管这部著作的大部分内容都以一种严肃的语调写成，但那些不时出现的幽默片段却提醒我们一种人类经验的重要元素，这种元素常被

① Tony Horwitz，*Confederates in the Attic*：*Dispatches from the Unfinished Civil War*（New York：Vintage Books，1998），16.

② Tony Horwitz，*Confederates in the Attic*：*Dispatches from the Unfinished Civil War*（New York：Vintage Books，1998），16.

我们所接受的“历史”遗忘。

“历史论战”

到 1998 年《阁楼上的同谋》出版，在 20 世纪六七十年代出现的历史方法上的巨大变革已在历史学界内部被激烈争论了几十年。20 世纪 80 年代，在美国，彼得·诺维克（Peter Novick）出版了一部意义深远且传阅度高的著作《那高尚的梦想：“客观性问题”与美国历史学界》。这部著作展现的那些争论，即，历史知识是否能够依据客观性标准被衡量，或者说，对历史学科而言，相对主义观点是否无可避免，在美国已有长久的历史。同时，诺维克的著作也体现了对由语言学转向、女性主义兴起和少数族群历史带来的新挑战的全面关注。其著作最后几章的标题——“客观性在危机中”、“分崩离析”、“每个群体都是他自己的历史学家”、“中央失守”、“以色列无国王”——传达了对历史学界状况急切的焦虑。到 20 世纪 80 年代中期，诺维克总结说，“历史学科作为一个广泛的话语共同体，作为一个靠共同目的、共同标准和共同目标联合起来的共同体，已不
154 复存在了”。[1] 在法国，一种相似的危机感同样笼罩着深具影响的年鉴学派。在拥抱新的文化史视野的热情中，批评者弗朗索瓦·多斯（François Dosse）在 1987 年控诉说，年鉴学者已丢弃了任何妄称历史研究拥有限定框架的伪装。“分化瓦解的气氛在年鉴学派中越来越浓，每个人都在自谋出路，以至于到发出疑问的地步：什么可以把

① Novick, *That Noble Dream*, 628.

历史人类学和计量人口史、经济史、概念史栓在一起呢?”多斯写道。①

当学院派史家欣然接受或至少容忍新的对被忽视群体历史的强调和从宏大叙事转向作为一种文化阐释形式的历史，一般公众紧接着也接受了这些新观念，或在一些情况下与学院派史家相对立。在法国，新文化史的能手们受到了媒体和普通读者前所未有的追捧。在20世纪七八十年代，史学家如《蒙塔尤》的作者勒华拉杜里、乔治·杜比和菲利普·阿利埃斯频繁地出现在法国电视节目上，他们的著作也成为畅销书。在回忆录中，杜比庆祝了他们的成功，“在历史撤出市场并假借博学高深之名一个世纪之后，现在，它重新点燃了对文学的兴趣，并展现出吸引广大读者的可能性。”② 皮埃尔·诺拉的七卷本《记忆之场》同样受到了普遍欢迎，尽管它缺乏一条贯穿始终的叙事线索。然而，在另一些国家，公众对历史的热情常向远离学术专家所采纳的方向发展。例如，在英国，高校中的历史学家常常批评公众对修复贵族“庄园”的热情，并且也控诉一些唯“遗址”至上的做法，这些遗址通过为公众呈现一个以富裕精英阶层为中心的过去生活图景来吸引游客。

在美国，大众媒体在形塑公众对过去的爱好上发挥着越来越重要的作用。在1976年为庆祝美国独立战争爆发两百周年而举行的大型游行和重演活动中，公众常忽略学院派学者更为批判性的观点。两部电视迷你剧在20世纪70年代晚期首播，其中一部是非裔美籍

① François Dosse, *L'Histoire en miettes*. Des “Annales” à la “nouvelle histoire” (Paris: La Découverte, 1987), 256.

② Georges Duby, *History Continues*, trans. Arthur Goldhammer (Chicago: University of Chicago Press, 1994), 90.

作家亚历克斯·哈利（Alex Haley）的《根》，这部著作重建了其先祖在非洲被卖为奴隶直到当前的生活，另一部是杰拉德·格林（Gerald Green）虚构性的迷你剧《大屠杀》。这两部迷你剧都尤为
155 成功地吸引到大量对历史感兴趣的观众，尽管它们也同时遭到将重大历史运动简化为有关个体英雄的戏剧性故事的批评。相较于之前任何的学术出版物，《根》让多得多的美国人关注到非裔美籍黑人历史的叙事，同时也激发了所有种族的美国人产生对其自身家族史的新兴趣。然而，怀疑论者们也质疑哈利在加纳找到的那个“吟诵者”——那个将有关其先祖昆塔·金特（Kunta Kinte）的代代相传的故事告诉哈利的人——是否事实上编造了这个故事以取悦来访者。与《根》类似，《大屠杀》也对观众产生了切实的影响。在美国，有关二战中犹太大屠杀的议题成为大众文化中的一部分；在德国，这一对纳粹时期的虚构化描绘引发了一场有关过去的争论，而这是严肃的学术作品从没能够做到的。这部迷你剧中一些令人难以置信的情节让批评者抱怨它淡化了主题，然而，它催生的热情的确极大地推动了大屠杀研究在学术界的发展。

不是所有的学者都谴责公众历史兴趣所采取的形式。《过去是异乡》是一部出版于1985年的著作，它野心勃勃地分析了人类对过去感兴趣的动机所在。在这部著作中，大卫·洛文索（David Lowenthal）力劝人们要接受一个事实，即，对过去的一切再现都必然会包含一部分歪曲。即使物质性的遗迹也无法直接地、无中介地直抵过去，洛文索告诫说。如果它们要被保存和展现，就必须经过修复从而有所变动，然后加之以标牌和文字将之结构化，并赋之以今天的意义。洛文索甚至对具有商业动机的历史重构也表达了某种包容，例如对迪士尼所讲述的林肯，“误导性的历史乐趣总比毫无触

感强，快乐地游戏历史总比彻底地拒绝它强。”[①] 尽管学院派史家通常对《根》和《大屠杀》持批判性态度，但对于那些严肃地借用电视和电影让广大观众接触到历史的尝试，他们中的很多人是较为赞赏的。美国纪录片导演肯·伯尼斯（Ken Burns）的十小时长片《内战》（1990）即受到广泛赞扬，这部影片的大部分画面皆取自当时战争的摄影作品，尽管他也被指摘没有提及非裔美籍黑人在战争中扮演的角色。相较于流行的电视迷你剧，法国导演克劳德·朗兹曼（Claude Lanzmann）上映于 1986 年的与《内战》时长相近的电影《浩劫》从不同角度呈现了大屠杀的历史。这部影片主要由对幸存的 156 犹太受害者、德国加害者和如目睹了犹太人被杀害过程的波兰农民等“旁观者”的访谈构成，它深刻地影响了历史研究的方向，让史学家直接关注到那些被忽略的话题，如旁观者在这些事件中所扮演的角色。

尽管职业史家有时认可这些通俗的表现过去方式的积极层面，但他们发现自己越来越被卷入到一些争论当中，思考这些新的史学方法如何对已接受的关于过去的叙事构成挑战。在 20 世纪 80 年代晚期和 90 年代早期，激烈的历史论战在德国和美国持续进行；在法国，围绕法国大革命的意义问题，类似的论争同样发生；在澳大利亚，讨论的中心议题是有关英国殖民者在 1788 年定居之后如何对待澳大利亚土著人口的问题；在以色列，带有政治意图的学者们试图说明，阿拉伯政府对 1948 年独立战争期间驱赶巴勒斯坦难民的行为负有全部责任。所有的这些论争都以这样或那样的方式关涉到历史

---

① David Lowenthal, *The Past Is a Foreign Country* (Cambridge, UK: Cambridge University Press, 1985), 408.

记忆。另一些对后共产主义国家来说极其重要的有关如何记忆过去的论争，则于1989年柏林墙倒塌之后在东欧和前苏联国家中发生。

一方面，公众热切地需要一些用宽泛笔触描绘的历史叙事，这些叙事拥有形象鲜明的英雄和反派人物，另一方面，学术界又萌发了一些新的多元化视角，其中一些挑战了对过去的传统描述，这两者之间的冲突为激烈的论争提供了平台，这些论争通常被视为有关历史阐释的“文化论战”中的一部分。尽管20世纪80年代末期和90年代初期在不同国家发生的历史文化论战有不同的主要议题，但他们也具有一些共同的特征。以1979年英国保守党人撒切尔夫人（Margaret Thatcher）当选英国首相和1980年共和党人里根（Ronald Reagan）当选美国总统为标志，20世纪70年代末期在整个西方世界出现了一股反对60年代文化革新的力量。当目睹这些新的史学浪潮在大学中占据主导地位，这两位领导者都难以接受。“尽管我自己不是历史学家，但我十分清楚——并且我天真地以为这是毫无争议的——历史是什么，”撒切尔夫人在她的回忆录中写道，
157 “历史是对过去发生之事的记述”，历史教学即事关“记住真正发生之事”，她强调。[①] 相较于撒切尔夫人，里根对学院派史家的所作所为不抱太大的思想兴趣，但他反复描绘了一幅只强调过去最为积极方面的美国图景。在后共产主义国家中，有关历史记忆的争论以要求开放档案馆和要求诚实地记述苏联统治时期发生之事的形式展开。世界各地的史学家皆发现，在某些情况下，通常只为职业学者所关心的史学争论可能成为重要的政治议题。

---

① Margaret Thatcher, *The Downing Street Years*, 引自 Gary B. Nash, Charlotte Crabtree, and Ross E. Dunn, *History on Trial*: *Culture Wars and the Teaching of the Past*（New York: Knopf, 1977）, 128.

这一阶段中最为激烈的一场公开的史学争论在1986年爆发，西德的保守派学者恩斯特·诺尔特（Ernst Nolte）开启了这场随后被称为“历史学家之争”的论战，他质疑了一种观念，即，由纳粹执行的犹太灭绝计划是一桩前无古人的、惨无人道的罪行，这种行为植根于德国历史发展的独特缺陷中。诺尔特的反对者，包括哲学家尤尔根·哈贝马斯（Jürgen Habermas）和其他很多重要的德国史学家，都谴责了他的立场，论证了这样的说法即意味着要粉饰德国的过去，是意图逃避德国需为大屠杀事件所承担的集体责任。然而，一些重要的史学家也做出了回应，表达了与诺尔特相似的立场，并且，他们似乎获得了当时保守的西德政府的支持。1985年，当时的西德政府总理科尔（Helmut Kohl）说服了美国总统里根一同参加德国阵亡士兵纪念仪式，这些士兵包括部分在战争中协助执行屠杀的党卫军成员，这一行为引发了公开争议。随后，由1989年柏林墙倒塌触发的一系列戏剧性事件和随之而来的东西德合并将公众视线从历史学家之争中转移开去。但是，在1995年，汉堡社会研究所举办了一场题为“国防军的罪行：从1941到1944年”的公开展览，它用一系列文献说明了战争期间德国军队卷入犹太屠杀事件的程度，并推翻了认为大屠杀是由党卫军中坚定的纳粹分子专门执行的“迷思”，这场展览重新点燃了有关这些议题的争论。

1989年东欧卫星国中苏维埃体系让人始料不及的意外崩塌， 158
以及随之而来1991年苏联自身的解体，都似乎证实了西方政治保守势力所认为的以个人自由和资本主义经济为基础的体系的优越性。美国一位重要的政治评论家弗朗西斯·福山（Francis Fukuyama）大胆地宣告了这一事件标志着“历史的终结”。当然，福山承认，人类事务仍然会有所改变，但那些在过去曾引发跌宕历史戏剧的、关涉根本价值观念的冲突——文明、宗教信仰、敌对的意识形态间的分歧——已终止，因为现在，整个星球都已认定，已没有什么事物可以严肃地替代植根在西方民主传统中的一系列被广泛共享的原则。福山的论断内含着这样一种可能性，即历史学科自身将丧失其价值，因为历史学无非只是这样一套关于以前那些糟糕日子的故事，在这些日子中，人类还没有学会如何与他人相处。

福山的预言被证明尚为时过早，但在那些社会中，1989 年的那些事件的确开启了一个对历史进行大面积修正的过程。之前，无论史学家研究的是哪一层面的过去，如果他想在这些社会中收获成功，就必须接纳马克思主义的视角，将阶级斗争作为解释历史变化的根本因素，并且，如果他研究的是晚近历史的话，就必须认同苏维埃的一体化是一件为当地“民众”所支持的、受益千古的大事。在 1989 年之后，这些国家中的历史学家突然能够公开地书写之前被掩盖的有关国家过去的关键性事件，而之前被严格限制的国外学者现在突然间也能够查阅过去始终封禁着的档案了。在苏联及 1989 年后从苏联统治下脱离出来的新兴成立的国家中，人们前所未有地对一些富有争议的事件进行了讨论。1989 年，俄国人权组织“纪念”成立，其目的在于首先创建一份详尽的档案，以明确斯大林政权下的受害者名单，这一努力证明了长久以来被剥夺的历史研究自由所可能对社会产生的影响。近些年在俄罗斯及其它苏联国家中政府关停“纪念”和类似组织的做法表现出一种重回专制主义的令人不安的迹
159 象。在一些地方，1989 年之后解禁的文献档案现在又被重新封锁起来。

在属苏联阵营的东欧国家中，史学家恢复了在苏联时期被谴责阻碍社会进步的对民族过去的研究。然而，前共产主义国家中的历

史论战不常局限在对 1989 年之前错误论断的批驳上。在一些国家，政客们有时会在民族主义史家的帮助下，利用“过去伟大的愿景”来团结特定的民族群体以对抗周边地区。① 在先前的南斯拉夫，前政权曾试图将几个对立的群体整合成一个单一国家，这一政府的崩溃引发了毁灭性的战争。

相较于在前共产主义国家中进行的这些论辩，在 20 世纪 90 年代前期的美国爆发的历史论战要吵闹得多，但同时也和平得多。美国的历史论战常常表现为两方的斗争。一方是捍卫多元历史研究方法的学院派史家，这些多元的历史研究方法为 60 年代的新社会史、70 年代的语言和文化转向，以及如女性主义的发展和非西方史等一系列的史学革新所激发；另一方是通常由政治授意的批评者，他们坚持所谓的历史客观性。围绕一系列旨在引导美国中小学课程改革的“历史科国家课程标准”草案所展开的大讨论尤其如此，这种为美国史和世界史制定指导方针的努力隶属于一场更大的教育改革运动。1983 年，一份名为“国家在危机中”的美国中小学教育评估报告显示，在广泛的教育领域，包括在学生对历史的理解上，美国已落后于其他国家，这份报告促成了这场教育改革运动。为历史学科制定课程目标的运动最初把很多人带到一起，组成一个广泛的联盟，其中包括学院派史家、中小学教师以及政府官员，例如琳恩·切尼（Lynne Cheney），她凭借一己之力成为总统里根任下人文学科国家基金会的主席，为这场改革提供了大量的资金支持。

历史学家们花费了数年时间起草了一个提案，他们试图让这个 160

① Julie Mostov, “The Use and Abuse of History in Eastern Europe: A Challenge for the 1990s,” *Constellations* 4 (1998), 376.

提案既兼顾十几个不同群体的需求，又能够体现历史领域的新的学术进展。然而，1994 年，切尼的行为激怒了史学家，她突然发动媒体战来反对他们的工作，并借用“政治正确性”的名号谴责这一提案轻视了美国史中的积极层面。新闻记者和保守政客很快加入这场论争，在论争结束前，美国参议院以 99：1 的结果否定了这一草案，并要求未来任何有关历史的指导方针都必须展现“对西方文明成就的应有尊重”。[①] 虽然切尼发起控诉的时间（在 1994 年国会选举前不久）表明有政治因素的推动，但有关历史科课程标准草案，特别是将更多元的视角融入课程内容中的做法已被争论了好多年，并且，不是所有新史学的批评者都是政治保守分子。1992 年，长期与自由主义政治事业联系在一起的著名政治史家小阿瑟·施莱辛格出版《美国的分裂》一书，他告诫道，对少数族裔及妇女所受压迫的强调可能会消解粘合一个美国社会所需的共同价值观。E. D. 赫希（E. D. Hirsch）于 1987 年出版的畅销书则提出了“文化素养”（cultural literacy）这一概念（赫希的书即以这一概念命名），他认为，“文化素养”要求一种共享的事实知识为基础，而大部分事实知识都与西方文明相关，这部书受到了广泛赞誉。[②]

与有关历史科国家课程标准草案争论同时发生的还有同样激烈、同样被政治化的有关华盛顿国家航空航天博物馆广岛、长崎轰炸展览计划的争论。在这之前几年，人们已看到了其它几场富有争议的博物馆展览，例如在航天航空博物馆（这一博物馆隶属于政府所有

① Gary B. Nash, Charlotte Crabtree, and Ross E. Dunn, *History on Trial: Culture Wars and the Teaching of the Past* (New York: Knopf, 1977), 4, 235.

② E. D. Hirsch Jr., *Cultural Literacy: What Every American Needs to Know* (Boston: Houghton Mifflin, 1987).

的史密森学会）中展出的有关二战期间美军的日军战俘营的展览，以及名为“作为美国的西部”的展览，后者突出了国家扩张过程中所伴随的暴力和剥削。在博物馆专业人员的设计中，这一广岛展览计划以展出扔下第一颗原子弹的艾诺拉·盖（Enola Gay）号轰炸机为特色，同时展出一些人工制品，以戏剧化地表现运用原子弹给人类带来的灾难和毁灭。而且，它将用文献来证明美国政府和军队在 161
1945 年有关是否应当使用新武器的争论中所发挥的至关重要的作用。批评者们认为这一展览等于是在向运用原子弹道歉，而且这也是不尊重美国老兵的行为。就像历史科课程标准那样，艾诺拉·盖号展览成为了一个政治难题。面对国会议员缩减开支的威胁，史密森学会放弃了原先的展览计划，代之以简单地展出一部分机身及少量的评论，并让博物馆馆长辞去职务。

关于艾诺拉·盖号展览的争论已清楚地表明，那些认为美国公众或至少其政治领袖已准备接受新的历史研究方法的人失败了，而这些新的研究方法自 20 世纪 60 年代以来已在学院派学者中被普遍接受。有关历史科国家课程标准的“论战”的结果却并非如此明朗。从长远来看，鉴于历史科课程标准特别小组的领导者们最后以《审判历史》这一战斗性的标题出版有关这一努力的记述，1994 年的政治大火并没有阻止人们逐渐接受史学家所推崇的改变课本及课程内容的建议。人们不可能忽视那些表明美国历史中少数族裔及妇女之重要性的坚实的事实证据，忽视世界中那些要求更为关注亚洲、非洲和拉丁美洲历史的变化，忽视一种新的历史研究方法对大学和学院的影响。

20 世纪 90 年代的历史论战并不总是在学院派史家和为政治所授意的批评者间展开。有关“非洲中心主义”的论争即见证了一场高校主流学者对抗同样是学院派史家，但为受压迫的底层群体讲话的反对者的斗争。通常在塞内加尔作家谢克·安塔·迪奥普（Cheikh Anta Diop）作品的激发下，支持“非洲中心主义”的学者们斥责所谓的历史职业圈不合理地忽视了非洲黑人对世界文明作出的贡献。马丁·贝尔纳（Martin Bernal）于1987年出版的著作《黑色雅典娜：古典文明的亚非根源》引发了激烈争论。贝尔纳——是的，他是个白人——认为，古代希腊的大部分思想成就受到更早的埃及文明的影响，而古代埃及文明应当被视为一种非洲文化。尽管大部分职业史家同意他们长期以来的确忽视了重新评定世界历史中非洲人的作用，但他们中的很多人也谴责贝尔纳为支持他的论断夸大和歪曲了证据。古典学者玛丽·莱夫科维茨（Mary Lefkowitz）抨击式回
162 应的标题《并非走出非洲：非洲中心主义如何成为把神话说为历史的理由》即例示了这一论辩的基调。另一方面，非洲中心主义的自认代言人如莫勒非·凯特·阿桑特（Molefi Kete Asante）则指责“从辩证唯物主义到后现代主义的一切欧洲意识形态”都是为了“保卫残忍的、以白人必胜主义及白人霸权为核心的欧洲中心观念”。[①] 正如一套美国历史教科丛书的主编所写的那样，“这些论辩的激情表明，包括历史知识在内的知识的文化意义已深入到美国社会的社会

---

① Martin Bernal, Black Athena: *The Afroasiatic Roots of Classical Civilization*, 3 vols.（New Brunswick, NJ: Rutgers University Press, 1987; Mary Lefkowitz, *Not Out of Africa*: *How Afrocentrism Became an Excuse to Teach Myth as History*（New York: Basic Books, 1996）; Molefi Kete Asante, *An Afrocentric Manifesto*（Malden, MA: Polity Books, 2007）, 107. 反对贝尔纳著作的两部合集，分别是 Mary R. Lefkowitz and Guy MacLean Rogers, eds., *Black Athena Revisited*（Chapel Hill, NC: University of North Carolina Press, 1996）, 和 Wim van Binsberger, ed., *Black Athena Comes of Age*（Berlin: LIT Verlag, 2011）. 还可见 Stephen Howe, *Afrocentrism*: *Mythical Pasts and Imagined Homes*（London: Verso, 1998）。

心理生活中去了”。[1] 二十世纪最后几十年中的历史论战常常让学者们感到自己饱受指责和误解，但这些冲突也的确表明，在很大程度上，过去仍事关我们的文化。

① Lloyd Kramer and Donald Reid, “Introduction: Historical Knowledge, Education, and Public Culture,” 载于 Lloyd Kramer, Donald Reid, and William L. Barney, eds., *Learning History in America: Schools, Cultures, and Politics* (Minneapolis: University of Minnesota Press, 1994), 5。

166

第七章　新千年的历史学

随着 2000 年的临近，史学家加入诸如新闻记者等人士的行列，共同思虑旧千年结束、新千年开始的意义。人们频繁地召开会议、出版刊物，讨论公元 1000 年时世界的样子，也有大量的讨论思考为什么人类会将如此多的意义赋予世纪的结束和开始，鉴于历法是一种人类用来计算时间的、本质上随性的工具。这场扩展至全球的讨论反映出一种彻底的历史变化，这种变化使得公元 2000 年的世界已全然不同于公元 1000 年的世界：作为欧洲文明扩张的一种结果，原初植根于基督教信仰中的历法几乎已成为全人类记录事件的普遍框架。在公元 1000 年及其后的几个世纪中，情况还不是如此：那时，中美洲的玛雅和阿兹特克人，穆斯林世界中的定居者和中华帝国中的庞大人口，都依据全然不同的体系来计算年月。哲学家保罗・利科曾指出，这种通用的历法是将历史叙事与其他类型的故事区分开来的必要条件，而在那时，这种通用历法还没有出现。

千禧末的一场历史论争

从西方史学家的视角看，一个不同寻常的公审案件尤其成为公元 2000 年的标志性事件，在这一案件中，有关历史学术研究的专业 167
方法是否能够充分建立起过去事实成为讨论的关键议题。通常，法官并不介入历史论断的争论之中，但这次是个例外。审判围绕着证明大屠杀曾发生过的历史证据问题进行。即使几十年来有关灭绝欧洲犹太人事件的事实证据在不断增加，但一部分坚定的新纳粹同情者们不断地试图减轻或否认希特勒及其同僚犯下的罪行。为了证明他们的努力，大屠杀否定者们重新提出了一些有关目击者之非可靠性的怀疑性论断，这些论断曾在 19 世纪为《对拿破仑·波拿巴的历史质疑》一书的作者所用。而且，他们有时也会秉持一些主张，这些主张主要由像海登·怀特这样的后现代史学理论家所提出，认为史学家不可能获得绝对的历史真实。纳粹自身在有关“最终方案”文件中运用的编码语言也被用来论证这些否定者的论断：几乎没有一个文件曾清楚明白地描述奥斯维辛发生之事。事实上，种族灭绝事件的一大特点即在于作恶者会竭尽全力掩盖或否认他们的罪行，如果他们成功的话，就会像土耳其政府在近一个世纪中就 1915 年屠杀亚美尼亚人事件所做的那样。正如一位学者所指出的，纳粹大屠杀的不同寻常之处不在于一些人否认它的发生，而在于有如此众多的人承认它的的确确曾经发生过。①

① Cathérine Coquio, “À propos d'un nihilisme contemporain: négation, déni, témoignage,” 载于 Cathérine Coquio, ed., *L'Histoire trouée. Négation et témoignage* (Nantes: L'Atalante, 2003), 23 - 89。

实际上，在2000年大卫·欧文（David Irving）审判之前，由海登·怀特在20世纪70年代早期发起的有关历史知识地位的争论及90年代早期被高度政治化的“历史论战”已逐渐平息。90年代期间，众多历史学家提出了一个位于两端之间的中间立场，一端，是后现代式的对历史真实观念的全面拒绝，另一端，是认为过去事实（只要正确认识的话）能自己说话的天真的实证主义主张。乔伊斯·阿普尔比（Joyce Appleby）、林恩·亨特和玛格丽特·雅各布（Margaret Jacob）在合著的《历史的真相》（1994）中勾勒出了一种他们称之为“实践的实在论”（practical realism）和“有保留的客观性”（qualified objectivity）的立场，以反对那种质疑获得真正历史知识之可能性的、他们看来过于夸张的怀疑主义论断。他们承认史
168 学家可能永远无法得到确凿的结论，但这不意味着有关过去的任何故事都具有相同的价值。他们强调，文献和其它形式的证据会“对过去事实的寻找者产生约束”，而且，史学家们也必须遵循为学术共同体所共享的阐释原则。他们不否认史学家需借助语言重构过去，但他们认为语言本身是一种为了“与世界沟通”而产生的人类发明。①

1997年，理查德·J. 埃文斯（Richard J. Evans）更强有力地捍卫了历史研究能够获得可证实的真确结论的观点。在其1997年的著作《捍卫历史》的结论中，他写道：“经过最终分析后的客观性历史是这样一种历史，它是在一系列对历史想象的限制中被研究和书

① Joyce Appleby, Lynn Hunt, and Margaret Jacob, *Telling the Truth about History* (New York: Norton, 1994), 247, 259, 255, 248. 对他们“实用”立场的争议，可见Perez Zagorin, “History, the Referent, and Narrative,” *History and Theory* 38 (1999), 1-24，其反对任何对“语言学转向”的让步。F. R. Ankersmit的文章“In Praise of Objectivity”（载于David Carr et al., eds., *The Ethics of History* (complete reference), 1-2.）则捍卫了一种与海登·怀特相近的立场。

写的，历史事实、揭露事实的史料，以及史学家对创作真实的、公正的、恰当的思考主题的记述之愿望皆限制了这种历史想象。”在欧文审判之前（埃文斯曾作为辩方的专家证人出场），埃文斯已将大屠杀作为一个例证来说明，在这一主题上，史学家绝不能接受后现代主义的立场，认为人们无法得到有关过去的客观结论。当他写下“历史学是一门经验性科学，相较于知识的性质，它更关心知识的内容”时，毫无疑问，他代表了大部分实践型学院派史家的观点。[①] 1998 年，也许感受到潮流正逆后现代主义而去，作为回应，海登·怀特的其中一位主要支持者基思·詹金斯提出要直接“向历史挥手道别”。他认为，“后现代主义没有理由要拖着现代那种独特、怪异的癖好而将时间历史化”。[②]

正如詹金斯提出的那样，2000 年的审判再次肯定了大多数史学家的信念，搜寻历史真相是如此的重要以至于无法被抛弃。这场审判起因于英国作家大卫·欧文对美国大学教授黛博拉·利普斯塔特（Deborah Lipstadt）提出的一项法律诉讼，前者作为一名研究希特勒时代的大众史家已拥有一些声名。欧文指控利普斯塔特对他构成了诽谤，因为在利普斯塔特 1993 年的著作《否认大屠杀：对真相和记忆的不断侵犯》一书中，她把欧文定性为一名大屠杀的否认者。在这一著作中，利普斯塔特认为，通过论说“讲述一个文本、一个合法概念或甚至一个事件的客观真相是困难的”，后现代主义者们为扭曲过去敞开了大门。[③] 利普斯塔特还特别指出欧文只是假装自己是一

---

① Richard J. Evans, *In Defense of History* (New York: Norton, 1997), 220, 217.

② Keith Jenkins, “‘After’ History,” 载于 Alun Munslow, ed., *Authoring the Past: Writing and Rethinking History* (London: Routledge, 2013 (orig. 1998)), 28。

③ Deborah Lipstadt, *Denying the Holocaust: The Growing Assault on Truth and Memory* (New York: Plume, 1993), 18.

169 名客观学者，但实际上他提出的是一些陈旧的、虚无主义的论断。为了应对欧文的诽谤诉讼，利普斯塔特和她的出版商召集了一支包括大屠杀史研究领域中众多顶级专家在内的辩方队伍。通过口述证词和提交冗长的书面文献，这些史学家展现了学者阐释历史证据的过程，并阐明了这些证据的确能够证明被欧文否定的论断的真实性。这场审判揭示了欧文与声名狼藉的新纳粹群体间的长期联系，并以一个全面支持利普斯塔特的论断而告终：历史研究过程能够获得有关过去的可靠知识。[①] 在史学家之间及各类公开论坛上争论了几十年之后，学院派史学家们如释重负，因为他们知道，他们已成功地说服了一位德高望重的法官作出裁定：史学家的职业方法能够生产出有关过去事件的令人信服的记述。

欧文审判中的证词展现出欧文难以被冠上历史学家之名。2000年代初期其它几则广为人知的丑闻则表明甚至职业史家中一些独具威望的成员也可能违反伦理原则。其中一个在近几十年中广受关注的案例发生在迈克尔·贝勒斯雷斯（Michael Bellesiles）身上，他被指责错误地描绘了，或可能编造了一些数据以支持他有关美国宪法第二次修正案之历史起源的论断。贝勒斯雷斯的著作被出版商撤回，他也丢失了其学界地位。另两位著名的大众史家斯蒂芬·安布罗斯（Stephen Ambrose）和多丽丝·肯斯·古德温（Doris Kearns

---

① 在 *History on Trial*：*My Day in Court with a Holocaust Denier*（New York：Ecco，2005）一书中，利普斯塔特从她的立场出发叙述了这场审判的经过。另一位为自身作证的专家证人同样出版了一部有关这一审判的著作，Richard J. Evans，*Lying about Hitler*：*History*，*the Holocaust*，*and the David Irving Trial*（New York：Basic Books，2001）。建筑史家 Robert Jan van Pelt 则将其提交给法庭的证词以 *The Case for Auschwitz*：*Evidence from the Irving Trial*（Bloomington：Indiana University Press，2002）一书出版，在这部著作中，他给出了奥斯维辛曾使用毒气室这一常识的文献依据。而这一问题也是欧文所质疑的核心论题。

Goodwin）被指控抄袭——他们从其他史学家的著作中复制了文本却没有标明出处。另一位拥有一定学界地位的大众史家约瑟夫·埃利斯（Joseph Ellis）则因为向学生讲述一些有关其自身过去的虚构故事而麻烦缠身：例如，他谎称越战期间曾在美国军队服役。[①] 在外人看来，史学家对于这些看起来似乎并不严重的细小错误——例如是否标明引文出处——的愤慨或许过于严苛了。然而，对大多数职业史家来说，史料的失实或抄袭是天大之事。虽然有同行评审体系，但学术研究的完善很大程度上依靠于其实践者的自觉。如果违反者们不被严肃处理，那我们学科的主张，即生产有关过去的可靠知识将会受到损害，所有史学家都将会受到影响。史学家对这些伦理过失的强烈反应也证实了他们共享着一个信念，即，学界成员们有义 170
务遵守其原则。

欧文审判的裁决打消了史学家们的疑虑，后现代的批评在实际中没有动摇史学家对于历史学科能够确定过去特定真相的信心，由此，在方法论上的争辩转向了其它领域。弗朗西斯·福山在 1989 年后的预言——人类可能已走到“历史终结”之处——很快让位给另一些问题：在进入另一个千年之后，面对那些困扰世界的新的冲突和危机，我们应当如何书写历史。2001 年 9 月 11 日对世贸中心和五角大楼令人震惊的恐怖袭击，中国经济和军事力量的日益崛起，2008 年的世界金融危机以及 2011 年的“阿拉伯之春”及其暴力后果，这一切都表明，对西方式的民主和资本主义经济制度，全世界

① Peter Charles Hoffer 在 *Past Imperfect*：*Facts*，*Fictions*，*Frauds—American History from Bancroft and Parkman to Ambrose*，*Bellsiles*，*Ellis*，*and Goodwin*（New York：Public Affairs，2007），141－229 一书中详细讲述了贝勒斯雷斯、安布罗斯、古德温和埃利斯事件。

远没有达成共识。另一方面，2008 年美国非裔美籍总统的当选和日益发展的同性恋平权运动又展现了民主自身仍能够创造历史的惊喜。鉴于人们对全球气候变化影响的日益关注，一些史学家如迪佩什·查卡拉巴提认为，人类远非达到一个稳定状态，相反，人类将地球带入了全新而又危险的“人类世”，在这一时代中，人类活动已成为影响环境的主导因素，历史学家需要关注到这些问题并作出回应，即使这意味着不再关注如殖民主义的“遗产”这类议题。查卡拉巴提呼吁学界“促成全球资本史与人类物种史之间的对话”。①

网络时代的历史学

2000 年以后史学领域最为重要的变化不是不同历史形式间的平衡被打破，而是初步意识到转变历史知识传播方式的重要性。在过去的二十多年中，恐怕没有哪种新的历史研究方式能够像互联网的发展那样对历史学产生如此巨大的影响。最近几年中，一些最为活跃的论辩讨论的不是在著作或学术性文章中所记录的历史，而是有
171 关电影中历史的位置，博物馆中对过去的再现以及其它媒介（如交互视频游戏）改变我们理解过去之方式的可能性。与此同时，这些变革也正在改变历史的每一层面，如研究方法、教学方式以及历史专家与公众间的关系等。

对今天这些从数码产品堆里成长起来的学生来说，自然很难感

① Dipesh Chakrabarty, “The Climate of History: Four Theses,” *Critical Inquiry* 35 (2009), 208.

受到个人电脑的全面普及以及互联网的发展对史学家实践促成的改变。而在我刚开始研究历史的时候，我们还需要在索引卡上做笔记，在打字机上写文章，借由书信交流沟通，因此，我这一代的学者更能够意识到这一正在持续的、毫无放缓迹象的变化过程。自 20 世纪 80 年代末期以来，由于电子邮件的出现，运用电脑进行沟通的可能性改变了史学家的世界。突然间，在不依赖邮政的情况下，相隔甚远的同事们也能够“实时”交换思想。对那些拥有共同兴趣的学者们来说，将同一信息即时发送给很多人的方法为创建讨论组创造了可能。今天，依托于密歇根州立大学的“人文和社会科学在线”即拥有上百个由不同领域史学家组成的讨论组，其中一些拥有上千位订阅者。在这些讨论组中，参与者能够与其同行们分享新观念，发布出版信息，组织会议，提出讨论组中其他成员可能知道答案的问题（www. h-net. org/）。为数众多的史学家小组会发布书评并为其存档；由一些法国史学家组成的“法国史”小组走得更远，他们会组织一些“论坛”，对新近出版的尤其重要的著作进行多元化的评论，并点评一些与历史相关的电影，甚至贴上学术会议的视频（www. h-france. net/）。[①]

经历整个 90 年代的发展，在史学家的生活中，互联网的用途越来越广，其作用也越来越大。1993 年，原先仅供一小部分科学家使用的万维网（the World Wide Web）被开放给普通民众。很快，学者们意识到，现在，可以将史料文献发布在网络上了，任何人只要将电脑连上网络便可获得它们。通过将不同地方的文献整理到一起，不出赛博空间（cyberspace），网站便可以创建出众多“档案

① H-France 不隶属于 H-Net 网站。

馆”。其中一个例子就是“陆军部文献”虚拟档案馆。如其创建者
172 所解释的那样，在1800年的一场大火中，美国陆军部的早期文献几乎被全部焚毁。但通过将散布在全国不同图书馆、档案馆中的55000份档案整合在一起，这一网站试图找回这些被焚毁的材料（http://wardepart-mentpapers. org/）。在早期阶段，网站仅能够存储文本文件而无法存储图像，这促使人们着力于开发浏览器以能够更便捷地找到信息。其它的发展也随之而来，以至于到今天，网站不仅能够存储文本档案和图像，也能够存储录音材料和视频片段，它们被融合在一个单独的网页中，与全世界的读者共享成果。得益于“智能手机”的发展，现在还能够随时随地地获取信息。获取网络资源的便捷固然带来了新的可能性，但也产生了问题。例如，现在，只需简单地从网上复制粘贴信息即可抄袭，尽管教师们也能够借助精密的检测软件更为快捷地探明抄袭隐情。如今，在给出测试题前，教师们必须反复地确定这一题目的确是学生们无法抄袭的。

电脑和互联网已改变了史学家工作的每一方面，毫无疑问，更多的变化将横亘在我们面前。过去，针对某一主题编写一份参考文献意味着要花费几个小时翻阅纸质的主题索引；现在，在搜索引擎中输入几个关键词即可做到。过去很多只能在大型图书馆找到的稀有书籍，现在，史学家能够在网络上获得，并坐在宠爱的扶手椅上惬意地阅读。过去，史学家们会在小的索引卡片上记笔记，虽然，在进行写作时，史学家可以便捷地根据主题将这些卡片分类，但它们难以被携带，也难以被复制。现在，聪明的史学研究者运用笔记软件，并把成果存储于能够在不同设备上同步的“云盘”中。由于同事之间能够便捷地共享研究笔记和写作草稿，相较于以往，合作

项目也更行得通。一些年纪稍长的史学家也许仍习惯于手写草稿，但随着新一代在孩提时期没有学过草写体的研究者成长起来，现在，几乎所有的历史写作工作都已直接在电脑上完成了。

供学院派史家发表专业研究论文的学术性期刊仍然存在，但很多规模较小的期刊已停止出版纸质读物而只以线上形式刊发。这产 173
生了不同于以往的阅读经验。现在，大多数读者会直奔他们感兴趣的特定条目，而不再翻阅整期期刊，或者只是停下来阅读一些之前不曾注意到的内容。电子索引方便读者找到散落在众多不同期刊中有关某一特定话题的文章，但依照这种碎片化阅读的方式，期刊将不再能够为享有共同兴趣的读者提供学术交流的平台。同样的，专著也逐渐以“电子书”而非纸质读物的形式存在。虽然互联网能够使研究更为便捷，但这些变化也带来了严峻的挑战，如果期刊不再能够依靠订阅者获得收入，出版商不再能够指望卖出大量著作的话，该如何维持昂贵的同行评审体系和编辑工作呢？

同研究和出版经历了日新月异的变化一样，电脑和互联网也迅速改变了历史教学。旧时在黑板上写满课纲的做法连同粉笔一起消失了，现在，很少有历史教师不在课堂上使用 PPT。随着网络课程和“翻转”教室[1]的发展，甚至“上课”的观念也被改变了。学生们都期望能够在网络上获得课程信息、查看作业和查阅分数。当他们进行研究实践时，也会下意识地在网络上而非图书馆中寻找信息。教师在教室配有的触摸屏上轻击不同材料，并将这些材料直接融于讨论中。同其它学科的教师们一样，历史学家正在尝试各种不

① “flipped” classrooms，指由老师创建视频，学生在家中或课外观看视频中的教师讲解，之后学生回到课堂上与老师进行面对面交流并完成作业的一种教学形态。——译者注

同的网络教学方法。讲座或许可以被录制成视频，由此学生能够自由安排听讲时间；网络“对谈”或许可以被增加进面对面的讨论课中，甚至替代讨论课。高校担心他们的课程是否会被“慕课”（MOOCs）——即上传于互联网的“大型开放式网络课程”——所替代。借由慕课，高校学生能够学习到校外课程；但慕课也在全球范围内造成了这样一种可能性：某位明星教授将成为如法国大革命或明治维新这类课题的唯一权威，同时，廉价的助教甚至是电脑将批改学生上交的作业。同其它人文领域的同行一样，大多数历史学家
174 们依然相信传统课堂上的师生交流具有一些无可替代的优势。然而，在这个学生能够在课堂上轻易上网的年代，教师们必须找到一些创造性的方式来让学生积极参与进课堂。

尽管课堂上学生注意力不集中的现象让历史教师忧心忡忡，但无可否认，互联网上的教学资源也极具价值。无处不在的、“众包式”（“crowd-sourced”）的维基百科已大面积取代了纸质参考书籍；同学生一样，教授也会大量查阅维基百科。与传统百科全书所做的一些比较表明，在一般情况下，维基百科是可靠的，尽管，它更体现了“某一主题传统的、被普遍接受的观点”，这意味着它通常无法反映新的研究成果。① 一些发布在网络上的史料值得向学生推荐，如有关美国内战的资源宝库“幽谷”（“Valley of the Shadow”），它由爱德华·艾耶斯（Edward Ayers）及其合作者创建，其中容括了书信、日记、新闻报道、人口普查数据及税收记录、地图、图像以及一些不同的数据统计工具（www. valley. lib.

---

① Roy Rosenzweig, Clio Wired: *The Future of the Past in the Digital Age* (New York: Columbia University Press, 2011), 55.

virginia. edu)。弗吉尼亚州乔治·梅森大学的历史与新媒体研究中心在探索基于网络的教学与研究工作上做了一些开创性的工作。这一机构成立于1994年，其目的在于“用数字媒体和电脑技术让历史民主化——融入多元声音、接触不同受众、鼓励大众参与进呈现和保存过去的事业中来”。这一机构的网站访问量高达每年两亿次，它已建立起了自己的网上资料库，并为使用者提供了其它网页和网上资料库的链接（www. chnm. gmu. edu）。重要的研究型图书馆和历史博物馆也都创建了自己的网上图书馆和档案室。其中一个学生、教师和学者们经常会用到的网站是国会图书馆的“美国记忆”（American Memory）网，它为读者直接提供了如乔治·华盛顿书信这类材料。此外还有“奴隶时代之声”，它载有20世纪针对曾经为奴之人的访谈的音频（memory. loc. gov），和美国大屠杀纪念馆官网（www. ushmm. org）。

在《数字史学：在网络上收集、保存和呈现过去指南》（2005）一书中，历史与新媒体研究中心的两位创始人丹尼尔·J. 科恩（Daniel J. Cohen）和罗伊·罗森茨威格（Roy Resenzweig）列举了网络的众多优点，包括“便利性、灵活性、多元性、可操作性、交互性和超文本性（或者说非线性）”。便利性是指能够在花费较少的情况下存储大量数据的能力。灵活性则指例如将有关发布在网络上 175
的档案的不同信息链接起来的可能性。正如他们注意到的那样，网络能够让更多人参与进历史讨论，“历史类网页作者的数量要远远大于历史著作作者的数量”，创建网页不需要任何特殊的资格认定。网络还促成了运用或操作历史数据的新方式的产生，例如文字搜索。超文本性则指一种能力，它能够“用间接和多元的方式在多种叙事或数据间转移”，提供允许用户探索另一些可能性的链接，这些可能性在理论上能够让历史学家用全新的方式接近过去。①

在电脑和互联网创造的新可能性中，历史大为受益。愈来愈多的历史信息前所未有地为更多人所获知。然而，学科在步入这一美丽新世界的同时也付出了一些代价。网络一边便利了职业历史学家的工作，一边也带来了消解成熟的同行评审体系的危险，而这一体系自兰克时代以来便为专业的历史学术所依赖。格特鲁德·希梅尔法布（Gertrude Himmelfarb）将自己视为一位批判激进变革的“新勒德分子”（neo-Luddite），在 1996 年，她警示道：“互联网无法区分真实与虚假、重要与琐碎、持续与短暂……在屏幕上出现的每一份材料都拥有相同的重量和可信度；没有谁比谁更具‘权威’。”② 另一位学者将她自身的文章与网络上相同主题的材料进行了比较，她注意到，“职业史家……书写的是有助于丰富知识的历史。每一篇文章、每一部专著都必须阐明它如何为不断变化的叙事模式增添了新东西。相较而言，业余史家书写的是众多孤立的话题”，他们不会认为自己有义务必须熟悉有关其主题的其它视角。③ 有时，发布在网络上的历史性材料不仅缺少语境，而且是完全错误或误导性的。例如，否认大屠杀事实的虚无主义者们创建了大量的网页，讲授这一主题的历史学家们必须提醒学生们不要毫不批判地使用这类材料，因为人们可能无法立即辨识出这些材料是新纳粹分子的宣传物。

---

① Daniel J. Cohen and Roy Rosenzweig, *Digital History: A Guide to Gathering, Preserving, and Presenting the Past on the Web* (Philadelphia: University of Pennsylvania Press, 2005)，在历史与多媒体研究中心网站上可在线阅读这部著作。

② Gertrude Himmelfarb, “A Neo-Luddite Reflects on the Internet,” *Chronicle of Higher Education*, Nov. 1, 1996, cited in Cohen and Rosenzweig, *Digital History*.

③ Renée M. Sentilles, “Toiling in the Archives of Cyberspace,” 载于 Antoinette Burton, ed., *Archive Stories: Facts, Fictions, and the Writing of History* (Durham, NC: Duke University Press, 2005)，140。

有关线上历史材料的另一关注点是其访问权限的问题。学术期刊电子版以及很多极具价值的数据库如里德克斯出版社的“美国早期报刊集成”都需要高昂的订阅费。在实际情况中，为数众多的这类 176
材料只向重要研究型大学中的用户们开放，这就产生了一个两级体系，其中，只有一部分学生和学者拥有研究机会，而另一些则被剥夺了。

无论是否支持迈向互联网时代，毫无疑问，互联网的存在已在很多基础层面改变了历史实践。史学家全然不擅长预测未来，也很难猜想过去这二十多年来产生的众多革新中的哪一样将带来最为重要的影响。然而，可以肯定的是，未来的历史学家将会用与前人大不相同的方式研究历史、交流成果和讲授历史。这些实践中的变化也定将对我们理解过去的方式产生影响。

印刷品外的历史学

互联网的发展在很多方面改变了历史学。然而，网络上绝大部分有关历史的材料仍然以文本的形式呈现，我们也无法确定搜寻历史信息的互联网用户是否的确已抛弃了逐字逐句阅读的习惯而热衷于追寻超链接。但 21 世纪初历史学的其中一个重要变化是对过去的非文本再现日益凸显。现在，历史博物馆、历史电影、平面艺术甚至带有历史设定的视频游戏已越来越严肃地成为传播历史知识的方式，而非仅仅作为一些娱乐形式。随着 20 世纪 70 至 90 年代在书面史讨论中占据主导的史学论争逐渐平息，一部分人积极地转向了思考历史的非文本形式。

与这类文本之外的媒介问题息息相关的有罗伯特·罗森斯通（Robert Rosenstone）对一些理论问题的思考，这些理论问题是由用电影呈现历史所产生的。针对电影和电视中对历史的视觉再现，他说，“当我们思考过去的意义时将它们排除在外，就是谴责自己忽视了大部人已开始用于理解事件和人构成历史的方式”。这样的说法当然也适用于博物馆和视频游戏。同时，他也强调，我们不能用评
177 价传统印刷文本的方式来衡量这些另类媒介。他认为，评价电影中的历史有它自己的方式。“我们不能也不应该将评判书页上历史的标准应用于衡量视觉形式的历史思考。”[①] 罗森斯通承认，对专业史家来说，严肃地看待以电影形式呈现的历史意味着思维方式上的重大改变。他喜欢引用1935年一位杰出大学历史教授写给米高梅电影公司总裁的一封信，这封信控诉了这家电影公司产品所犯的历史错误，并敦促说，“只有在一位值得信赖的历史学家进行批评和修正之后，与历史相关的画面才能够被提供给公众”。[②]

在罗森斯通看来，这类仍在学者中较为常见的批评是误导性的，字面上的精确性不能够成为评价历史电影的准则。“摄像机要求一个特定历史场景中的细节饱满，或形成一个融贯的（动态的）视觉序列，这注定了历史电影中将含有大量的虚构，”他写道。“一切电影都会包含虚构人物或创作出来的性格特征。”同样的，“为了让故事生动，为了包含强烈的情感，为了把错综复杂的事件简化为一个可信的戏剧性结构，使之适合一部电影的长度”，也需要创作一些事

---

① Robert A. Rosenstone, *History on Film/Film on History* (Harlow: Pearson Education, 2006), 4, 37.

② Louis Gottschalk 给 MGMY（米高梅电影公司）总裁的信，引自 Rosenstone, *History on Film*, 20。

件。总之，这些论据可以归结为一句话：“在荧幕上，为了达成真实，历史必须是虚构的！”[1] 除此之外，他还强调，不仅历史可以借助电影来再现，而且，电影能够用一些文字无法达成的方式来表达过去的一些层面。“电影中呈现的这一新的历史性过去也许要比任何书面文本都更为复杂，因为在荧幕上，众多相互支持或相互抵触的要素——图像、声音、语言甚至文本——同时出现，这使得其意义领域不同于书面历史，正如书面历史不同于口述历史那样，”罗森斯通认为。电影中的历史“是如此不同，这让我们猜想，在有关如何思考过去的问题上，视觉媒体可能表明了一种意识上的重大转变。”[2] 毫不奇怪，罗森斯通视自己为一位后现代史家，并且经常引用海登·怀特的论据。事实上，怀特所强调的历史记述中潜在的叙事结构在针对电影的讨论背景下有其合理性，反而在书面文本中倒不总是如此明显。

在敦促史学家严肃地将电影视为一种表达过去知识的媒介上，
罗森斯通的文章贡献良多。但他热情支持电影，甚至将那些公然违 178
背既定事实的电影也接受为“历史”的做法让很多学者担忧。近年来一些流行大片——如史蒂文·斯皮尔伯格的《林肯》（Lincoln，2012）、艾娃·杜维内（Ava Duvernay）的《塞尔马》（Selma，2014），这两部著作都获得了重要奖项——的导演都捍卫了他们的决定，即将某些特定的历史事件进行改编以增强故事性或突出他们所认为的过去的本质。曾作为《马丁·盖尔归来》这部讲述16世纪法国生活的颇受好评的电影之历史顾问的娜塔莉·戴维斯认为，电影

---

① Robert A. Rosenstone，*Visions of the Past*：*The Challenge of Film to Our Idea of History*（Cambridge，MA：Harvard University Press，1995），68，70.

② Rosenstone，*Visions*，15.

工作者应当帮助观众理解描绘过去真实的困难性，而非仅仅创作一些看起来毫无争议的叙事。“在向观众提出有关做历史和获知历史的问题上，电影能够做得更多”，她写道。她为电影工作者提供了几条建议和方法，以在不打断故事讲述的流畅性或拒绝在屏幕上放一个庄严的“头部特写”以盖上官方印章的情况下，让观众理解电影工作者究竟依据了哪些材料，在运用材料时可能发挥了哪些自由，以及对于他们讲述的故事存在着哪些不同的阐释方式。[①]

电视上的历史呈现与历史电影拥有一些共同特征，但这两种媒介之间也有明显的不同之处。相较于旨在影院中放映的电影，分集呈现的电视系列纪录片的长度更长，也更为详尽。此外，电视纪录片也经常会用一些很少在电影中运用的技巧，如呈现静态图像之细节的特写镜头和插入学者的评论等。电影学者皮埃尔·索林（Pierre Sorlin）曾写道，照片的“固定性”以及“深入探讨对象所需的时间与动态图像永恒运动的特性是格格不入的”。[②] 很少有职业史家曾积极地看待无处不在的历史频道，有时他们甚至戏谑其为“希特勒频道”，因为它总是在无尽地重播有关二战的老旧纪录片。然而，这些节目无疑是普通观众尤其是美国年轻人获知过去故事的主要途径之一。

近些年来，致力于在电视上严肃地表现历史的两位重要人物分别是美国纪录片工作者肯·伯恩斯（Ken Burns）和大洋彼岸的历史学家、公众人物西蒙·沙玛（Simon Schama）。1990 年，公共卫视

---

① Natalie Zemon Davis, *Slaves on Screen: Film and Historical Vision* (Cambridge, MA: Harvard University Press, 2000), 131 - 136.

② Pierre Sorlin, "Television and Our Understanding of History: A Distant Conversation," 载于 Tony Barta, ed., *Screening the Past: Film and the Representation of History* (Westport, CT: Praeger, 1998), 213。

播出了伯恩斯有关内战的十小时专题片，这一专题片获得了巨大成 179
功，仅前两集就吸引了约2300万观众。他随后的纪录片，包括《网球》和《爵士》，让一位专业学者称他为“全国最为著名的历史学家”。在策划影片时，伯恩斯曾谋求专业史家的帮助，他也会让包括大卫·麦卡洛（David McCullough）、谢尔比·福特（Shelby Foote）等著名公众史家出镜，但伯恩斯不会对史学家的观点言听计从。他告诉一位来访者，在“打破学院史家对这一学科百余年的垄断”上，他感到自豪。通过售卖影片书籍和DVD，这些纪录片的影响进一步扩大。由于注重增加收视率，伯恩斯擅长使用商业市场的语言。一位曾做过伯恩斯影片顾问的专业学者仍记得其脚本中出现的“一些冲击性词汇，如痛苦的、恐怖的、丰盛的、极好的、巨大的”，这让他感到厌烦，尽管他也为影片最终表现出的情感力量动容。[①]

不同于伯恩斯，西蒙·沙玛是一位在哈佛和哥伦比亚大学拥有教职的专业学者。然而，在其职业生涯的早期阶段，他便对探究专业性历史的边界感兴趣，以吸引更多的读者。面对海登·怀特的挑战，当其他学者仍在争论历史与虚构作品是否拥有共同特征时，1991年，沙玛完成了一部著作，《死亡的确定性（不适当的思辨）》，在这部书中，他故意将捏造的对话与事件引入对过去的重构中。[②] 沙玛的学院派同行们并不太能接受这一特殊的勇敢尝试。但沙玛更为

① David Harlan, “Ken Burns and the Coming Crisis of Academic History,” *Rethinking History* 7（2003），169；Gary R. Edgerton, *Ken Burns's America*（New York：Palgrave, 2001），17；Samuel Hynes, “At War with Ken Burns,” *Sewanee Review* 118 (Spring 2010)，261，264.

② Simon Schama, *Dead Certainties*（*Unwarranted Speculations*）（New York：Vintage Books, 1992 (orig. 1991)）.

成功的身份是作为众多电视纪录片的叙述者，包括2000年播出的《不列颠史》、2014年播出的《犹太人的故事》，同时他也撰写了一系列广受欢迎的著作。同伯恩斯一样，学者们批评沙玛将复杂的历史问题过分简单化了。但也同伯恩斯一样，毫无疑问，他成功地把过去带入到大量观众的生活中去，任何普通学者都难以望其项背。沙玛不曾掩饰他的作品高度传达了其对讨论主题的个人看法。不同于伯恩斯，沙玛自己出现在纪录片中。他的犹太史系列片的第一集即拍摄了沙玛主持他自己的逾越节晚宴的过程。正如一位批评者所写的那样，虽然沙玛的确表明了电视在培养公众历史兴趣上所可能发挥
180 的作用，但他和其他节目主持人都沦为了“为文化和经济所建构的人类商品”，他们“同时因专业性和名声而闻名”。[①] 同18世纪的大卫·休谟一样，沙玛的成功给予他“富足”，但同时也带来了一些问题，从什么时候开始，迎合市场开始变得比呈现过去更为重要了呢。

历史博物馆是另一种再现过去的媒介，它也逐渐成为史学论争的焦点。如果说电影留给观众一种观看过去事件在其眼前展开的印象，博物馆则给予观众一次观看体现了过去的物品的机会。最为传统的历史博物馆也许只是展出这些物品，配以标签，让观众自己体会这些物品所传达的意义。例如，华盛顿的史密森美国历史博物馆曾在其第一夫人展览中展出一些总统夫人们的礼服，展览仅仅告诉观众每套礼服制成的年代及其主人。但逐渐的，博物馆负责人们意识到自己的职责在于将博物馆珍宝融入有意义的历史叙事中。当前，史密森的第一夫人展意在于告诉观众每位夫人在其丈夫任职期间影

---

① Jerome de Groot, *Consuming History*: *Historians and Heritage in Contemporary Popular Culture* (London: Routledge, 2009), 19–20.

响公众生活的方式，它也阐发了妇女服饰的改变如何反映了艺术和设计风格的变迁。

由于历史博物馆通常是公众机构，因此在应当如何再现过去富有争议方面的问题上，历史博物馆通常处于争论的中心，正如 1994 年那场围绕航天航空博物馆广岛展览展开的被高度政治化的争论所表明的那样。有时，这些争论在博物馆专业学者与相关利益方之间展开，前者想要把学术研究的成果传达给公众，后者则试图捍卫他们有关过去的特殊想象。有时，争论也在两个互相对立的专家群体间展开。例如，博物馆负责人们即可分为两派，一派认为历史博物馆中的展览应当尝试着重构过去的整个环境，如拓荒者的整座小屋，即使这意味着要将过去的真实制品与现代的复制品混合起来；另一派则认为，展览应当仅仅展出历史性物品，强调历史记录的不完整性也是其“过去性”的一部分，由此推动观众运用他们的想象来将缺失的部分补充完整。尽管有像广岛展览这样的争论，西方国家的博 181
物馆更愿意为观众呈现有关过去的不同阐释。事实上，对史密森美国历史博物馆的一个批评是，它在展现过去时提供了如此多冲突性的视角，以至于观众难以从所有展览中提取出任何一致的信息。然而，其它地方的博物馆展览却常常强调要引导观众得出明显服务于政治目的的结论，即使这些政治目的是不断变化着的。在中国，自 1976 年毛泽东去世之后，位于北京的国家历史博物馆曾历经多次设计，以符合改变了的政治风向，但每一次更改都呈现了不变的一点，即，这是“唯一真实的有关现代中国的历史叙事”。[①]

① Kirk A. Denton, *Historical Memory and the Politics of Museums in Postsocialist China* (Honolulu: University of Hawai'i Press, 2014), 74.

历史博物馆设计史上的一个重要里程碑是美国大屠杀纪念馆的建立，它同样位于华盛顿，于 1993 年向公众开放。爱德华·李宁泰尔（Edward Linenthal）的著作《保存记忆：美国大屠杀纪念馆创馆记》（2001）详尽记叙了这一机构创建过程中所解决的种种问题，从而大为加深了史学家对博物馆和展览设计之复杂性的理解。正如李宁泰尔所传达的那样，每一个决定，从博物馆选址（位于承载了美国历史记忆的华盛顿广场旁）到建筑物的设计、展览物品和图片的选择，都将影响到观众对大屠杀故事的体验方式。如《保存记忆》所表明的那样，博物馆设计牵涉到很多人，而非仅仅职业史家。建筑师、博物馆负责人和展览设计者、政治家和不同利益群体的代表，尤其是大屠杀幸存者，例如埃利·威塞尔所再现的那些，等等，都有其自身的看法和关切，这些都需要被考虑在内。观众所看到的博物馆展览是长期讨论的结果，这些讨论将深层的史学议题置于明面。

虽然大屠杀博物馆有一些独特的方面，但李宁泰尔在书中所提的问题同样关切到其它历史博物馆，其中一些也是被争论的主要对象。近几年来，致力于展现美国本土历史及文化的博物馆成为主要争论点。“对原住民来说，博物馆可能承载着巨大的痛苦，因为它们与殖民化过程密切相关，”一位学者近期写道。[①] 其中一些博物馆在
182 一个多世纪前由白人创立，借助这些博物馆，他们试图保存他们视为“正在消失的人种”的记忆。现在，这类博物馆试图积极传达一个事实，即，美国原住民对当前美国人的生活产生了重要影响。那些包括人类遗骸在内的更为古旧的展品不再被展出，在设计展览文

① Amy Lonetree，*Decolonizing Museums*：*Representing Native America in National and Tribal Museums*（Chapel Hill：University of North Carolina Press，2012），1.

本时更为突出了美国原住民群体的贡献。然而，为了吸引观众，这些博物馆对展出那些可能反映印第安人老旧习俗的展品颇感压力，即使他们试图教导观众认识到这些习俗的意义，就像它们的创造者看待它们的那样。

对美国原住民来说，历史博物馆是一条保存、传递自身过去的重要途径，同时，它也是一种定义族群认同、在更广的国家历史叙事中找到其位置的方式。但美国原住民不是受益的唯一群体。几乎每个美国城市都至少有一座“故居博物馆”，它常位于名人故居之所。坐落于罗德岛文索基特市的罗德岛工作与文化历史社会博物馆专门致力于呈现当地工厂工人的经验，其中的大部分工人是 19 世纪晚期 20 世纪早期从加拿大魁北克省移民过来的说法语的民众。当学术领域中劳工和社会史研究已经历某种衰败的情况下，这一博物馆，就像更具野心的英国曼彻斯特人民历史博物馆那样，试图逆流而上。在展现很少受到学术关注的群体经验上，位于弗吉尼亚州利堡市的美国妇女军事博物馆是历史博物馆的另一个范例。通过追溯美国妇女参战的历程，从为参加独立战争和内战而隐藏起自身性别的士兵，到 20 世纪早期陆军妇女团的历史，再到最近阶段女兵的渐进式融合，这一博物馆将博物馆的传统功能——对国家军人的纪念——与对性别的关注富有创意地融合起来。就像很多关注于那些极少得到研究的群体的历史博物馆那样，妇女军事博物馆保存了大量的人工制品和档案文献，这些藏品大部分由退伍女兵捐献，该博物馆也鼓励学者们充分运用起这些材料。

参观者来到美国大屠杀纪念馆，期待收获一次严肃的教育体验， 183
而专门化的博物馆，如工作和文化博物馆、妇女军事博物馆，也毫不掩饰他们的教学目的。寓教于乐的历史主题公园则产生了另一些问题，尤其是，如果它们作为盈利企业运行的话。在美国，殖民地威廉斯堡公园是其中一个最为重要的历史主题公园。它占据了威廉斯堡的整个城区，对城市经济至关重要。这座主题公园始建于 20 世纪 30 年代，由着迷于历史遗存的富翁小约翰·洛克菲勒建造，它的最初开放是为了纪念 18 世纪弗吉尼亚种植园精英们的功绩。起先，展览不包含任何有关在那一时代占据一半城市人口的奴隶的内容。到冷战时期，其资助者们看到殖民地威廉斯堡可以作为培养参观者爱国精神的一个基地。到 20 世纪 70 年代，如一位学者指出的那样，“在威廉斯堡，奴隶们被发现了”，观众所见到的过去被改变，但也只是在一定程度上：“奴隶文化是一回事，奴隶们的反抗是另一回事。”① 近些年来，殖民地威廉斯堡公园已试图更为全面地看待奴隶问题，但这些努力也时常面临着阻碍。对拍卖奴隶场景的重演引发了抗议，演员扮演奴隶受到虐待的场景有时也会遭受观众的干预。博物馆总是无法找到愿意扮演奴隶的黑人演员。“面试时，他们会说：我无法做到，我无法穿上这身戏服”，博物馆的一位工作人员在 2013 年的采访中说。②

如果说历史电影和历史博物馆已存在了一段时间，那么，带有历史设定的视频游戏则是新近产物。像电影那样，在后现代主义的浸染下，一些学者把这一媒介设想为一种传达历史的特定真实的方式。就如罗伯特·罗森斯通所认为的那样，要想这些再现成为电影，电影工作者就必须拥有处理过去的自由。同样的，历史游戏爱好者

---

① Mike Wallace, *Mickey Mouse History and Other Essays on American Memory* (Philadelphia: Temple University Press, 1996), 23.

② J. Freedom du Lac, “Learning How to Portray a Slave at Colonial Williamsburg Is a Psychological Challenge,” *Washington Post* “Style section,” Mar. 9, 2013.

们也强调，如果游戏要成功，就必须是有趣的，以吸引用户为目的，历史设定的精确性及叙事结构就可能占据次席。在支持者看来，游戏所能产生的最为重要的历史教益是“可以把历史作为一个过程来理解”。如其中的一位支持者所说的那样，“通过建构一个虚拟的过 184
去，赋予玩家一个历史中的角色，视频游戏已成为提供偶然性教益的理想媒介”。① 例如《文明》这类游戏的玩家能够体验做出不同决策并察看他们行动可能产生什么结果。不像书籍读者和电影观众那样成为过去再现的被动消费者，视频游戏的玩家在重构过去观念的活动中占据主动位置。

尽管近年来影响史学讨论的大部分表现历史的新形式已远离了印刷书页，但漫画艺术表明，甚至书籍这种传统形式也有新的可能性。没有哪部漫画作品能像阿特·斯皮格曼（Art Spiegelman）的《鼠族》这样影响到历史学，同时也影响了另外几个领域。这部著作初版于 1992 年。运用漫画艺术的技巧，《鼠族》同时讲述了大屠杀期间斯皮格曼父亲所受折磨的故事和斯皮格曼如何受其父亲叙事影响的故事。也许，把这样一部将大屠杀中的犹太受害者描绘为卡通鼠，将德国人描绘为卡通猫的著作视为历史再现的严肃著作是奇怪的。然而，正如斯皮格曼在其自评《元鼠族》中所解释的那样，他的意图是严肃的，他将漫画作为一种表达历史故事的媒介，而这种表达方式是文字无法做到的。他的方式“让我接近那些否则无法言说的事物”，他写道，“那些让《鼠族》引发争议的东西正是《鼠族》

① Harry Brown，引自 Andrew B. R. Elliott and Matthew Wilhelm Kapell，“Introduction：To Build a Past That Will ‘Stand the Test of Time’ —Discovering Historical Facts，Assembling Historical Narratives，” 载于 Andrew Wilhelm Kapell and Andrew B. R. Elliott，eds.，*Playing with the Past*：*Digital Games and the Simulation of History*（New York：Bloomsburg，2013），11。

作为一种真正的‘教学工具’发挥作用的东西。”[①] 漫画艺术的独特力量就在于漫画方格同时连通了文字和图片，两者之间的相互作用常常比仅单独运用其中一种更具表现力。尽管斯皮格曼运用卡通动物形象的做法使得这部作品超越了现实主义，但已被公认的是，这部作品是对大屠杀的有力呈现，它也经常被作为这一主题的课堂读物使用。

拉里·戈尼克（Larry Gonick）是另一位将漫画用于历史目的的漫画艺术家。他的《漫话宇宙史》及另一些有关美国和世界史的类似著作让“严肃”的史学家们看到，幽默可以成为表达历史观念的一种有效方式。尽管他的著作意在于娱乐——他问道：“为什么一位搞怪的教师能被人接受，一部搞怪的著作就不行呢?”，但它们同样是一些严肃的作品，戈尼克花费了三十余年来完成它们。他的叙事始于宇宙创始，这沟通了自然史和人类史，并延续到当前。这些历
185 史集册呈现出一部全球史，并灵活地将亚洲、非洲和拉丁美洲融合于叙事中。戈尼克看到漫画艺术拥有一些独特的性质，能够传达出传统散文无法表达的历史层面。“漫画能够让历史重新找回其严重缺失的生活，”他告诉一位访谈者。“大部分历史人物已经去世，这是无法回避的。传统著作大多只是搁置下他们……漫画书却能够唤醒我们与过去人物间的共鸣，就像他们还活着，还能够像我们这样感受到存在。”他还认为，绘画能够展现“大量生动的历史细节，如服装、背景和建筑，这是在文本或通常的插图本中难以表现出来的”。[②] 学院派史家也许会对戈尼克视觉叙事中众多细小的史实错误感到恼

① Art Spiegelman, *MetaMaus: A Look Inside a Modern Classic* (New York: Random House, 2011), 127.

② Larry Gonick，与 Matthew Johnson 的访谈，“Media Smarts,” Oct. 13，2009。

火，但他也的确让我们学到了一些以戏剧性的过去吸引读者的独特方式。如今，一些学院派史家开始与专业的平面艺术家合作，探索更多可能吸引读者的媒介形式。近几年来，特雷弗·盖兹（Trevor Getz）、雷夫·布劳法博（Rafe Blaufarb）和罗纳德·谢赫特（Ronald Schechter）这三位学者同艺术家莉兹·克拉克（Liz Clarke）合作，创作出融合了历史叙事、图画及档案文献选段的“平面历史”。围绕1876年一位非洲妇女追求自由的庭审案件，盖兹的著作《阿比娜与重要之人》（2011）广受赞誉。

历史学术研究的新方向

即使在历史以众多其它形式呈现于我们面前的电子时代，参观如在美国历史协会年会等重大历史学会议上展出的书展，翻阅一年中出版的上百部新的学术著作，也仍然是一段令人眼花缭乱的经历。正如很多人关心高校中传统就业模式的未来那样，在史学家中间，也有很多人担忧学术性历史所依靠的学术出版物同行评审体系的未来，但到目前为止，新的历史著作的出版数量没有任何消减的迹象。史学家们仍在实践之前章节中我们已讨论过的众多学术类型，包括
政治史、经济史、社会史和文化史。2014年一战爆发两百周年的纪 186
念活动重新引发了学者对外交史和军事史的兴趣，他们出版了大量新的专著，讨论导致对立的一系列事件以及战争对参战国民众的诸多影响。

2000年之后，虽然没有什么历史革新能像70年代的语言学和文化转向、女性主义的兴起以及后殖民主义的挑战这样彻底或富有争

议，但学术界也仍在吸收一些新的视角。其中一个重要趋势无疑是越来越强调用“世界”或“全球”的视角看待历史。帕特里克·曼宁（Patrick Manning）是这一趋向在美国的重要支持者，他将世界历史定义为“从联系假设而非孤立假设出发的对过去的研究”。这句话意味着什么仍在被争论。一部历史著作是“全球的”是否因为它处理的是影响整个地球的现象，如气候变化、疫病的传播或贸易网络？全球史是否必然要掌握不同国家或不同大洲的历史数据，它是否可以关注一个国家同世界其它地区间联系的历史？是否因为如今世界不同地区被连接到一起，我们生活的这一历史时代才是独一无二的，或者，历史是否表明，这种联系在先前时代已十分重要？曼宁强调，史学家能够为理解全球化作出的特殊贡献即在于表明，全球化在当前的表现“不是……一种彻底的分离……而是在波动与渐进转变的全球模式中的一系列细微变化”。[①]

全球史仍然是一个充满挑战的领域。全球史史家们常无法让自身融入学术性历史研究的范式中，这一范式可追溯到兰克时代，它规定历史学家必须直接依据档案材料进行工作。很少有历史学家熟悉大量不同的语言，或真正具备做多个国家的研究所必需的时间和精力。因此，全球史更像是一个尤其适用于本科阶段的教学领域，而非一个适用于做原创性研究的领域。而且，这一标题下的很多著作都是由在世界不同地区工作的学者所撰写的文章合集。然而，一些胸怀大志的学者也已试图研究全球史中的一些重要层面，尽管他
187 们必定要大量地依靠其他学者更为专业性的著作。C. A. 贝利

① Patrick Manning, *Navigating World History*: *Historians Create a Global Past* (New York: Palgrave, 2003), 116, 167.

（C. A. Bayly）出版于 2004 年的《现代世界的诞生（1780—1914）》即是一个颇具影响力的范例。贝利直言不讳地质疑了后现代对宏大叙事的厌恶，他认为如果一位历史学家想要让如此众多的数据讲得通，想要让读者理解这些数据的话，宏大叙事是必要的。另一方面，卜正民（Timothy Brook）的《维梅尔的帽子》（2008）表明，微观史的方法也适用于全球史。通过追溯 17 世纪荷兰画家扬·维梅尔（Jan Vermeer）细致画作中所描绘事物的起源，卜正民证明了那个时代的世界已紧密相联。① 甚至史学史研究也接受了全球转向。丹尼尔·沃尔夫（Daniel Woolf）的《全球史学史》（2011）即把全球视角带入史学这一主题之中，将最终发展出现代西方历史书写的希腊和罗马传统置于其它历史书写传统的背景中来考察。②

与全球史密切相关的是跨国史。在突破历史研究中国家框架的霸权上，跨国史是另一种方式。跨国史项目强调两个或多个国家中事件的相互作用，而不必关注那些需要用全球视角研究的议题。跨国史项目甚至可以研究一个单一国家内部的事件，只要它们与其它社会拥有清晰的关联。因此，“新西部史”（其颠覆了美国西部历史的旧有设定）的主要支持者帕特里夏·内尔森·里默利克（Patricia Nelson Limerrick）认为她的著作在区域史的基础上添加了一个跨国史维度，因为她强调，美国西部不仅是从东部扩张而来的白人定居者的边界，而且是“地球上其中一个重要的融合区”，在那里，白

① C. A. Bayly, *The Birth of the Modern World, 1780 - 1914* (Oxford: Blackwell, 2004); Timothy Brook, *Vermeer's Hat: The Seventeenth Century and the Dawn of the Global World* (New York: Bloomsbury, 2008).

② Daniel Woolf, *A Global History of History* (New York: Cambridge University Press, 2011).

人、西语裔美国人、美国原著民以及非裔美国人聚集在一起，创造出一个新社会。[①] 她的作品说明了另一些美国史学家的观点，他们呼吁要“重思美国史的叙事，将其去地方化”，以“将美国史的故事融入另一些更为广阔的故事之中；带着某种大洲的自负，美国曾把自己从这些更为广阔的故事中剔除出来”。[②] 在近几十年中，最为成功的跨国史例子可能是大西洋史研究。一位学者将这一领域定义为对“大西洋沿岸地区人口、商业、文化习俗和价值观变迁影响下的共同
188 体之创立、解体和重建”的研究。[③] 以奴隶史为中心，融合欧洲史、美洲史及非洲史，并跨越不同欧洲帝国的疆界，大西洋史研究也是一个高度跨学科的领域，它吸引从经济史到文化研究等各个学术领域的实践者。大西洋史课程也已成为大多数美国高校的基础课程。

尽管全球史强调不同文明间的相互联系，但它通常接受一种观念，即只有当文字记录出现之后，历史才开始。丹尼尔·斯梅尔（Daniel Smail）及其合作者们用他们称为的“深度历史”（deep history）质疑了史学家的这种观念。“深度历史”意味着要扩展我们对历史性过去的感知，将人类存在更为早期的阶段，即通常被标注为“史前历史”的阶段囊括进来。据斯梅尔的观点，虽然在19世纪中叶发生了他称为的“时间革命”，即学者们打破以圣经为基础的历史编年，接受世界和人类实际已存在上千或上百万年的

---

① Patricia Nelson Limerick，“The American West：From Exceptionalism to Internationalism，”载于 Melvyn Stokes，ed.，*The State of U. S. History*（New York：Berg，2002），289。

② Thomas Bender，“Introduction，”载于 Thomas Bender，ed.，*Rethinking American History in a Global Age*（Berkeley：University of California Press，2002），5－6。

③ John Elliott，引自 Jack P. Greene and Philip D. Morgan，eds.，*Atlantic History：A Critical Appraisal*（New York：Oxford University Press，2009），3。

观点，但史学家们仍然认为自己的领域最多涵盖六千多年的历史，从第一批文明发展起来算起，就像从前写的那样。斯梅尔认为这种倾向本质上是宗教世界观的隐蔽残存，它仍然试图否定“人类是自然的一部分，人类系统即是自然系统”。[①] 深度历史方法的某些层面同样可以在“大历史”（big history）运动中找到。大卫·克里斯蒂安（David Christian）的著作《时间地图：大历史导论》使得“大历史”这一术语广为流行。“大历史”的支持者们试图将人类过去展现为更广阔的“地球上生命之统一叙事”的一部分，甚至展现为宇宙历史的一部分。这一观点受到巨富比尔·盖茨（Bill Gates）的支持，他正尝试说服美国高校将这一路径引入他们的课程设置之中。[②]

斯梅尔承认，为了实践深度历史，我们将不得不放弃一些固有的观点，即认为历史叙事必须能够为事件提供精确的数据，以及，我们必须能够识辨出一些特定的个体，将他们作为过去中的历史行动者。“深度历史的研究强调超越事件和人物的倾向及过程。”历史学家还必须拓展他们有关什么是历史证据的观念，并愿意用一些来自自然科学的考古数据和发现。“从回忆录到骨骼碎片到血型，任何
类型的遗迹都能够被用来写作历史，”他强调说。[③] 除了丰富我们有关 189
人类远古过去的图景，深度历史的支持者认为，它也能为我们思考近期阶段的历史提供更为广阔的视野。斯梅尔与安德烈·史考克

① Andrew Shryock and Daniel Lord Smail, eds., *Deep History: The Architecture of Past and Present* (Berkeley: University of California Press, 2011), xiii, 8.

② David Christian, *Maps of Time: An Introduction to Big History* (Berkeley, CA: University of California Press, 2011); Andrew Ross Sorkin, "Everything Is Illuminated," *New York Times Magazine*, Sept. 7, 2014, 32.

③ Shryock and Smail, eds., *Deep History*, 14, 13.

（Andrew Shryock）合作编辑，出版于2011年的合集提供了两个范例。在有关食物的部分中，作者运用生物和考古学证据说明了从人类起源直至当前肉蛋白在人类饮食中的重要性。在有关人类移民的章节中，作者表明了一个通常被认为在近代出现的现象实际上可以被追溯到上千年之前。很多这类发现反映出对DNA证据的运用，这也是近年来才出现的新事物。DNA证据使得学者们在某些问题上能够给出更为细致的论述，如农业实践在何时及通过何种途径从古代中东传入欧洲大陆，同时，它也质疑了这样一种观念：由于现有人口拒绝接受新的方法，这一过程即是外来定居者对采集狩猎者的取代。

DNA证据对理解现代历史同样发挥了作用。一个广为人知的例子或许是研究者们运用基因检测工具近乎确定了托马斯·杰斐逊与他的一个奴隶萨莉·海明（Sally Hemings）生了一个孩子。这一故事在杰斐逊生前年代即已流传，但历史学家和传记作者长期以来皆否认这一故事。安妮特·戈登-里德（Annette Gordon-Reed）的相关出版物使得历史学家在考虑杰斐逊与黑人及奴隶间关系的问题上做出了相当大的改变。除此之外，戈登-里德的著作也是2000年之后发展起来的第三次史学变革的一个例证：历史研究中的"传记转向"。自普鲁塔克时代以来，传记便与历史共存，但学院派史家通常认为这些个人生平的编年记录不那么具有学术性，因此更愿意将其留给非专业人士。现在，以"新传记"的形式，史学家已开始运用这些生平故事来阐明个体经验与更广的历史主题间的关系。巴巴拉·凯恩（Barbara Caine）写道，随着历史宏大叙事的没落，"传记可以被视作一种典型的'或然叙事'（contingent narrative）'，它最能够展现出特殊地点与特殊环境的重要作用以及历史变化与历史经验的多层次。”①

新传记为传统形式的叙事与新的理论视野的结合提供了可能。在 190
合集《新传记：在19世纪的法国扮演女性》（2000）的导论中，乔·伯尔·麦格丹特（Jo Burr Margadant）将自我形塑的概念视为新传记方法的核心，并展现了如何运用文学研究者斯蒂芬·格林布拉特（Stephen Grennblatt）及女性主义理论家朱迪斯·巴特勒（Judith Butler）所阐发的思想。新传记以一种分析方法为前提，“这种分析方法承认我们自身的意识及他人的观念在本质上是被建构的”，她写道。② 2009年，《美国历史评论》出版了一组题为“历史与传记”的专题讨论，另一位学者、传记家大卫·纳索（David Nasaw）在导言中扩充了这一体裁的效用。“它允许，甚至鼓励我们在超越身份政治束缚的同时不丢弃身份政治中每一个可供扩展的、通常十分有用的范畴，”他写道，并补充说，“经验主义的社会史与语言转向的文化史常造成一种理论分立，新传记为超越这种理论分立提供了一条道路”。③

2000年以来，史学自身也呈现出新的基调。长久以来，史学研究者近乎排它性地只研究学院派学者的历史著作。如今，他们承认，正如近些年出版的有关这一主题最为全面性的两卷本法语作品集《史学：观念与论争》的编者们所写的那样，“职业史家从未垄断历史写作”，必须将史学向公众传播的诸多方式考虑进去。20世纪后半叶史学论辩中的好斗性逐渐平息，《史学》的编辑们代之强调历史方法

---

① Barbara Caine, *Biography and History* (New York: Palgrave Macmillan, 2010), 2.

② Jo Burr Margadant, "Introduction," 载于 Jo Burr Margadant, ed., *The New Biography: Performing Femininity in Nineteenth-Century France* (Berkeley: University of California Press, 2000), 8。

③ David Nasaw, "Historians and Biography: Introduction," *American Historical Review* 114 (June 2009), 576, 577.

的“多元主义”。[①] 这一作品集中的126篇文章不再仅仅突出法国学者的贡献，即便是极富影响力的年鉴学派的贡献。反之，他们提及全世界史学家的作品。美国史学史家唐纳德·R. 凯利的三部曲《多面的历史：从希罗多德到赫尔德的历史探询》（1998）、《历史的命运：从赫尔德到赫伊津哈的历史探询》（2003）及《历史的边界：20世纪的历史探询》（2006）是近些年中有关历史书写的最为详细的著作，它虽居于西方历史书写的传统之中，但也体现了更为广阔的
191 视野。不再把19世纪兰克学派“科学化”史学的兴起视为与之前一切事物的彻底决裂，凯利强调连续性，并对古典、中世纪和文艺复兴时期历史写作者们的成就给予了更多赞誉。

正如全球史、深度历史和新传记的例子所表明的那样，史学家们在不断探索自身学科的新方法。近些年来出现的历史研究的其它新方向包括情感史和物质文化史，前者的研究与心理学领域交叉，后者则涉及技术和装饰艺术。世纪之交以来发生的重大世界性事件让历史学家得以强调自身学科的持久价值，从中东危机到2008年的“大衰退”，政策制定者和新闻记者们不断地求助于历史学家以寻求看待这些问题的视角。例如，深具历史意识的经济学家托马斯·皮凯蒂（Thomas Piketty）在其著作《21世纪资本论》中利用跨越几个世纪的数据来说明资本主义经济拥有一种扩大社会不平等的内在倾向。评论者们很快承认，皮凯蒂的相关历史呈现对当前关涉公共政策的论辩是极具参考价值的。[②]

---

① Christian Delacroix, François Dosse, Patrick Garcia, and Nicolas Offenstadt, eds., *Historiographies. Concepts et Débats* (Paris: Gallimard, 2010), 1: 13.

② Thomas Piketty, *Capital in the Twenty-First Century* (Cambridge, MA: Harvard University Press, 2014).

当一些长期对立的国家中的历史学家们坐在一起，尝试着以一些能够促成和解的方式，为原本以相互冲突的视角看待历史的学生课本制定方针，并达成一致，记忆史便产生了实际的当代价值。这些更多为高中教师而非高校学者所发起的倡议已推动了一部有关法德关系的联合著作的出版，以及一些在韩国、日本和中国亚洲史课堂上阅读的档案汇编的出版，在这些地方，有关二战的争论仍是迫切需要解决的问题。[①] 2011 年至 2015 年美国内战 150 周年的纪念活动和第一次世界大战 100 周年的纪念活动推促史学家向更为广阔的公众传播他们的新观点，突出黑人在美国内战中发挥的作用以及“世界大战”的全球维度。理智地讲，毋庸置疑，历史仍是一个必要且具备创新力的学科，史学分析也仍将发挥不可或缺的作用。然而，历史学的未来不仅事关一些智力活动，它还视乎史学家的就业机会以及想要在历史领域做出成就的年青人。下一章将考察成为一名专 192
业史家，不管是高校教师还是从事一些其它工作，需要些什么。

① 有关联合教材项目，可参见 Katerina V. Korostelina and Simone Lässig, *History Education and Post-Conflict Reconciliation: Reconsidering Joint Textbook Projects* (New York: Routledge, 2013)。

196 # 第八章　工作中的历史学家

史学课程的目的之一是培养学生“像史学家那样思考”。当然，高校中大部历史专业的学生不会打算从事历史类的工作，教授们也清楚地知道，鉴于就业市场的现实，他们只能鼓励班级中那些最为投入、最具热情的参与者做出进入历史行业的选择。但是，像史学家那样思考对各种不同的职业来说都会使从业者受益。它意味着从业者有能力搜集、评判不同类型的证据，整理、综合数据，从中得出结论，在讲话和写作中有效地表达它们，并能够分析和解释复杂的人类行为模式。历史专业的毕业生是训练有素且灵活的通才，专业学习让他们具备胜任多种职业的素养，包括在法律、新闻、商业、学校教育、公共关系、非营利组织及政府等行业。2014 年，美国内布拉斯加州选民们就将历史学博士本・萨斯（Ben Sasse）推选为国家参议员。

然而，历史老师们的经验告诉他们，会有那么一些无比喜爱这一学科的固执的学生至少考虑过是否可能成为一名历史学家。如前篇所述，成为历史学家在今天意味着很多，包括成为一名视频游戏

开发人员或博物馆展览设计者。21 世纪初期快速发展的经济和社会
状况使得人们越来越难以预料在未来几年中历史类工作会怎样。无 197
论在美国还是其它国家，对历史的兴趣依旧浓厚，无疑，这些国家也需要继续培养这样的专家以研究和解释过去。高校教学是否如过去百余年那样仍然是职业历史学家的主要就业通道，新的数字媒体及其它创新技术将可能为史学家提供什么新的机会，仍然是未知数。正如过去胸怀抱负的史学家们受益于印刷术的发明及大学的扩张所带来的新机会，未来的职业史家也需要做好准备，去探索新的途径，将对过去的迷恋与谋生的需求结合起来。

尽管很多史学家揪心于未来，但高校教师仍然是史家最为通常的受雇方式，那些想要成为历史学家的学生也最可能想到这种形式。2013 年的一项调查研究表明，在美国，于 1998 年至 2009 年间获得博士学位的史学家中，有三分之二的人在四年制的学院和大学中获得教职，有 5%的人任教于社区大学。① 调查还显示，除高校教职外，史学家也有各类不同的职业机会，包括就职于历史博物馆，受雇于政府机构的历史研究室，为媒体开发历史类内容等。然而，这些类别中与历史相关的工作的数量仍然有限。在调查人群中，有 4%受聘于联邦、州立和地方政府，3%任教于小学或中学，3%任职于非营利组织，3%为私营企业工作，3%是“独立学者”，还有 1.5%工作于图书馆、档案馆或博物馆。

正如我们所见，作一名历史学家并不总是与教学挂钩。直到 19 世纪，兰克才建立了一种模式，以这种模式为蓝本，那些想要成为

---

① 调查结果发表在《历史学观察》（*Perspectives in History*，美国历史协会的通讯）上，2013 年 12 月。在 66%就职于四年制高校的博士毕业生中，有 51%的教职属终身教职体系，有 15%的教职属非终身教职体系。

历史学家的学生必须在研究方法上受到专门的训练，并期待最终通过成为教授养活自己，同时书写主要为学术同行所阅读的学术文章。在19世纪的大部分时间中，非学院派的历史学家仍可能在数量上压
198 倒高校学者，直到1890年，当时的哈佛大学校长注意到，大部分美国高校“真的缺少历史教师”。① 到20世纪，随着美国和大部分发达国家中高校数量的急剧扩张，教授成为以历史谋生之人中的最大群体。由学者教授讲授的历史学研究生课程仍最大程度地为培养高校教师而服务。受到当前学术就业危机的影响，教师们正想方设法提出一些培养其他类型专业人才的更好方法，但如何有效地做到这一点仍然是一个悬而未决的问题。

高校教授真挚地鼓励积极性较高的学生在历史行业谋职，不管在学术圈还是其它领域，是因为我们认为历史是重要的，而且我们知道，我们的工作能够获得真正的回报。最好的情况是，一位热爱这一科目的学生获得一份与历史相关的、能真正投入自我同时谋得生存的工作。当课程顺利结束，教授们心满意足地看到，通过帮助学生提升思考和表达能力，他们正在改变这些富有才智的年轻人的生活。“教师的影响是永久性的，他永远不会知道自己的影响将止于何处，”19世纪历史学家亨利·亚当斯（Henry Adams）写到。② 这些手握研究机会的学院派史家们专心于研究一些他们自身选择的话题，至少在一些情况下，当能够比前人更好地阐明过去的一些层面时，他们也会欣喜于这种令人陶醉的思考体验。教授们喜欢抱怨他们工作的种种要求，但他们也知道，相较于大多数人，他们能够

① 引自 Nash 等人，*History on Trial*，34。

② Henry Adams，*The Education of Henry Adams*（Boston：Houghton Mifflin，1971（orig. 1918）），300.

更为灵活地规划工作时间。难以想象有什么其它职业能够拥有三个月的假期以及定期的休假学期或休假年来做自己喜欢的事情。到目前为止，终身教职体系还为高校教授们提供了相当大程度的职业保障。美国大学教授的收入或许不像其它专业性人才那样高，但他们的工资所得通常能维持较为体面的中产生活。尽管有“象牙塔学者”这样的笑话，但大学教授始终在社会中受到普遍尊重。

除了这些潜在的回报，在历史领域中求职当然也有一些弊端。在历史领域中成为一名教授或具备从事其它工作的资质需要一段较长时间的学徒期，它通常以研究生的形式呈现。然后，在获得终身 199
教职和职业保障之前，也需要一段较长时间的见习期。尽管坚持不懈地努力缩短获得博士学位的时间，大部分历史专业的学生仍需要花费 7—9 年来完成研究生阶段的学习。研究生通常能够通过获得奖学金和助教费来养活自己，但他们所获得的津贴数额相对较少，以致不得不做出拖延婚期、推迟成家的决定。尤其在 2008 年金融危机之后，最受应届博士毕业生青睐的起始工作——通往终身教职的四年制高校教师——已相对供不应求，很多人认为，教育机构将逐渐依赖那些相较以往工资更低、更少职业保障的非终身制教师。新加入就业市场的博士毕业生必须做好前往本国偏远地区甚至其它国家工作的准备：就历史学而言，它不是一个求职者能够自信地期待在特定地域找到工作的职业领域。对那些安土重迁的人来说，这是一大要考虑的要素。

那些成功在高校历史系中获得终身教职的历史学家们也可能经历职业生涯中固有的那些挫折。对新手来说，为学生生动地讲授历史可能是一项富于挑战的工作，但它也可能成为一份单调乏味的苦差事，尤其对那些需要日复一日讲授同一门课程的教师来说。历史教学的效果通常难以衡量，即使相较于其它学术科目来说也是如此。在学期末，一位语言教师能够通过亲耳听到学生用新语言讲句子而感到满足，一位数学教师能够通过学生是否会计算导函数评估自己的教学，但对历史课程的教学内容来说，做出评价要困难得多。也不是所有的人都能适应学术生涯中与同事必要的亲密互动。在英国小说家金斯利·艾米斯（Kingsley Amis）的经典讽刺作品《幸运儿吉姆》中，主人公完全受制于他那位矫揉造作的系主任，这位系主任在电话中大喊，“说历史”。这个故事以这位年轻的历史学家放弃教职，拥抱一种更为冒险的生活而告终。每一个历史系都有一些激情燃尽、但又无法放弃终身教职带来的利益而去尝试一份新职业的成员。毋庸置疑，没有一个职业能够保证终身的激情和满足，但调查也常常显示，大学教授，包括历史学家，是对自身职业选择感到最
200 为满意的人群之一。然而，想要从事历史类职业的学生也应当对自身追求有一个现实的考虑。

研究生学习经验

成为一名职业史家就像打通关类的视频游戏。面对必须经历的不同关卡，这名未来史学家需要获得也许虽不神奇但定然难以获得的技能，建立战略同盟，坚持不懈地直面有时恐怖的障碍。通关道路的第一步即是开启历史学研究生阶段的学习，对任何想要成为一名职业史家的人来说，不管是大学教授还是在公共历史领域，这几乎是无可避免的起点。历史学研究生阶段的学习不是简单的本科阶段学习的延续。在美国高校中，本科被认为是学生们探索和自我成

长的阶段，即使专门为历史专业准备的课程也主要意在于拓宽学生的智识和眼界。而在研究生层次的课程中，因大部分学生计划成为一名专业史家，所以史学和研究方法论是强调的核心。研究生课堂上的阅读任务也要比本科生课堂上的更为繁重，对学生作业的要求也更为严格。另一方面，研究生被要求独立完成自身的任务，这也需要成熟和自律。

什么样的学生会决定尝试着在历史领域开启职业生涯？一个对史学家回忆录的抽样调查表明，他们通常在早年即对有关过去的故事感兴趣。大多数人记得他们为一些有着遥远时间和地点的戏剧性故事所吸引，成为狂热的读者。起先，相较于真确的历史作品，虚构故事对其中的大部分人有着更强的吸引力，优秀的英国小说家查尔斯·狄更斯（Charles Dickens）几乎是全世界未来史家的最爱。他“坦诚而又热烈的情感，滑稽而又可笑的人物，他史诗般的设定——饥饿和堕落之城，革命中的国家，为千万民众而非一己之私的生死抉择”，正如美国史家霍华德·津恩（Howard Zinn）所说的那样，他的作品让众多史家领略到那些展现人们面临关键抉择情状的戏剧化叙事的力量。儿童时代的旅行经历，尤其到那些相较于其 201
成长地有着更为古老历史的地方，会激发众多未来史家对过去的好奇。对很多20世纪的欧洲史学家来说，游览其祖父母曾经生活过的村庄会产生这种效果；对美国史学家来说，游览欧洲，参观其古代和中世纪的遗迹，常会产生“一种对过去的情感，一种连续在场和无限迷恋的感觉”，如美国殖民史家亨利·梅（Henry May）所写的那样。①

---

① Howard Zinn, *You Can't Be Neutral on a Moving Train* (Boston: Beacon, 1994), 169; Henry May, *Coming to Terms: A Study in Memory and History* (Berkeley: University of California Press, 1987), 57.

聆听家中老人讲述曾经经历过的历史事件，如移民至美国或参加某次世界大战的回忆，会激发这些未来史家的使命感。今天，随着孩子成长环境的不同，这些未来史家的想象力也许会为一些新的方式所激发，或许是沉迷于“俄勒冈之路”或“刺客信条”这些模拟类视频游戏中。

想想在美国，很多历史专业的学生会想要成为社会科学学科的教师，这让我们失落地发现，很少有历史学家在其回忆录中追溯学校课程在开发他们历史兴趣上的重要性。列昂·利特瓦克（Leon Litwack），一位犹太移民的儿子，未来的非裔美籍黑人史专家，感到高中历史课是无聊的。课程不断地讲述“其他人的历史，而非我的历史，我的父母、朋友和邻居的生活”，他回忆到。① 但大多数史家也至少对一位鼓舞人心的大学教授拥有感激的回忆。非裔美籍史家约翰·霍普·富兰克林于上世纪30年代早期进入大学学习，他起先打算修习英语，随后进入法学院，但接着他遇见了老师西奥多·S. 库里尔（Theodore S. Currier）。“他是如此热烈，以至于在教室前不住地踱步，从一个角落到另一个角落……通过讲述那些有着真实、生动人物的事件，从国王、王后、首相、总统到工业巨头、普通劳工，他的课程提出并回答了一个个有关事件如何发生以及为何发生的问题，”富兰克林在多年以后回忆道。② 与这样的老师相遇不仅可以激发学生对历史的兴趣，而且，如法国史家拉奥尔·吉拉尔岱（Raoul Girardet）在他的回忆录中所写的那样，教师们能够以身

---

① Leon F. Litwack, “The Making of a Historian,” in *Historians and Race*, eds. Paul A Cimbala and Robert F. Himmelberg (Bloomington: Indiana University Press, 1996), 18.

② John Hope Franklin, *Mirror to America: The Autobiography of John Hope Franklin* (New York: Farrar, Straus and Giroux, 2005), 44 - 45.

作则，“毕竟，讲授历史并将自己的生命奉献给历史专业是一件令人尊敬的事”。[①]

对决定攻读历史系研究生的同学来说，他所面临的第一个大挑战即是准备申请材料。大多数研究生院要求学生参加研究生入学考试，并提交成绩单，但一份通顺晓畅的申请书，一篇精心撰写的论 202
文，几封出自本科老师具有说服力的推荐信是申请材料中最为重要的部分。你的申请书应当解释你为什么想要修读历史。申请书虽不必全面写明将要涉足的领域，但至少要提及几位申请院系中你对其研究领域感兴趣的教授，以表明你已花费时间来熟悉正在申请的项目。如申请书一样，你所提交的论文（如果要求包含在申请材料中的话）必需经过仔细的校对。它不必太长，招生委员会往往需要筛选大量的申请材料，但它需能够展现出你的能力，包括整合一手、二手史料信息的能力，作出可信论断的能力。推荐信应当出自熟悉你作品的导师之手。申请人应当亲自与想要申请的老师沟通，并在截止日期前提交申请。

就 2014 年的情况来说，在美国，大约有近 120 所高校拥有博士学位授予点，外加加拿大的一些机构，拥有硕士学位授予点的学校则更多些。因此，决定申请哪所大学颇为不易。美国历史协会出版有一部历史学高校课程名录，上面列有开设博士生课程的大学、院系教师以及各大学进行研究生层次培养的领域。学校会通过网络发布更为详尽的信息，包括教师名单及各教师的兴趣领域、攻读学位的具体要求以及申请材料提交指南。有意向的申请者需及时联系志

① Raoul Girardet, “L’Ombre de la guerre,” in *Essais d’ego-histoire*, ed. Pierre Nora (Paris: Gallimard, 1987), 148.

愿系所的研究生课程组长，以询问自己是否有资格竞争入学和获得经济资助。本科导师及本科所在院系同样能够提供一些建议。美国的历史学课程通常会努力招收不同类型的学生。2010 年，应届博士毕业生中有 45%是女性，19%是少数族裔（非裔、拉美裔、亚裔和印第安人）。①

203 在选择研究生院系时，申请者需要考虑很多东西。研究者攻读博士学位所在高校课程的声望会严重影响到未来在就业市场中的前景，尤其对那些梦想有一天能够在研究型大学中工作的人来说。针对美国研究生高校课程的质量虽然没有一个被普遍接受的排名，但大部分研究型大学中的教授是在约 15 所高校中获得博士学位的，这些高校在几十年中始终在学界拥有着领导地位。其中包括东部的一些常春藤大学——哈佛、耶鲁、普林斯顿、哥伦比亚、康奈尔和宾夕法尼亚大学，中西部一些历史悠久的学校，尤其是密歇根、威斯康星和芝加哥大学，南部的一些顶尖高校，如巴尔的摩的约翰·霍普金斯大学、北卡罗来纳大学教堂山分校和杜克大学，以及西海岸的一些学校，斯坦福大学、加州大学伯克利分校和洛杉矶分校在其中最为突出。传统上，一般不主张学生在同一机构中连续攻读本科和研究生学位。更换学校能给予你向不同教授学习的机会，并接受更为宽广的视野。然而，这不是一条铁律：本书作者即在加州大学伯克利分校获得本科和博士学位。

当然，这些老牌名校不是负有抱负的学生能够接受优质培养的唯一地方，申请者可以出于各种各样的理由考虑其它高校的项目。

---

① Robert B. Townsend, "Who Are the New History PhDs?" *Perspectives on History*, March 2012.

研究者也许会有一些独特的兴趣，通过与一位恰好不在这些知名高校中任职的教授合作能够更好地实现这一兴趣。也有一些领域，如拉丁美洲史、非洲史和公共史学，其最好的系所不在这些传统的知名高校中。出于个人或家庭原因，一些研究生需要留在国家的某个特定地区，这可能会限制他们的选择。相较于在知名高校但无稳定资助，前往排名相对较低但奖学金可观的高校也许是更好的选择。负责任的研究生课程绝不会鼓励学生通过借贷支撑学业：找到一份能够偿还贷款的历史类工作的机会并不多。根据以往经验，一个来自相对不知名大学的博士学位不必然意味着毕业之后难以找到一份历史类的全职工作，尽管它可能会影响研究生求得那类最具竞争性的工作，他们将更可能在一些以教学为主的学校或非大学性质的机构中工作。本科生在考虑是否要继续学业时不要被美国历史协会名 204
录上所列的学费金额吓住，因为大部分高校课程将为入学者提供经济支持，但弄清获得资助的可能性很重要。咨询在读学生，了解一些学院和网站可能不会公开的重要信息也是一种很好的方式：学院是否真的关心学生？研究生间是否有好的风气？

当求学者着手申请历史学研究生学位时，还需要考虑计划申请什么样的学位：硕士还是博士。硕士学位通常需花费两年时间完成，它可以有各种各样的用途。对一些学生来说，攻读硕士学位是一种检验自己是否真的想要投身于更长期的博士阶段学习的方式。通常，研究者不会在一所学校获得硕士学位之后，继续向另一所学校申请博士学位。除此之外，对那些本科成绩一般，无法证明自己有能力、有决心完成研究生阶段学习的人来说，攻读硕士学位也是一条路径。历史学硕士阶段的学习也可以与其它专业培训结合起来，如在中等教育、新闻媒体、国际关系等行业获得资历证书，这将使毕业生有资格在社区大学中教书，或在四年制学校低年级课程中担任助教以及在私立高中任职（公立学校中的教职通常需要获得师范学校颁发的教师资格证书）。相较于本科毕业生，硕士毕业生能够申请更高层次的公务员职位。

博士学位比硕士学位更具威望，但也是更为专业化、需花费更多时间攻读的文凭。尽管没日没夜地努力加快速度，但大部分学生从大学毕业到完成博士学位仍需要花费 7 到 9 年的时间。不是所有的历史学博士生都会成为教授，完成博士学位所展现出的技能——贯彻执行一项复杂研究的能力，包括从不同史料中整合信息、排列数据、用书面形式有效地展示数据的能力——在其它情境中同样宝贵。然而，对那些从一开始就不把高校教师作为职业目标的人来说，
205 应当仔细考虑获得博士学位是否是达成理想职业的最好方式。因为完成博士学位需要花费如此多的时间，如此大的努力，研究者不可能像硕士阶段那样同时接受其它专业训练。尽管有一些领域，例如法律史，可能需要通过获得另一个专业学位来增强竞争力。

遵从 19 世纪兰克创设的传统，大部分研究生课堂采用研讨会的讲授方式，注重对阅读材料进行严密分析，尽管一些研究生课程还采用个别指导的方法，学生单独与教授见面以讨论作业。兰克式的研讨会十分侧重于学习阐释一手档案文献，但美国式的研究生课程通常注重阅读，在这类研讨会中，学生将系统地研读其研究领域中最为重要的二手文献。研究生课程中教授与课程材料间的关系与本科课程稍有不同。在教授本科生时，教授对于所讲授的一些主题或许没有太多的一手知识：在讲授世界史或美国史这样的概述性课程时，任何人都会遇到知之甚少的对象。然而，在研究生课堂上，导师被默认为一位真正的专家，他不仅熟悉这一领域的一手材料，而

且对其他学者所写的二手文献也如数家珍。教授期望研究生像自己一样认真对待课堂中的讨论主题，甚至有时接受自己的研究方法。琼·斯科特记得曾有一位教授退回她质疑其方法论的论文，并“用讥讽的语气评论说，这篇论文提供了一个范例：不要这样写历史”。[1]从这类经历中快速恢复是在研究生阶段存活下来的关键。

同本科课程一样，研究生课程采用打分的形式，但在获得学位之前，研究生还必须通过一些综合性的资格测验，这些测验不直接与特定课程挂钩。研究生的学习领域可以根据不同方式划分，他可以研究一个特定阶段中某一特殊国家或某一特殊文明的历史，也可以研究像妇女史和性别史这类有关某一话题的“主题性”领域。一些研究生课程鼓励学生研究历史之外的学科领域。传统上说，综合性测验一般以“口头”方式进行，与研究者共事的教授们组成委员会，向候选人提出问题，候选人必须在不参考笔记或其它文献的情 206
况下当场作出回应。测验目的是察看被测试者是否已掌握所研究领域的重要史学议题，是否能够“快速地作出临场反应”。资格测验也许还包括笔试，研究者就委员会所设主题撰写文章。无论资格测验采取什么样的形式，都不可避免地会引发焦虑；即使那些最为优秀的学生也常记得口头测验是他们整个研究生生涯中最为紧张的时刻。

在研究生准备课程和考试时，通常也会获得第一份教学经验。在大多数高校中，研究生会通过助教工作获取至少一部分经济支持。这个职位通常需要研究生在由常规教师讲授的大课中组织讨论并批改书面作业。研究生课程的目标之一是让学生在一些教学事务上做

---

① Joan Scott, “Finding Critical History,” in James M. Banner Jr. and John R. Gillis, eds., *Becoming Historians* (Chicago: University of Chicago Press, 2009), 32.

好准备，包括训练如何维持课堂秩序，推进讨论，在作业上给予建设性的回馈。就像口头测验那样，第一节课是一个紧张的成年礼。在习惯了学生角色多年后，崭露头角的史学家突然需要扮演一位教师的角色。从自己老师那儿潜移默化获得的课堂管理经验多少有些用处，但对大多数研究者来说，他仍然需要一些时间来形成行之有效的课堂风格。高年级的研究生或许有机会独立开设课程，安排自己的教学大纲。这让他们在进入就业市场时能够切实地证明自己对教学已准备就绪。对公共史学感兴趣的研究生，以及发现自己并不真正热爱教学的研究生，需要在一些档案馆、博物馆和其它机构中寻找实习机会，来增长自身阅历。

像视频游戏玩家那样，成功通过资格考试的博士生接下来将面临一项新的挑战：撰写博士生毕业论文。毕业论文通常会在一位教授的指导下完成，这位教授拥有与研究者所撰写主题相关的研究经验。选择博士生导师是一件重要的事：正如德语词“Doktorvater”（“博士亲爹”，现在也作“Doktormutter”，“博士亲妈”）所表明的
207 那样，学生与其导师之间的关系不仅是一种学术关系，而且有其情感维度。理想中的博士生导师就像一位优秀的父亲或母亲，知道如何给予学生足够的指导和建议，但又适可而止，并且知道这段关系的目标是培养学生拥有成为一名独立学者的自信。博士生导师必须熟悉学生将要研究的领域，并在设计和完成论文项目上给予学生有效的意见。因此在选择毕业论文导师上，研究者不仅要考虑个人对导师的喜好，还要考虑这位导师在开启自身职业生涯上能给予多大的帮助。一方面，在研究者申请基金和工作时，领域中一位著名教授的推荐信通常有着较重分量。然而，另一方面，知名教授也通常是学院中最为繁忙的人物，他们或许不愿意腾出学生需要的时间。

撰写一篇博士毕业论文意味着完成一个原创性的研究计划，这个计划的重要性足以支撑起一篇 200—500 页双倍行距打印的研究性论文。论文内容需要建立在研究一手史料文献的基础上，尽管根据论文性质的不同，文献的性质也会有所不同。一篇被认可的论文必须要么触及一个之前不曾研究过的主题，要么对史料和事件提出新的阐释。通常，论文计划需要研究者前往千里之外的档案馆和图书馆搜寻材料。研究者被要求能够阅读用最初语言写成的材料，即使那些只使用英文材料的人也必须证明他们能够阅读至少一门外语。

对大多数史家来说，撰写博士论文是他们第一次全身心投入档案研究的时刻，而档案研究正是历史学科最具特色的方法之一。有一些领域，例如古代史，它的原始材料可能不在档案馆里，但为了被视为一项原创性研究，大部分学术性研究项目要求学者们运用古代人所留下的文献档案。没有谁能比法国社会史家阿莱特·法尔热（Arlette Farge）在其著作《档案的诱惑》中更能唤起对档案研究的热情了。阅读档案文献，尤其是从不曾计划出版的手稿，“会产生一种与现实的连接感，这种感觉是阅读任何无论多么鲜为人知的印刷文本都不会产生的，”她写道。“手稿档案是有生命的事物。”[①] 触摸 208
多个世纪前制成的墨迹和纸张，研究者会涌上一种让死者复生的强烈情感。然而，当她阅读材料时，史学家又意识到他们讲述的不是自己的故事。档案研究是学者与档案间的对话，学者对档案必须“小心求证，以揭示其意义”。在完成毕业论文的过程中研究生在档案研究上所花费的时间正是他们提升寻找、阐释过去痕迹之技能的

① Arlette Farge，*Le Goût de l'Archive*（Paris：Seuil，1989），12，23. 这一著作的英译本名为 *The Allure of the Archives*（New Haven，CT：Yale University Press，2013）。

时刻。在大量档案文献中找出能够揭示重要事物的部分，这样的工作是单调乏味的，“任何人都无法描述这样缓慢的工作有多磨人，”法尔热写道，但通过阅读档案所达成的理解是借由任何其它方式都无法获得的。[①]

档案有多种形式。政府文献是大部分历史研究计划的基础。这些文献可能保存在大型建筑群中，如主址位于马里兰州科利期帕克镇的美国国家档案馆，它保存有数十亿件联邦机构的档案文献。数百名职工在此就职，维护和整理档案文献，以确保档案向研究者开放。为便利研究者，国家档案馆有一个大型阅览室、一个就地自助餐厅和一些其它设施。同所有重要的公共档案馆一样，国家档案馆将文献分为多个类别，其通常根据文献来源，即文献所属的政府部门分类。不同的类别被依次摆放在不同的盒子中，每一盒都囊括了一定数量的文件或汇编。如果研究者足够幸运，碰到档案管理员已列好每一系列的档案清单，并对每一盒内容的性质已作简明标记的话，他就不必再做大海捞针的工作。另一种极端情况是，在组织良好的公共档案馆中，无数有关私人个体、商业公司和其它机构的档案只是被毫无秩序地装在硬纸盒中，可能其拥有者也不曾意识到这些纸张的重要和脆弱性。

虽然写于 1989 年，但阿莱特·法尔热已意识到科技正在改变档案研究的性质。她抱怨学者们正越来越不被允许接触原件，而只能
209 被迫依赖微缩文献。近几年中，变化已更为显著。现在，研究者们通常已不再缓慢地逐页阅读档案盒中的内容，而是用手机发狂似地拍摄档案，以便随后在电脑屏幕上阅读。在我最近几次进行档案研

① Farge, *Goût*, 22, 71.

究的经历中，我甚至看见同事用数码相机照下微缩文献，生产对原件进行二次转换后的图像。现在，也有大量的文献被放上网，例如有关西班牙殖民帝国的文献，这使得实际的前往档案馆的旅程不再必要。数字转录工具能够将难以识读的手写体，例如中世纪手稿中的那些，转换为现代印刷体，这有望让学生不再仅仅为了辨识这类文献中的字体而掌握迄今为止仍然需要的特殊技能。在线档案馆为研究提供了重要的新的可能——例如，它们可以让研究者意识到其它地方相关档案文献的存在——它们也正快速改变着历史学家与其史料间的关系。

博士论文除了要展现其作者已具备处理原始材料的能力，还需要表明研究者的其它一些能力，包括界定一个有意义的历史问题，找到尽可能多的相关材料，探明自身作品在已有史学成果中的位置以及用文字有效地表达研究成果的能力。为了让计划具备可操作性，研究者们通常被劝告要限定其主题。倾注几年时间在一个狭小的计划上也许会让人沮丧，不幸的是，即使资质优秀的学生在这一阶段停滞甚至放弃研究生学业也是常有的事。总的来说，大学教授们仍然同意，这段艰难的学习历程对未来史学家来说是必要的，它能够让史学家很好地领悟过去知识是如何产生的。对那些想要从事其它历史类职业的学生来说，传统的博士毕业论文是否是培养学生的最好方式仍然值得讨论。

继承欧洲中世纪大学的传统，在完成博士论文之后，大部分学位申请者还需要通过一个由学术委员会执行的口头测验，对论文进行“答辩”。博士研究生需要解释他们为什么会选择研究这一特定主题，他们是如何完成其作品，如何证明其所得结论的。在研究者对 210
所用方法进行论证时，史学议题通常会是博士答辩会的核心。论文答辩会也是一次机会，让学生导师对论文在未来的学术出版提出进一步的修改建议。如果一切顺利，通过答辩的候选人将获得“哲学博士”的头衔，准备承担起大学历史教学或在其它公共历史领域工作的责任。

在历史学界求职

在研究生完成毕业论文后，还必须应对一个新的关卡：求职。现在，大部分的高校全职教职工作都会公布在网上，尤其在 H-Net（www. h-net. org）上，求职者要学会实时跟进它。这些职位将吸引全国甚至全世界的求职者；在工作地点附近居住或上学并不必然是种优势，尽管它可能会有助于找到一份兼职的教学工作。很多公共历史领域的空缺职位也会公布在网上。一些会公布在 H-Net 上，但求职者还需要查阅公共历史国家委员会的网站（www. ncph. org）。在“联邦政府官方就业网站”（www. usajobs. gov）的“公务员职位列表”处输入关键词“history”，也可以找到联邦机构中的空缺职位。由于工作的性质，这类职位也许不会在全国范围内招录，与当地公共历史机构建立个人联系也是在这一领域求职的关键策略。

在申请者找到合适的职位后，需提交申请材料。申请材料一般包括一封说明其资质的求职信，一份详细列有教育经历及所获成就（例如曾获得过的研究生奖学金、曾参加过的学术会议、曾发表的学术文章以及教学经历）的简历以及合作教授的推荐信。教职申请者通常还需要上交一篇证明其研究能力的论文和表明其教学技能的课程大纲和课堂评价。现在，这些材料一般需上传至网络。

就教学职位而言，由专家组成的招聘委员会将对收到的申请材料进行审核、筛选，挑选出看起来最有前途的“最终候选人名单”。211 在大多数情况下，这些候选人将受邀参加初选面试或亲历像美国历史协会年会这样的学术会议，近些年来也有越来越多以网络形式进行的面试。对招聘委员会来说，这些面试有助于他们了解候选者的性格以及他们有效传达其学科热情的能力。通过向招聘机构提问，观察招聘委员会成员间的微妙关系（众人之间是和谐相处还是可见的紧张），候选者也能够通过面试熟悉他们可能加入之院系的状况。然而，即使在最轻松的环境下，面试对知道自己仅有 30—45 分钟来留下最好印象的候选者来说仍是紧张的。每次历史类教职一更新，求职者就不断地在网络求职社区中发布新闻和谣言，这也反映出申请者等候机会与回应的焦虑。

一旦招聘委员会定下初选面试的结果，便通常会邀请 2—4 名候选人继续到校参加工作面试。这趟由招聘机构买单的校园旅程一般会持续一天或一天半，在这期间，候选人需要对其工作进行公开演说，通常还需要进行试讲。公开演说一般需要候选人作出有效的陈述，陈述内容不仅包括其研究的原创性，还应包括其方法论路径的价值所在。在这种情况下，能够清晰地表达史学关切便能增加筹码。校园面试还包括与招聘系所的领导以及与招聘过程中涉及的高校管理人员或学校层级的领导见面。候选人通常有机会与一些历史专业的本科生进行非正式交谈，如果招聘院系有研究生的话，同样如此。幸运的候选人将会有时间简单地游览学校周边以及学校所在城市。最后，几乎总是会在当地的一家餐厅与院系教师们共进晚餐，这可以检验候选者的社交技能，并提醒他们，被聘为一名教师不仅只是填补空缺，而且还意味着加入一个校园共同体。

候选人们通常不会知道，当全部选手完成面试后，招聘部门时
212 常会发生一场激烈的争论。不同人员就候选人的资质产生不同意见，这些争论也通常反映出不同研究者内心深处就何为恰当的历史研究方法持有的不同观点。换言之，这类争论进行的过程正是史学问题直接影响史学家职业生涯的时刻之一。最终，不出意外，其中一位候选人将获得职位。那些崭露头角、让人难以忘怀的优秀史学家——拥有一篇让人激动的毕业论文，来自著名学者的热情洋溢的推荐信以及充满想象力的教学理念——也许能够幸运地获得几份工作邀请以供选择，由此与未来的雇主讨价还价。但就目前毕业人数供大于求的就业环境看，如果第一份工作就能获得终身教职的邀请，那么他很可能会感觉自己是一位幸运儿了。

大部分博士应届毕业生需接受一个事实，即他们的第一份工作可能是临时的或兼职的。少数人会在哈佛或斯坦福这样的顶尖高校中获得颇具声望的博士后职位。尽管只有几年时间，这类职位依然抢手，因为在位者能够在仅教授少量班级的情况下拥有很好的机会继续和扩展其研究，还因为这类职位是通往终身教职的前哨站。还有一些博士应届毕业生可能接受“讲师”（lectureships）或“辅导员”（instructorships）这类临时性的工作，它通常没有获得终身教职的可能，而且将承担大量的教学工作，在科研上得到最少的资助。很不幸，很多研究生发现自己不得不上前争抢一份兼职或助理的工作，讲授一两门课程，挣得少量的工资以及微乎其微的额外福利。最终获得这些不尽如人意的职位的求职者希望能通过这些专业经验武装自己，获得一份全职工作。一些人成功了，一些人发现自己因无法与那些更具前途、研究成果更为丰厚的新晋博士毕业生相匹敌，而被永久地降格为一名未充分就业的流动兼职学术民工。如果多年

之后仍未找到一份全职教职，他们中的很多人会放弃教授梦，转行做另外的工作。

虽然绝大部分博士应届毕业生会想要寻找一份教职，但也有越来越多的人考虑在公共历史领域求职。“公共历史”这一术语涵盖了一个广阔的领域。芭芭拉·J. 豪（Barbara J. Howe）和埃默里·L. 肯普（Emory L. Kemp）就这一主题编辑了一部综合性的概论著作，其中多章涉及职业机会的问题，包括档案馆和图书馆中的工 213
作，历史类文献档案的编辑和出版工作，历史遗产保护、产业考古学领域的工作，博物馆、历史类社团中的工作，组织如民俗节等公共项目的工作，联邦和州立政府历史处、国家公园管理局以及私人企业等部门的工作，当然还有作为一名独立学者来养活自己。[1]

对公共历史领域感兴趣的求职者需要通过自己联系如州立历史类社团和博物馆这样的机构来寻找职位空缺；实习通常是未来成功就业的关键性步骤。学术机构中的老师们很少有人会熟悉公共历史领域，除非他们是这一行中的专家，因此，不像对待学术类求职者那样，他们很难为这类工作的求职者提供帮助。一些可以被称为历史类自由职业的工作机会也许只通过口头传播。例如，当我的一位研究生同学知道一个犹太教堂想要找人写一部教徒史时，他就得到了这个机会。他从未完成他的博士学位，但他的第一份工作即已开启了他作为一名犹太史作家和犹太社区教育者的成功的职业生涯。今天这一代博士生中还有一些富有类似企业家精神的人，他们热心于探索如为网站提供历史类内容这样的工作机会。还有一些博士生

① Barbara J. Howe and Emory L. Kemp, *Public History: An Introduction* (Malabar, FL: Krieger, 1986).

则相信他们在研究生阶段培养起来的能力能够更好地被用于一些与历史不直接相关的工作当中。正如一位曾经攻读历史学博士的企业顾问家写道，“写作毕业论文就像是一场企业家的冒险”，它需要出色的组织能力，而这种能力也可以被运用至其它领域。[①]

为了终身教职

即使那些完成研究生学业、找到一份全职工作、胸怀凌云壮志的史学家们也对接下来将要面临的新挑战知之甚少。在高校中任职的新晋教师们会发现自己身处一个相对结构化的环境中，所有人都围绕着是否能够获得永久性的职业保障即终身教职转圈。公共历史领域中的情况则大为不同：对公务员来说，联邦政府会提供保障和
214 福利，这些保障相当于已获终身教职的老师所享有的权益；但另一些公共历史领域中的职位在一开始可能是临时性的，而且职业道路也不是那么清晰。对进入学术圈的人来说，终身教职是梦寐以求的最高奖赏：它意味着这位教授不能被随便解雇，除非他行为极其不端或犯有渎职之事。在全世界，能够提供这类保障的职业越来越少，终身教职就是学术生涯中最具诱惑力的东西之一。

1940 年，美国大学教师协会和美国高校联合会制定了终身教职条例与授予程序标准，绝大部分美国高等教育机构都遵循这一标准。对教师来说，终身教职不仅是一种特权，正如 1940 年条例所说的那

① Joshua Wolff,“A New Course: Converting a Passion for History into a Private Sector Career,” *Perspectives in History*, Jan. 2014.

样，它还意味着要捍卫“寻找真理的自由及观点自由”。终身教职即是要保证教师不会因为其研究内容和讲授内容而受到惩罚。此外，1940 年条例还表明，终身教职就是要提供“充分的经济保障，以使能者安于其位”。[1] 从授予机构的视角看，终身教职也是机构成功的重要保障。它鼓励教师们认同自身机构，并且愿意拿出额外的时间和精力帮助学生获得成功，保证院系与学校良好运转。

几十年来，终身教职体系已成为学院生活的一大特点，但未来它是否能够维持现有形式已越来越无法确定。终身教职当然容易被滥用，一些拥有这一头衔的教师无论在课堂上还是作为学者都懒懒散散。从机构的角度看，这一体系限制了高校应对学生需求模式和财务状况变化的灵活性。公立中学中的终身教职体系正越来越受到批判，异议者认为这一体系正是导致学生表现不佳的原因所在，这一观点也影响到了人们对高等教育中终身教职的态度。2013 年的一项调查显示，超过一半的美国高校教务长同意，“未来美国的教师群体不应当把终身教职作为推动其在高校中从教的因素”。[2] 英国已在
1988 年取消了大学教授的终身教职制度，在这之前未获终身教职或 215
已变动工作单位的教师们现在签署的是可续签的不定期合同，并被要求证明他们作为学者和教师的生产力来保留职位。终身教职体系的废除不意味着英国高校教育的终结，年轻人依然可以加入学术领域，但显然，学术圈的压力也由此加重。

在更为松散的美国学术体系中，终身教职无法像在英国那样由

---

① “1940 Statement of Principles on Academic Freedom and Tenure,” http：//www. aaup. org，under “Reports and Publications.”

② Scott Jaschik，“Skepticism about Tenure，MOOCS and the Presidency：A Survey of Provosts，” *Inside Higher Education*，Jan. 23，2013.

政府法令废除。大部分美国教授仍然认为，终身教职是一种合理的补偿形式，用于补偿他们在研究生阶段和职业生涯早期经历的无保障生活以及较其它专业职位相对较低的收入。终身教职条例规定，在全职教师任期期满六年后，高校要对其是否能被授予终身教职进行评估；教师不能无限期地等待终身教职的评选结果（现在，一些高校也允许教师因为育婴假或其它一些原因推迟终身教职的评选工作）。因此，从被招聘的那一刻起，新教师们便紧张地开启“终身教职倒计时”，以确保在奖励到来之时满足所处高校设定的评选标准。

教授们的工作

为了获得梦寐以求的终身教职殊荣，新晋上任的教师们必须展现他们是有能力的老师和有产出的研究者。尽管大部分历史学研究生在完成博士学位之前已有一些教学经验，但很少有人真正为全职教师工作做好准备。从表面上看，大学历史教师的教学任务很容易完成：在美国研究型高校中，大部分教师每学期只需讲授两门三小时的课程；即使在以教学为主导的高校中，任务量也很少会超过每学期四门课。但是，认为教师们每周只需花费 6—12 个小时在教学上这样的观点存在误解。课上一分钟，课下十年功。在学期开学很早之前，教师就必须为每节课挑选书籍和阅读材料。到学期开始时，教师便必须已制定好每门课程的教学大纲，课程所涉及的所有主题，
216 与主题相关的阅读材料以及考试安排和其它作业。即使是已多次讲授的课程，也很少有教师能够在不提前回顾材料的情况下进入教室直接进行讲授或开启讨论。通常，老师还会想要准备一些用于播放

的视听材料，有时也会准备一些讲义供学生讨论。随着课程的进行，教师需要为学生准备测验和其它作业，并给定成绩。教师也应当留出固定的办公时间，以便与班上的同学交流。大部分交流会面是令人愉快的，但有时也会产生冲突，例如当学生对成绩感到不满时。学生的一次抄袭事件即可耗费掉老师的大把时间，尤其是如果抄袭者对惩处提出异议的话。到学期结束，老师便开始快马加鞭地批改期末论文和期末测验，计算学生的综合成绩，并上报给教务处。

为了赶在学生前头，对新晋全职教师来说，第一年都是一场艰苦的斗争。随着时间的流逝，教学工作会不那么耗时，重复地讲授一门已设置好的课程比第一次讲授要轻松得多。随着经验的积累，教师们会形成一种自己行之有效的教学风格。那些表演型人格的老师常常会成为一名成功的演讲者，他能够通过戏剧性的课堂表现吸引学生的注意。还有一些人则更善于组织和带领选课人数较少的讨论课程。当然，也有一些老师会比其他人更具耐心、更善解人意地指导学生做个人研究，不管是对本科生层次还是研究生层次的同学。当前，教师们也有望通过各种方式运用互联网讲授课程，例如，将讲座录制成视频播客，用网络聊天工具同学生线上讨论以代替课堂讨论。公正地评价教学效果通常有些困难，这也是教师在评定终身教职时引发很多焦虑的地方。大部分高校严重依赖学生的课程评价表，尽管这在反映了教学质量的同时，也反映出这位老师在评分上有多慷慨。较为年长的院系老师也可能会到未获终身教职的教师课堂上听讲，晋升委员会也会参考课程大纲和课程作业，来评定其同事尽了多大的课堂责任。

与此同时，新晋上任的教师还需尝试推进其研究，这意味着要学习融入学术会议与“同行评审出版体系”的神秘世界。“要么出 217

局，要么发表”，正如这句咒语不断提醒的那样，很少有高校会在毫无出版成果的情况下授予新教师终身教职。在研究型大学中，科研成果比教学成果在评定终身教职时占据的份量更大；即使在那些主要倚重教学成果的学校中，也通常需要至少有一些研究活动证明。对大部分史学家来说，证明产量即是要看出品了多少研究成果，或者以向学术听众做报告的方式，或者以出版著作和文章的方式。这些活动也对在任教大学之外树立名声至关重要。它们表明，新培养的教师不仅是大学共同体中的一员，而且是职业学术共同体中的一员。

大部分学者的出版生涯从向专业会议提交论文开始，有的甚至在博士阶段就已进行。这些会议是学术生涯的重要组成部分。如美国历史协会年会这样的会议将吸引各个学术领域的史学家前来参会。除了学术讨论外，这些会议也可以发挥其它作用，如作为招聘面试的场合。美国历史协会年会一般会吸引多达 5000 名的参会者。一些更为专业性的会议，如拜占庭研究协会或美国对外关系史研究会的年会，规模则可能在 100—500 人之间。这些会议为教师与自身领域中的其他研究者会面提供了机会。通过这些会议，研究者可以了解领域中最新的研究，可以与意趣相投的人建立私人联系。大部分院系都会鼓励教师每年至少参加一次会议，并通常为此提供差旅费。公共史学家也会参加各自领域中的历史学会议，并组织自己的专业会议。

想要在会议上宣读作品的研究者需注意会议公布的“提交论文”截止日期，这通常会提前公示。会议组织者鼓励潜在与会者就相关主题组成论文小组参会，虽然他们也通常会接受个人的论文提要。历史学会议中的主题讨论有一些高度程式化的特征。一个典型的主题讨论由三位发言人、一位评议人和一位主持人构成，发言人将有20分钟的时间讲述自身研究的某些方面，评议人要提前阅读文章并 218
对文章作出点评，主持人则负责介绍各位与会者。如果主持人严格控制分配给发言者的时间——这总是一个艰巨的任务——则将会有一些时间留给听众提问。主题讨论结束，与会学者与听众散场后，一些人将继续参加其它会议环节，另一些人则与在该学年中除此场合外将很难再见的朋友见面。就像史学新手要做的很多事一样，第一次陈述会议论文是一段极其紧张的经历，尽管听众人数也许不多，一般在15—20人左右，但陈述人知道，其中的很多听者是这一领域中货真价实的专家。

成功的会议演讲能帮助一位新学者建立声望，但对大学教师来说，学术出版是更为重要的事情。一踏上工作岗位，大部分史学家便试图确保至少自己毕业论文中的一部分内容能够付梓出版。因为历史学博士毕业论文的长度通常很适合出版成一部薄厚适中的著作，因此这一挑战看上去似乎并不难。事实上，在其它国家，博士论文经常不经任何修改就能出版，虽然有时需作者自费。出版博士论文能够让其它学者了解作者的研究发现，毕竟，这是研究的本来目的之一。然而，在美国，大家普遍认为博士论文还达不到出版的标准。例如，一篇典型的博士毕业论文通常以一个研究综述开头，详细讨论相关的史学研究状况，并突出作者研究的创新之处。研究者还常常热衷于展现他们在研究上所下的苦功夫，这意味着他们的博士论文可能会过于精细。在完成论文的过程中，很多研究者逐渐意识到，必须做更多的探究来将自己针对课题某一方面的狭小研究转变为一个更为融贯的主题叙事。在倾注多年的时间于某一课题研究之后，新晋博士毕业生们意识到，在完成可出版的手稿之前，甚至还需要投入更多的时间。

对新教师来说，仅仅将博士毕业论文转化成著作手稿或拆分成多篇小文章是不够的，这些作品必须以合适的方式见刊或见报。大部分高校敦促教师，尤其是那些未获终身教职的教师，将作品发表
219 在为同行评审体系所认可的地方。自“同行评审”体系于兰克时代在历史学和其它学科领域中发展起来之后，它就成为了定义专业学术研究的关键部分。在得到出版之前，一篇经过了同行评审的论文即意味着已受到相同领域中其他学术专家的仔细审察，作者必须对这些匿名专家提出的批评和建议作出回应，并且通常需大面积地修改论文。同行评审体系区分了学术性历史作品和为大众而撰写的历史作品。大众历史作品的出版商更看重这一著作是否有生动的文风，而非它所运用的材料是否全部可信，它是否涉及了相关的既有研究。

大部分通过同行评审的历史作品或由大学出版社出版，或由针对学术型读者的独立出版商出版。同行评审体系内的学术期刊通常受专业学术组织的资助，例如美国历史协会出版有《美国历史评论》，美国史学家协会出版有《美国史研究》（*the Journal of American History*）。如果说商业出版商通常会回避出版带有脚注的作品，认为它们会吓坏普通读者，在同行评审体系下出版历史类学术作品的出版社则强调作者必须标明他们的文献出处：规范的脚注或尾注，以及一份翔实的参考文献是一部学术著作的主要标志之一。在学术期刊上发表的文章也近乎都拥有脚注。大部分重要的历史类期刊仍然以纸质形式出版，但现在也几乎全部能够在网上看到。然而，如果某一期刊想要在学术界真正立足的话，即使这部学术期刊只以数字形式出版，它也仍然需要经过了时间考验的同行评审体系来挑选其中的内容。

获得终身教职之后，还有学术生命吗？

终于，评定终身教职的关键性一年来临。焦虑的候选人需协助其系主任或院系晋升委员会主席整理评选所需的全部材料：一份确凿、充实的详细简历，其上可列有已发表或出版的所有学术作品、教学成果以及对所在院系及高校的其它贡献。在研究型高校中，这些资料将送给在其它高校中任职的与候选人相同领域的多位 220
专家，他们将阅读这些材料，给出候选人是否值得授予终身教职的参考意见。通常，在获得终身教职的同时，候选人也将晋升为副教授。由于这些评定者相较于本院系老师在候选人领域中拥有更多的话语权，而且他们也被认为不易因个人原因产生偏见，因此，他们的“外部意见”将对晋升结果产生关键性的影响。在那些以教学为主要考虑项的学校中，“外部意见”则可能由同一高校中不同院系的教授撰写。

在获得“外部意见”之后，候选人的已获终身教职的同事们将阅读这些意见及其它材料，并表达自身观点。就像聘用决定那样，是否授予终身教职的决定也可能在院系中引发激烈的争吵。事实是，这些已熟识候选人、并正决定其命运的参会者近乎是感性地做下决定的。一旦院系部门给出评定意见，晋升材料就会上传给高校管理部门。通常，历史系所属单位的院长是影响晋升决议最为重要的人物，但决议也需获得其它官员——如教务长、校长和不同的意见委员会——的同意。大部分只需等待学校级部门给出意见的候选者可以说已获得了终身教职，但直到最终批复下达之前，没有人敢百分百确定。没评上终身教职也不必然意味着学者生涯的结束。当前学术界中的一些著名教授就曾在这种磨难中重生，继续在其它高校中任职。然而，晋升失败也的确是一段不愉快的经历，它常导致高校教师退出学术圈，去做其它的行当。终身教职申请失败者也可能会做出一些消极的决定；如果他们有理由怀疑是因为人种、民族或性别而受到歧视，则甚至可能会对所属高校提起诉讼。高校机构固然要避免卷入这类有时会成为校园公共议题的案件中，这也是为什么终身教职的评定过程会如此繁复且官僚化。

221 对已获终身教职的教师来说，一个最大的意外是，得到这一梦寐以求的称号不意味着之后可以轻松愉快地教学和做研究。一些调查显示，在获得终身教职之后，高校教师的职业满意度反而下降了。对一位新晋终身制的历史系教师来说，她/他在此之前十五年的生活通常有一些清晰的目标：通过资格考试、完成毕业论文、找到一份工作、获得晋升。在大部分时间里，她/他一般只专注于一个研究计划，起初是毕业论文，随后是著作草稿，而著作的出版也可写进提职申请里。当长久等待的通知终于下达，其接收者突然意识到，她/他再无新的明确目标可以为之奋斗了。不管在历史领域还是其它学科中，获得终身教职即是动力危机的开端，面临这种状况的教师数量惊人。"这位副教授开始思考：我为什么要做眼前的事?"一位学术界资深人士说。[①] 对很多人来说，这是一个个人成长过程的终结，同时，他也将开启一个新计划，或在学术领域，或在高校管理岗位上。但对一些人来说，这却成为了一种永久的状况，在看到更

---

① Robert A. Rhoads, quoted in Robin Wilson, "Why Are Associate Professors So Unhappy?" *Chronicle of Higher Education*, June 3, 2012.

多有着坚定目标的同事冲到前头后，情况不断恶化。

那些最具雄心、最为成功的史学家将成为学术明星，由此能够到那些较原初工作更具声望、收入更高的岗位上去。大多数人会在获得终身教职的高校中步步高升，先成为正教授，再逐渐成为学校教师中德高望重的人物。相较于大部分美国人，高校教师通常拥有不错的退休生活——这是对他们相对微薄的薪水的补偿之一，很多人期待一旦不再需要做全职的教学工作，便能有时间与家人相伴，去旅行，去追求个人兴趣。成为历史学家的好处之一是，即使退休之后，也能作为一名学者继续活跃在学术领域。一些史学家在他们的古稀和仗朝之年，仍然承担和完成了新的重大研究项目。也有数量惊人的史学家撰写了自传和回忆录，亦即他们自身生活的历史，在其中，他们深思了其所生活年代中的公共事件如何影响了自己的学术生涯。

学术圈外的历史类工作 222

尽管对在高校中任职的历史学家来说，其生活有一个为人熟知的模式，但对那些通过其它方式实现自己的历史兴趣的史学家来说，他们的经验是难以被总结概括出来的。很多非学术性的历史学家活跃在公共历史领域。正如公共历史国家理事会的主页所写的那样，“公共历史学家不尽相同。我们可以称他们作历史顾问、博物馆专业人员、政府历史学家、档案学家、口述历史学家、文化遗产管理人、收藏机构负责人、电影和媒体工作者、历史阐释者、历史文物保护者、政策顾问、地方历史学家、社区活动家等等，还有很多其它的工作描述。”① 无论他们做什么，公共历史学家都需要有很好的历史学科背景。相较于学院派史学家，他们不大可能做太多的常规教学工作，也不大可能做原创性研究，但既然安守于位，就一定有一些其它技能。博物馆专业人员需要知道如何保存、修复和陈列历史文物。档案学家需要知道如何归档文献。在很多大学开授的公共历史研究生课程中，除了具备培养专业史家所需的课程外，也设计了一些为满足公共史家职业需求的专业化课程。

对很多公共历史类工作来说，从业者所需具备的一项基本能力是向大众或其它专业领域中可能缺乏历史背景的合作者传播历史知识。历史遗迹导游必须能够吸引和抓住不同年龄层次观众的注意力，并准备回答较学生提问远出乎意料的问题。为大型政府机构或私人企业工作的历史学家必须使他们的雇佣者信服他们所做工作的价值，并愿意不断提升工作质量以达到专业标准，而不仅仅是向上级摆摆样子。口述历史学家可能需要说服采访对象讲出他们的故事，他们还必须学会如何提一些可能会让人感到不适的问题而不失受访者的信任。

从事大部分公共历史类工作需具备的第二大素养是，相较于大
223 学学者，他们的工作是更为跨学科及合作性的。学院派史学家往往习惯于独自一人上课和做研究，但公共史家却常以团队的形式工作，他们通常会与没有受过专门历史训练的同僚合作。例如，为历史博物馆设计一个展览，不仅需要受过历史训练的展览负责人的参与——他能够确保准确无误地表达信息，还需要照看展品的文物保

① National Council on Public History，“What Is Public History?” http：//www. ncph. org/cms/what-is-public-history/，accessed July 7，2014.

护员，拟定展览视觉效果的设计人员以及教育专员，他们能够设计一些物件以帮助观众理解所见之物。为编写国家武装战争的官方历史，美国军方不同机构的历史办公室通力合作，例如仍在编写当中的越南战争系列，已经出版了超过 12 卷的内容。虽然其中的一些标上了个人作者的名字，但每一卷都是一个整体计划中的一部分，没有一位学者能够单独完成这一庞大事业。

大部分公共历史学家是默默无闻的，但也有例外，如罗纳德·里奇（Ronald Ritchie），他长期以来担任美国参议院的官方历史学家。每次一有关于机构之传统的问题被提出，媒体便开始引用他的说辞，此外，在学界，他也以对口述历史技巧的贡献而闻名。[1] 虽然公共史家很少在作品上署名，但他们仍然为历史理解和保持历史学科的活力作出了不可磨灭的贡献。参观历史遗迹可以激发年轻人学习更多历史知识的热情，也能让成人在结束教育长久以后仍然对历史保持兴趣。博物馆展览能够让公众关心一些重要议题，同时也向普通观众介绍学院派学者所带来的新视角，有时也会为学术研究提供新方向。历史文物保护者的报告将历史建筑与人工制品从无尽的破坏中抢救出来。档案学家则确保了未来的学者能够阅读到所需材料。为不同层次政府部门工作的历史学家帮助保存了机构记忆，并为政策制定提供建议。当前美国学术性历史的危机正促使人们越来越关注到公共历史领域存在的工作机会。然而，在看到工作机会的同时，也要认识到，这仍然不能保证所有想踏足这一领域的历史系

---

① Donald A. Ritchie, “Historians in the Federal Government,” in Richard S. Kirkendall, ed., *The Writing and Teaching of American History* (New York: Oxford University Press, 2011), 306 – 16; Donald A. Ritchie, “The Oral History/Public History Connection,” in Howe and Kemp, eds., *Public History*, 57 – 69.

学生找到工作。近年来，政府中公共历史办公室的预算遭遇了缩减。考虑在公共历史领域寻找工作的学生也必须意识到，这一领域当中主要的就业机会都在美国史方向。

224 在靠历史谋生的人群当中，为普通读者书写历史著作并大获成功的少数通俗作家是最为风光但也是最不具典型性的人物。大学教授常常嫉妒这类作家能够吸引到广大读者，在出版商那儿拥有尊贵地位，有时也能够产生较大的公众影响力。当奥巴马在白宫举行一年一度的“史学家晚宴”，近乎有一半参与者都是非学术性的著名史学家，其中包括畅销的传记作者罗伯特·卡洛（Robert Caro）和多丽丝·肯斯·古德温（Doris Kearns Goodwin）。一些大众史家曾接受过研究生层次的历史学教育，但他们之中很多人的传记表明，他们从一开始便对写作而非历史研究的技巧感兴趣。正如大卫·麦卡洛告诉一位采访者的那样，他也许是当前美国最为畅销的历史学家，“我从没有打算用叙事形式之外的方式写作历史”，他宣称自高中毕业之后，就不曾上过美国史的课程。麦卡洛在大学时主修英语，并在《体育画报》找到了第一份工作。当他在1968年出版他的第一部著作《约翰斯敦洪水》时，已年届四十。他的第一部著作广受欢迎，但这一状况并不能保证一份稳定的收入。就像大部分自食其力的作家那样，他不得不向出版商预支稿酬以谋生计，一旦他的写作计划超过预期，他和他的家庭就要“屏住呼吸，思忖该如何支付账单”。[①]

当职业史家在期刊中对大众史家的著作进行评论时，这些著作通常被批评太过强调个人行动，而忽视了客观史料的重要性，它所

---

① *New York Times*, Aug. 12, 1992; David McCullough, “The Art of Biography No. 2,” 与 Elizabeth Gaffney 和 Benjamin Ryder Howe 的访谈，*Paris Review*, no. 152 (1999)。

依据的史料范围过于狭窄，并忽略了其他学者的研究。在《美国历史评论》中，一篇评价麦卡洛获得普利策奖的哈里·杜鲁门（Harry Truman）总统传记的文章写道，作者是“作为一名讲故事者而非分析者”在写作。这篇文章还强调，“一部伟大的传记必须涉及所有相关信息，即使它看起来十分无聊”。在报刊、媒体上出现的针对同一类书籍的评论（这些评论通常由大学教授之外的其他职业作家所撰写），以及在“好读”（Goodreads）这类网站上发布的读者评价则要友好得多，它们大多从易读性和对非专业读者的吸引力方面来考量。大众读物评论网站“好读”上针对麦卡洛杜鲁门传记的评论通常来
自那些清楚讲明“我不是一名历史学家”的读者。普通读者称赞这部 225
著作“叙事流畅，就像一个小说故事”，并惊讶于作者竟可以吸引他们读完一部近千页的作品。[1]

学院派评论者常抱怨大众史家只关注战争、灾难和例如美国总统这样家喻户晓的人物生平。这不全对，比如说，贾雷德·戴蒙德（Jared Diamond）就凭借他的环境史著作如《枪炮、病菌和钢铁》收获了巨大成功，新闻记者盖尔·柯林斯（Gail Collins）有关女权运动的叙事作品《当一切改变：1960 年至今美国妇女的非凡旅程》（2009）也受到热卖。一部分大学教授，如勒华拉杜里、西蒙·沙玛和尼尔·弗格森（Niall Ferguson），也表明他们不仅能够成为备受认可的学者，还能够成为成功的畅销书作家。他们接受了大众史家在处理截然不同的主题时所采用的模式，很多读者甚至不曾察觉他们还在学术界拥有地位。还有一些学者型作家的畅销书拥有脚注等

① Donald R. McCoy, review of McCullough, *Truman*, *American Historical Review* 98 (June 1993), 974; readers' comments on Goodreads, accessed July 17, 2014.

一部标准专著所具备的学术部件，但它们也为普通读者感兴趣的话题提供了可读性很强的学术综述。通常，这是一些有关于战争的书籍，如詹姆斯·麦克弗森（James Mcpherson）的《为自由而战的呐喊》，这部有关内战的概论性著作同时受到了学院派读者和普通大众的欢迎，以及在近期受到高度评价的作品，克里斯托弗·克拉克（Christopher Clark）的《梦游者：欧洲如何在 1914 年走向战争》（2012）。

大众史家及其畅销书对历史学科而言发挥着至关重要的作用。他们让历史学不像其它一些学科那样，成为只有圈内人才能理解的晦涩难懂的知识。然而，成为历史类畅销书作家却没有可供遵循的简单公式。卓越的写作能力当然是一种优势，同时也要就某一主题做出可靠的论断，而不在受学界赞扬的多元可能性之间徘徊不定。对决定努力成为一名自由史家的人来说，必须认识到一夜成名的几率很小，每一本列于畅销书名录的历史著作背后都有很多销量惨淡、被很快遗忘的著作。大众史家通常要与职业书稿经纪人合作，经纪人会协助史家辨识普通读者可能感兴趣的主题，并确定讲述故事的
226 有效方式。大部分商业出版社甚至不会考虑没有经纪人出面而直接由作者发来的书稿，他们全然拜托经纪人寻找一些真正具有前景的作者和项目，而排除掉那些缺乏潜力的作品。

并不是所有真正热衷于研究和保护过去之人都把历史学作为一份专门的职业，也有很多人出于对历史学的热爱而不断接续历史学事业，不求回报。地方史社团和博物馆通常十分倚重志愿者的工作，每一个小组和团体都似乎有一位业余的历史档案学家，热衷于搜寻证实过去的档案和人工制品。一些从事其它职业的史学研究者仍然会腾出时间进行学术研究，最终出版著作。前章中提及的法国“星

期天史学家”菲利普·阿利埃斯即对文化史和日常生活史的发展产生了重要影响，尽管他只在做法国公务员的空闲时间中做研究与写作。绝大部分历史学专业的本科生都不会成为专业史家，但只要他们渴望从事这项事业，就一定会有多样的路径。

最后，同所有人一样，无论有什么样的职业，史学家必须接受自己也会“成为历史”。如果足够幸运，我们这些专门从事历史类职业的人将能够说——多么幸运，我们用工作时间做了些真正感兴趣的事，而不只是谋生。作为职业共同体中的成员，历史学家能够分享研究过去的热情，并感受到自己正投身于一项持续发光的事业，一项即使个体实践者告别人世也仍将继续存在的事业。人们将乐于看到，我们对之前长久世代的熟识——这些世代的故事正为我们研究、讲授和写作提供了材料——会协助我们接受这一普遍的命运。

229 # 第九章　结论

通过前面的章节，我们已经看到，历史学科有其漫长而复杂的历史。自成文史书在古代希腊和中国起源，到 20 世纪末喧嚷的“历史论战”，学界内外不断地就再现过去的恰当方式展开争论。到新千年伊始，史学家也没有就史学所涉及的一些重大问题达成更多共识。多元性——主题的多元性、方法的多元性、历史借以传播的媒介的空前多元性——无疑是当前历史领域的主要特征。在当一名历史学家即意味着作一名大学教师一个世纪之后，我们今天也越来越意识到史学家同样可以从事多种不同的职业。在一些人看来，当前是成为历史学家的最好时代，因为在重构过去真相的路途上存在如此多的可能性；当前也可以是成为历史学家的最坏时代，因为历史学这项事业已越来越难以被定义。

对很多史学家来说，对学科未来的焦虑与大学教师的职业前景有关。这种担心——绝不仅存在于美国——是切实的，尤其对考虑
230 要继续研究生学业的研究者来说，但这种担心也不应当让我们对历史学的未来感到绝望。同样也有一些迹象透露出历史学的美好未来，

例如，在全世界范围内都是如此的，即公众对历史博物馆日益增长的兴趣以及描绘过去的大众文学的持续畅销。一个数百年来适应了如此多不同状况，解决了如此多人类之深刻问题的学科是不可能消失的，即使支撑它的体制安排已有所改变。

那么，史学（historiography）本身又如何呢？就像历史整体那样，史学同样是一项持久的事业。一旦我们认识到重构过去绝不可简单地被认为是事实的汇集，我们就将不可避免地陷入于思考历史数据被收集、阐释和呈现的过程当中——换句话说，我们不可能避免史学问题。对史学的研究还告诉我们，历史这一学科有其自身的历史：在不同的时空当中，研究过去意味着不同之事。如果说一切历史的基本教益是人类活动的发生有其特殊的时间背景，那么这一教益不仅适用于人类活动的每一其它层面，也适用于人类对过去的研究和阐释。这一观点不是说要限制历史的价值，而是要让我们更为尊重历史。它教导我们，每一项对过去真相的研究，无论多么有限和晦涩，都是当下所产生的行动，是我们自身生命活动的结果。

说史学家将永不能就过去达成完全的共识，不意味着他们能够随心所欲地讲述过去。从洛伦佐·瓦拉到利奥波德·冯·兰克再到当前，学术性史家不断完善阐释证据的方法，这些越来越精细的程序使我们较之前所有的史学家拥有更好的研究过去的工具。如果我们并不总是能完全确定过去发生之事的话，运用这些工具，我们至少可以反驳很多错误的论断，缩小我们需探讨的论题范围，正如我的一位老师曾说过的那样。例如，在经过几十年的论辩之后，在一战初期德国军队是否在比利时和法国北部屠杀了大量平民的问题上，两位英国史家约翰·霍恩（John Horne）和艾伦·克莱默（Alan Kramer）根据细致的档案研究，从战争各方资料中获取证据，断定了不容争辩的事实：这一屠杀的确发生过，并且，它不是，像一些学者长期认为的那样，为了应对当地平民的暴动。[1] 学术性历史——
231 依照这些程序所进行的历史研究——的特殊身份在于，它还邀请其他史家来验证结论，并给予他们完成这项工作的必备工具。通过解释其方法，提供所参考的文献来源，学者们允许其同僚进行监督，检视他们是否用恰当的方法做出了可靠的论断。

然而，我们可以排除某些有关过去的论断，认为它们是不真切的，这不意味着全身心投入研究史料即能解决所有史学论争。在我所提及的例子中，霍恩和克莱默已通过查阅材料证实了一系列事件，并阐明了当时很多德国人所说的平民暴动并未发生，也就是说，这是一个“捏造的事件”。他们还试图解释这些屠杀发生的原因以及德国人声称发生过民众暴动的原因。他们的解释固然是可取的，但他们所采纳的有关人类心理的假设却不能像其有关在特定时间地点发生的谋杀数量的结果那样被证实或证伪。有关 1914 年所发生暴行之动机的史学论辩仍然会继续，即使史学家们已接受霍恩和克莱默有关真实发生情况的记叙。

史学论争无法得到清晰结果的原因在于，它们最终事关价值和意义这些基本问题。史学家根据从自己个人经验和研究中获得的对人类本性的理解，各有差异地看待过去。一些史学家也许会相信追求物质利益对人类行为产生了最为深刻的影响，另一些史学家也许会认为宗教信仰或文化状况更为有力。一些史学家认为历史的价值可能在于对事实做最为细致的还原，另一些则可能更看重对过去事

---

① John Horne and Alan Kramer, *German Atrocities*, *1914*: *A History of Denial* (New Haven, CT: Yale University Press, 2001).

件意义之直观感受的表达。对学术规范的严格遵守也许能够让持有不同价值观的历史学家在一些历史问题上达成共识，但事实上，那些审慎明智的历史学家通常愿意接受，对任何有关过去的重要问题而言，都没有单一的、简单的答案，他们都愿意在自我呈现中融入不只一种视角。期盼所有史学家都能认可一些历史问题的惯有回答与期盼他们对生命的最终意义达成共识一样，都是不合乎情理的。

然而，近千年中，却有两件事让史学家们团结起来。第一，史
学家们共享着一个信念，人类过去是有意义且有趣的。不管他们如 232
何看待重构历史的目的，是保存伟大事件的记忆，是为当前提供训诫，还是拓宽对人类本性的理解，从希罗多德到现今的历史学家都深深执着于探索过去并且传达他们的探索成果。史学家所共享的另一种普遍激情是对过去真相的全情投入。尽管根据史学家对历史学在多大程度上能靠近历史真相的判定不同，他们对历史真实的定义也大不相同，但那些全然丧失对历史真实可能性之信仰的史学家也通常发现自己实质上已被史家共同体所拒绝，并为想要得到历史知识的公众所忽视。即使是游览历史主题公园的游客也想要相信，他们所看到的东西有其历史事实的基础，并且，正如一位历史学家所说的那样，像迪士尼这样的娱乐公司也付出了一些切实的努力来满足游客的愿望。[①]

真实是一种重要的人类价值。在每天的日常生活中，我们都依赖于它：如果不知道自己银行账户中真实的存款金额，可能会有严重的后果。在人际关系中，这一价值更受到重视：当某人说“我爱

① Mike Wallace, “Mickey Mouse History: Portraying the Past at Disney World,” in Mike Wallace, *Mickey Mouse History and Other Essays on American Memory* (Philadelphia: Temple University Press, 1996), 133－57.

你”时，只有当确定这一陈述的真实性之后，它才有意义。而研究史学的根本原因正在于，它告诉我们用什么样的方式才能找到有关过去的真实。可以确定的是，我们知道历史真实不容易获得，事实上，我们可能永远也不能够完全地实现它。我们甚至只能得出结论，我们所能做的最多只是排除掉那些有关过去的错误论断。然而，通过研习史学课程，我们使自己成为真理追寻者中的一员，尽可能地发挥人类心灵的力量，竭尽所能，靠近难以得到的过去之本质。

进阶阅读建议 233

史学作品多而繁复。我在文中已讨论了很多影响史学家的作品，在此不再赘述。以下所列的只是很多具有启发性作品中的一小部分，希望它们能够帮助研究者们勾画出史学这一学科的一幅更为全面的图景。这一书目仅限于英文著作，因此它必定遗漏了很多其它语种的重要作品。

工具书与期刊

工具书中，迈克尔·本特利（Michael Bentley）的《史学指南》（*Companion to Historiography*，1997）包含了一些论述史学议题的短小文章。阿伦·芒斯洛（Alun Munslow）的《劳特利奇历史研究指南》（*Routledge Companion to Historical Studies*，2000）则提供了后现代主义的视角。对懂法语的人来说，由 C. 德拉克罗瓦、F. 多瑟、P. 加西亚和 N. 奥芬斯塔特（C. Delacroix，F. Dosse，P.

Garcia, and N. Offenstadt）合编的两卷本著作《史学：概念与论争》（*Historiographies*：*Concepts et Débats*，2000）是不错的选择。专门讨论史学的英语类学术期刊包括《历史与理论》（*History and Theory*）、《重思历史》（*Rethinking History*）和《史学史》（*Storia della Storiografia*）。

历史与历史方法导论

对想要了解史学的本科生来说，这类作品中最能受益的包括约翰·托什（John Tosh）的《历史的追求》（*The Pursuit of History*，5th ed.，2010）、卢德米拉·乔丹诺娃（Ludmilla Jordanova）的《实践中的历史》（*History in Practice*，2nd ed.，2006）、马克·
234 T·吉尔德勒斯（Mark T. Gilderhus）的《历史与历史学家：史学导论》（*History and Historians*：*A Historiographical Introduction*，7th ed.，2010）和马克·唐纳利（Mark Donnelly）、克莱尔·诺顿（Claire Norton）的《研究历史》（*Doing History*，2011）。还有两部合编的作品集，分别是皮特·莱姆伯特（Peter Lambert）、菲利普·斯科菲尔德（Phillipp Schofield）所编的《做历史：学科历史与实践导论》（*Making History*：*An Introduction to the History and Practices of a Discipline*，2004），斯蒂芬·伯格（Stefan Berger）、海科·菲尔德纳（Heiko Feldner）和凯文·帕斯莫尔（Kevin Passmore）合编的《书写历史：理论与实践》（*Writing History*：*Theory and Practice*，2003）。有四部旧作也仍值得阅读：年鉴学派创始人之一马克·布洛赫（Marc Bloch）的反思性著作《历史学家的

技艺》（*The Historian's Craft*，1953），柯林武德（R. G. Collingwood）从哲学“观念论”视角出发所写的著作《历史的观念》（*The Idea of History*，1946），E. H. 卡尔（E. H. Carr）为历史相对主义辩护的著作《历史是什么?》（*What Is History*?，1961）以及 G. R. 埃尔顿（G. R. Elton）针对卡尔作品所作的回应《历史学的实践》（*The Practice of History*，1967）。也有一些随笔性著作，包括约翰·刘易斯·加迪斯（John Lewis Gaddis）的《历史的图景：历史学家如何描绘过去》（*The Landscape of History*：*How Historians Map the Past*，2002）和 H. 斯图尔特·休斯（H. Stuart Hughes）的《作为艺术和科学的历史》（*History as Art and as Science*，1964）。

基本的文献汇编

彼得·盖伊（Peter Gay）、杰拉尔德·J·卡瓦纳（Gerald J. Cavanaugh）合编的《工作中的历史学家（四卷本）》（*Historians at Work*，4 vols. 1972 - 1975）、唐纳德·R. 凯利（Donald R. Kelley）编辑的《从古代到启蒙时期的历史著作》（*Versions of History from Antiquity to the Enlightenment*，1991）和弗里茨·斯特恩（Fritz Stern）编辑的《历史的多样性：从伏尔泰至今》（*The Varieties of History*，*from Voltaire to the Present*，1956）颇有价值地汇集了一些杰出历史学家的作品选段。托马斯·R. 马丁（Thomas R. Martin）的《希罗多德与司马迁：希腊和中国第一位伟大的史学家》（*Herodotus and Sima Qian*：*The First Great*

Historians of Greece and China，2010）则摘录了希腊和中国最为早期的历史书写作品。

史学史的概述性作品

恩斯特·布赖萨赫（Ernst Breisach）的《史学：从古代、中世纪到现代》（*Historiography*：*Ancient*，*Medieval*，*and Modern*，1983）是一部典型的概览性著作。唐纳德·R. 凯利（Donald R. Kelley）的三部曲《多面的历史：从希罗多德到赫尔德的历史探询》（*Faces of History*：*Historical Inquiry from Herodotus to Herder*，1998）、《历史的命运：从赫尔德到赫伊津哈的历史探询》（*Fortunes of History*：*Historical Inquiry from Herder to Huizinga*，2003）和《历史的边界：20 世纪的历史探询》（*Frontiers of History*：*Historical Inquiry in the Twentieth Century*，2006）更具挑战性，也常从不同的有趣视角论述重要史家。约翰·布洛（John Burrow）的《历史的历史：从希罗多德、修昔底德到 20 世纪的史诗、编年史、罗曼司和研究》（*A History of Histories*：*Epics*，*Chronicles*，*Romances and Inquiries from Herodotus and Thucydides to the Twentieth Century*，2008）对重要的历史著作进行了生动的论述。玛丽·斯邦博格（Mary Spongberg）的《文艺复兴以来的妇女史书写》（*Writing Women's History sincethe Renaissance*，2002）是一部有关妇女史写作传统的颇具价值的导论性作品。丹尼尔·沃尔夫（Daniel Woolf）的《全球史学史》（*A Global History of History*，2011）将欧洲的史学传统与其它文明的史学传统放在一起看待。

断代史与有关特定史学运动的作品 235

阿诺尔多·莫米利亚诺（Arnoldo Momigliano）的《现代史学的古典基础》（*The Classical Foundations of Modern Historiography*，1990）为古代史家研究注入了新的活力。瓦尔特·戈法特（Walter Goffart）的《蛮族史叙事史家》（*The Narrators of Barbarian History*，1988）对中世纪早期的重要史家进行了详细论述。约瑟夫·达默斯（Joseph Dahmus）的《中世纪七史家》（*Seven Medieval Historians*，1982）涵盖了几位中世纪晚期的作者，包括基督徒和穆斯林。唐纳德·R. 凯利（Donald R. Kelley）的《现代历史学术的基础：法国文艺复兴时期的语言、法律和历史》（*Foundations of Modern Historical Scholarship*：*Language*，*Law*，*and History in the French Renaissance*，1970）重新燃起了对文艺复兴历史传统的兴趣。乔治·卡尼萨雷斯-埃斯格拉（Jorge Cañizares-Esguerra）的《如何书写新大陆史：18 世纪大西洋世界中的史学、认识论和思想体系》（*How to Write the History of the New World*：*Historiographies*，*Epistemologies*，*and Identities in the Eighteenth-Century Atlantic World*，2001）论述了拉丁美洲传统在行塑现代历史中发挥的重要作用。彼得·赖尔（Peter Hanns Reill）的《德国启蒙运动与历史主义的兴起》（*The German Enlightenment and the Rise of Historicism*，1975）质疑了历史主义是 19 世纪的发明的观点。格奥尔格·伊格尔斯（Georg Iggers）的《德国的历史观：从赫尔德到当代历史思想的民族传统》（*The German Conception of History*：*The National*

Tradition of Historical Thought from Herder to the Present，1968）长久以来都是研究 19 世纪德国历史学派的典范，但弗雷德里克·贝瑟尔（Frederick Beiser）的《德国历史主义传统》（*The German Historicist Tradition*，2011）则运用了新的方法来研究这一主题。古奇（G. P. Gooch）的旧作《十九世纪历史学与历史学家》（*History and Historians in the Nineteenth Century*，1913）对 19 世纪德国之外历史写作的分析仍具有价值。西奥多·H. 冯·劳厄（Theodore H. von Laue）的《利奥波德·兰克：成型的年代》（*Leopold Ranke：The Formative Years*，1950）则为这位德国传统中的领军人物作传。

针对法国年鉴学派，也有几部重要的研究著作，包括彼得·伯克（Peter Burke）的《法国史学革命：年鉴学派，1929—1989》（*The French Historical Revolution：The Annales School，1929 - 1989*，1990），弗朗索瓦·多斯（François Dosse）的《法国新史学：年鉴学派的胜利》（*New History in France：The Triumph of the Annales*，1994）以及卡罗尔·芬克（Carole Fink）的《马克·布洛赫：历史中的一生》（*Marc Bloch：A Life in History*，1989）。伯克还编辑了《历史书写的新观念》（*New Perspectives on Historical Writing*，2001）一书。彼得·诺维克（Peter Novick）《那高尚的梦想："客观性问题"与美国历史学界》（*That Noble Dream：The "Objectivity Question" and the American Historical Profession*，1988）是一部论述美国职业历史学的权威性著作。雅克·雷维尔（Jacques Revel）、林恩·亨特（Lynn Hunt）合编的《历史：对过去的法国式构建》（*Histories：French Constructions of the Past*，1995）对 1945 年后法国具有影响力的史家著作进行了概述。想要了解 1960

年之后历史学科的变革，可参见吉奥夫·伊雷（Geoff Eley）的开创性著作《曲线：从文化史到社会史》（*A Crooked Line：From Cultural History to the History of Society*，2005）。

主题研究 236

语言学和文化转向：海登·怀特（Hayden White）的《元史学》（*Metahistory*，1973）自出版以来即成为史学论辩的核心焦点。凯斯·詹金斯（Keith Jenkins）的《重思历史》（*Rethinking History*，1991）和弗兰克·安克斯密特（Frank Ankersmit）的《历史表现中的意义、真理和指称》（*Meaning，Truth，and Reference in Historical Representation*，2012）是怀特之后这一转向中的两部主要著作。林恩·亨特（Lynn Hunt）编著的《新文化史》（*The New Cultural History*，1989）对定义"新文化史"至关重要，她的另一部编辑作品《超越文化转向》（*Beyond the Cultural Turn*，1999）则在10年之后重新评估了这一运动。

妇女和性别史：邦妮·G. 史密斯（Bonnie G. Smith）的《历史的性别：男性、女性和历史实践》（*The Gender of History：Men，Women，and Historical Practice*，1998）从女性主义的视角出发对历史学进行了批判。格尔达·勒纳（Gerda Lerner）的《寻找过去的多数人：将女性置于历史中》（*The Majority Finds Its Past：Placing Women in History*，2005）收录了这位妇女史拓荒者的一些奠基性论文。

后殖民主义与全球史：迪佩什·查卡拉巴提（Dipesh Chakrabarty）

的《将欧洲地方化：后殖民思想与历史差异》（*Provincializing Europe*：*Postcolonial Thought and Historical Difference*，2000）为历史写作中有关后殖民主义的辩论奠定了基础。阿里夫·德里克（Arif Dirlik）、维奈·巴尔（Vinay Bahl）和彼得·格兰（Peter Gran）合编的《第三世界之后的历史：后欧洲中心主义史学》（*History after the Three Worlds*：*Post-Eurocentric Historiographies*，2000）在很多议题上与查卡拉巴提针锋相对。米歇尔-罗尔夫·特鲁约（Michel-Rolph Trouillot）的《使过去沉默：权力与历史的制造》（*Silencing the Past*：*Power and the Production of History*，1995）有力地批判了对非西方历史的忽视与错误阐释。全球史领域的杰出实践者帕特里克·曼宁（Patrick Manning）在其著作《世界史导航：全球视角的构建》（*Navigating World History*：*Historians Create a Global Past*，2003）中对全球史中的一些议题作了概览性介绍。乔·古尔迪（Jo Guldi）与大卫·阿米蒂奇（David Armitage）在《历史学宣言》（*The History Manifesto*，2014）中热切地呼吁史学家要看到更为广阔的议题，以让自己的工作与公共政策的相关讨论更为密切。

美国的历史研究：伊恩·泰瑞（Ian Tyrrell）的《公共史学家：美国史实践，1890—1970》（*Historians in Public*：*The Practice of American History*，*1890－1970*，2005）和罗伯特·B. 汤森德（Robert B. Townsend）的《历史的巴别塔：美国的学术研究、职业化及历史事业，1880—1940》（*History's Babel*：*Scholarship*，*Professionalization*，*and the Historical Enterprise in the United States*，*1880－1940*，2014）追溯了美国专业化历史的兴起过程。奥古斯特·迈耶（August Meier）、埃利尔特·拉德韦克（Elliott Rudwick）的《黑人

史与历史学界》（*Black History and the Historical Profession*，1986）讲述了非裔美籍黑人史学家们的故事。理查德·S. 柯肯达尔 237（Richard S. Kirkendall）的《美国史学家协会与美国史的书写和教育》（*The Organization of American Historians and the Writing and Teaching of American History*，2011）概述了美国史学家协会这个美国重要的专业史家组织的历史和活动。托马斯·班德（Thomas Bender）所编的《在全球时代重思美国史》（*Rethinking American History in a Global Age*，2002）用国际视角论述了美国史及其史学。芭芭拉·J. 豪（Barbara J. Howe）与埃默里·L. 肯普（Emory L. Kemp）合著的《公共历史导论》（*Public History：An Introduction*，1986）尽管有些陈旧，但仍较好地论述了美国各类公共历史。

“历史论战”：20 世纪 80 和 90 年代的公共辩论产生了大量作品。加里·B. 纳什（Gary B. Nash）、夏洛特·克莱比（Charlotte Crabtree）和罗斯·E. 邓恩（Ross E. Dunn）合著的《审判历史：文化论战与历史教学》（*History on Trial：Culture Wars and the Teaching of the Past*，1997），爱德华·T. 李宁泰尔（Edward T. Linenthal）、汤姆·恩格尔哈特（Tom Engelhardt）编著的《历史论战》（*History Wars*，1996），斯图亚特·麦金泰尔（Stuart Macintyre）、安·克拉克（Anna Clark）合著的涉及澳大利亚史的《历史论战》（*The History Wars*，2004），鲁道夫·奥格斯坦（Rudolf Augstein）编著的《永处希特勒的阴影下？历史学家之争的原始文献》（*Forever in the Shadow of Hitler？Original Documents of the Historikerstreit*，1993）以及查尔斯·梅尔（Charles Maier）的《不可掌控的过去：历史，大屠杀与德国民族认同》（*The*

Unmasterable Past: History, Holocaust and German National Identity, 1988）是其中一些重要的著作。针对当时有关“非洲中心论”的争论，温·凡·宾斯伯根（Wim van Binsbergen）编著的《黑色雅典娜的成长》（*Black Athena Comes of Age*, 2011）与玛丽·R. 莱夫科维茨（Mary R. Lefkowitz）、盖伊·麦克莱恩·罗杰斯（Guy MacLean Rogers）合著的《重提黑色雅典娜》（*Black Athena Revisited*）给出了针锋相对的观点。凯特丽娜·V. 卡洛斯特莉娜（Katerina V. Korostelina）与西蒙娜·莱斯西（Simone Lässig）合编的《历史教育与冲突后的和解：重思联合教科书项目》（*History Education and Post-Conflict Reconciliation: Reconsidering Joint Textbook Projects*, 2013）讨论了跨国历史教科书项目的功过之处。

历史与新媒体

有大量的著作探讨学院之外的历史学，杰罗姆·德·格鲁特（Jerome de Groot）的《消费历史：当代流行文化中的历史学家及文化遗产》（*Consuming History: Historians and Heritage in Contemporary Popular Culture*, 2009）主要关注于英国的状况。丹尼尔·I. 科恩（Daniel I. Cohen）、罗伊·罗森茨威格（Roy Rosenzweig）合著的《数字史学：在网络上收集、保存和呈现过去指南》（*Digital History: A Guide to Gathering, Preserving, and Presenting the Past on the Web*, 2005）是讨论历史与互联网不可或缺的著作。在《有关电影的历史/有关历史的电影》（*History on Film/Film on

History，2006）中，罗伯特·罗森斯通（Robert Rosenstone）强调要严肃地将电影作为历史的一种形式，有关这一主题的论述，还可见马妮·休斯-沃灵顿（Marnie Hughes-Warrington）的《跑进电影中的历史：在电影中学习历史》（*History Goes to the Movies*：*Studying History on Film*，2007），娜塔莉·泽蒙·戴维斯（Natalie Zemon Davis）的《荧幕至上：电影与历史图景》（*Slaves on Screen*：*Film and Historical Vision*，2000）。有关历史博物馆的著作，迈 238
克·华莱士（Mike Wallace）《米老鼠的历史及美国记忆论文集》（*Mickey Mouse History and Other Essays on American Memory*，1996）、爱德华·李宁泰尔（Edward Linenthal）的《保存记忆：美国大屠杀纪念馆创馆记》（*Preserving Memory*：*The Struggle to Create America's Holocaust Museum*，2001）、丹尼尔·J. 渥克维茨（Daniel J. Walkowitz）、巴巴拉·韦恩斯坦（Barbara Weinstein）合编的《公共空间中的历史争论》（*Contested Histories in Public Space*，2009），艾米·隆特里（Amy Lonetree）的《为博物馆去殖民化：民族与部落博物馆中的美国原住民再现》（*Decolonizing Museums*：*Representing Native America in National and Tribal Museums*，2012）以及邓腾克（Kirk A. Denton）的《后社会主义中国的历史记忆与博物馆政治》（*Historical Memory and the Politics of Museums in Postsocialist China*，2014）极为有趣。安德烈·威廉·卡佩尔（Andrew Wilhelm Kapell）、安德烈·B. R. 埃利奥特（Andrew B. R. Elliott）合编的《游戏过去：数字游戏与历史模拟》（*Playing with the Past*：*Digital Games and the Simulation of History*，2013）探讨了视频游戏史这一新兴领域。

历史写作：彼得·盖伊（Peter Gay）的《历史中的文体》

（*Style in History*，1974）是一部论述历史写作中文体意义的经典性著作。安东尼·格拉夫敦（Anthony Grafton）的《脚注趣史》（The *Footnote*：*A Curious History*，1997）阐述了脚注这一历史写作鲜明特征的起源和功能。大卫·卡尔（David Carr）、托马斯·R. 弗林（Thomas R. Flynn）和鲁道夫·马克瑞尔（Rudolf Makkreel）合编的《历史的伦理》（*The Ethics of History*，2004）思考了历史书写的伦理维度。安托瓦内特·伯顿（Antoinette Burton）编著的《档案的故事》（*Archive Stories*，2005）考察了档案与历史书写之间的关系。

史学家生涯：爱德华·吉本（Edward Gibbon）出版于1796年的《回忆录》仍然是一部历史学人常读常新的经典性自传。西奥多·哈梅罗（Theodore Hamerow）的《反思历史与历史学家》（*Reflections on History and Historians*，1987）尽管有些陈旧，但仍对美国学院派史家的生活进行了一番发人深省的论述。受美国历史协会所托，托马斯·班德（Thomas Bender）等撰写了《21世纪的史学家教育》（*The Education of Historians for the Twenty-First Century*，2004）这份报告。小詹姆斯·M. 班纳（James M. Banner Jr.）在著作《成为一名历史学家：走近历史的职业世界》（*Being a Historian*：*An Introduction to the Professional World of History*，2012）中热切呼吁史学家们关注到学术界之外职业的可能性。杰瑞米·D. 波普金（Jeremy D. Popkin）在《历史、历史学家与自传》（*History*，*Historians and Autobiography*，2005）中讨论了曾书写自身生平的史学家，并罗列了一份记有三百多条职业史家记叙的书目清单。近年来也出版了一些较为简短的史学家自传合集，包括小詹姆斯·M. 班纳（James M. Banner Jr.）、约翰·R. 吉利斯（John

R. Gillis）合编的《成为历史学家》（*Becoming Historians*，2009），保罗·A. 辛巴拉（Paul A. Cimbala）、罗伯特·F. 西摩尔贝格（Robert F. Himmelberg）合编的《历史学家与种族：自传与历史书写》（*Historians and Race：Autobiography and the Writing of History*，1996），埃琳·鲍里斯（Eileen Boris）、努珀尔·乔杜里（Nupur Chaudhuri）合编的《女性史学家之声：个人、政治与职业》（*Voices of Women Historians：The Personal，the Political，the Professional*，1999）以及劳拉·李·唐斯（Laura Lee Downs）、斯特凡·格尔森（Stephane Gerson）合编的《为什么是法国？美国史学家对恒久魅力之物的反思》（*Why France？American Historians Reflect on an Enduring Fascination*，2007）。

索引

（文中所标页码为英文原版页码）

译后记

杰瑞米·D. 波普金（Jeremy D. Popkin）教授是美国著名的历史学家，他 1977 年毕业于加州大学伯克利分校，获历史学博士学位，随后进入美国肯塔基大学（University of Kentucky）任教至今。其研究兴趣主要在法国和海地革命史及自传文学相关话题，著有《众人皆自由：海地革命与奴隶制的废除》（*You Are All Free：The Haitian Revolution and the Abolition of Slavery*，2010）、《历史，历史学家与自传》（*History，Historians and Autobiography*，2005）和《革命报道：1789 年至 1799 年间的法国新闻界》（*Revolutionary News：The Press in France*，1789－1799，1990）等数十部著作。无论在历史实践领域还是在史学史及史学理论相关议题的讨论上，波普金教授均积累了丰富的经验。本书是波普金教授出版于 2015 年的最新力作。

近年来，不少西方史学史方向的译著相继在国内出版，其中较具代表性的有伊格尔斯的《二十世纪的历史学：从科学的客观性到后现代的挑战》（何兆武译）、唐纳德·凯利的《多面的历史：从希罗多德到赫尔德的历史探询》（陈恒、宋立宏译）、约翰·布罗的《历史的历史：从远古到20世纪的历史书写》（黄煜文译）和恩斯特·布赖萨赫的《西方史学史：古代、中世纪和近代》（黄艳红、徐翀、吴延民译）等，这些著作都为论述西方历史学的发展提供了不同的叙事线索。波普金教授的这部史学史著作亦如是，它追溯了自希罗多德直至当前西方历史学的发展历程，但相较于其他著作，这部作品亦有其自身独特的出发点和视野。

本书以西方史学发展过程中的一些重要变革为节点，围绕着史家研究主题、研究方法（包括搜集史料、分析史料和进行历史撰述的方法）这两个为不同时代史家所共同关注的中心议题，串联起一整个西方史学发展的故事。这一故事从古代、中世纪的不同史学传统开始，历经历史学的现代化即学科化和科学化的过程，发展至当前互联网已使得历史研究完全不同于过去，历史学科呈现出多元争鸣的局面。这一故事虽然宣告了单一历史的失落，但也说明了历史研究和历史思维始终是人类理解世界的一种独特方式，并且，当前多元化的历史学科将持续地拥有活力。值得注意的是，这部著作并不把19世纪在西方形成的所谓“学术性历史”作为“正统”的历史研究，相反，它只是在众多史学传统中发展起来的一种。除西方的史学传统外，作者还论及了包括伊斯兰世界、东亚地区、美洲及非洲地区的非西方史学传统，这些史学传统各具特色，在发展过程中亦与西方史学传统有所交融。除学术性历史外，作者也论及了大众历史和博物馆、历史遗址等公共场所为形塑历史观念所作出的独特贡献。区别于大部分史学史作品只论及历史，波普金教授还在故事中为历史学家这一行动主体留出了位置。历史学专业化的过程即是史家共同体诞生和共同体制度体系建立的过程，而历史学家作为一份职业无疑长久以来对社会具有重要意义。虽然作者在最后一章中介绍的史家个人职业经历和个人职业发展前景多适用于美国的职业体系，但在这个全球化时代，它也可为中国读者提供一些借鉴，并与中国学者拥有一些共鸣。因此，总的来说，这是一部写给史学初学者的导论性著作，精要且全面，在一定程度上反映了西方历史研究和史学史研究的最新状况。

与约翰·布罗用“a history of histories”（历史的历史）这一术语不同，波普金将自身著作定义为对“historiography”（史学）的探究。关于“historiography”一词，国内有多种译法，何兆武先生译为“历史学”，黄艳红、徐翀、吴延民先生译为“史学史”，一些后现代史学理论译著则译为“历史编纂”，我在这部著作中译为“史学”。Historiography 的词根“-ography”有两种意思，一可表示书写、绘画或图形再现的过程和风格，二通常用于某一描述性科学或类似学科的名称。这两种释义看似不同，但往往密不可分，将第一种释义专业化，也就成为了关于某某的学问。这点从这一后缀的使用历史中也可以看出，它最先出现在17世纪的一些希腊文和拉丁文词汇中，如 heresiography，意指关于异教的论说；到18、19世纪使用逐渐频繁，多用来指涉一些专门的学问，如18世纪出现的 planetography（行星学）、19世纪出现的 cartography（制图学）和 oceanography（海洋学），我们知道，18、19世纪是众多学科获得专业化的阶段。同样的，在这一词根的作用下，historiography 一词也拥有两种意思，在15、16世纪这一词汇刚刚出现时，它多指对历史的书写，到19世纪之后，它开始被用来指涉对历史书写的研究。在后一种意义上，史学就与以文学作品为研究对象的文学、以艺术作品为研究对象的艺术学并列，它区别于 history（在本书中译作历史或历史学)。后者以过去事实为主要研究对象,而史学的意图不在于通过史料证实或证伪某一过去事实,它旨在于关注史家是如何选择、分析和阐释史料,从而构成通常书面的历史文本的。这一过程牵涉到一系列议题,如史家选择、分析和阐释史料的方法的变迁,构成史料之事物范围的变化,史家在选择、分析和阐释史料过程中是否渗透了个人意志,史家的思维方式更接近于科学的还是艺术的,史家群体的共识是如何形成的,过去事实是被发现的还是被建构的,是否存在一种最为恰当的再现方式和再现风格,等等。从这一层面上说,史学包含我们通常所说的史学史和狭义的史学理论。

另一方面,虽然史学和文学、艺术学都以某一作品为研究对象,因此史学研究常常借用文学和艺术批评的方法。但相较于文学和艺术学,史学又有自身独特的关注点。由于"历史"这一词汇本身的复杂性——它既可指涉过去实在,也可指涉对过去实在的记述,因此,正如本书作者所提及的那样,史学的很大功能就是处理这两者之间的复杂关系。进而,我们也就可以理解为何很多史学争论都围绕着历史何以为"真"的问题进行。"真"的问题关系到史家能否获得客观的历史知识,而绝大部分文学和艺术作品似乎并不在乎能否获得有关世界的客观知识。

波普金正是将史学作为历史一个专门的学科分支来看待的,他认为,史学是一种"元话语"(metadiscourse,即在历史话语形成之后对历史话语本身的研究),是"关于叙事的叙事"。通过践行这部著作,波普金也表明,史学研究不仅涉及书面的学术性历史,大众历史、除文字之外的不同再现媒介、维护学术共同体的制度体系等同样属于史学的考察范围。而对史家个体来说,学习史学是其成长过程中不可或缺的一环。在波普金看来,学习史学是历史系学生的一个成年礼。通过学习史学，学生们得以开始理解史学家的思维方式和工作方式，理解历史研究工作的复杂性，从而对自身兴趣和自身工作更为明晰；同时，史学也能够帮助学生更好地评价历史作品，辅助其给出判断的理由，而不再只是简单地说自己喜欢或讨厌这部作品。无疑，熟悉史学能够让历史研究者们更为“睿智”，更具批判性。在历史学的整个学科体系中，波普金给予了史学以重要位置。波普金对史学的这种定义无疑大为扩展了以往史学史的研究范围，对我们研究史学史和史学理论深具启发。如果将历史看作一种方法，对历史学及史家群体的历时性考察无疑也在某种程度上解答了“什么是历史”这一长期纠缠着史学家的理论问题。从这一角度看，任何史学史研究都会触及理论，史学史可以成为史学理论讨论的一种工具。

此书的翻译前后经历了近三年时间，期间，我的导师董立河先生一直关注着翻译进程，并对其中的一些译法提出了修改意见，师弟冉博文对全书译稿进行了细致校对，在此，衷心感谢他们的帮助。同时，感谢上海三联书店对本书出版提供的支持。作为一部导论性著作，作者本人的语言晓畅明快，因此，希望我的翻译也不至让读者感到诘屈聱牙。译事无止境，其中的错讹不妥之处，请读者不吝赐教。

金嵌雯

2020 年 1 月 7 日

图书在版编目（CIP）数据

从希罗多德到人文网络：史学的故事/（美）杰瑞米·D. 波普金著；金嵌雯译. —上海：上海三联书店，2022. 7
ISBN 978-7-5426-7332-9

Ⅰ. ①从… Ⅱ. ①杰…②金… Ⅲ. ①史学—研究 Ⅳ. ①K0

中国版本图书馆 CIP 数据核字（2021）第 035527 号

著作权合同登记号 09-2020-1102

从希罗多德到人文网络：史学的故事

著　者 /［美］杰瑞米·D. 波普金
译　者 / 金嵌雯

责任编辑 / 徐建新
特约编辑 / 姚冰淳
装帧设计 / 一本好书
监　制 / 姚　军
责任校对 / 王凌霄

出版发行 / 上海三联书店
（200030）中国上海市漕溪北路 331 号 A 座 6 楼
邮　箱 / sdxsanlian@sina. com
邮购电话 / 021-22895540
印　刷 / 上海展强印刷有限公司
版　次 / 2022 年 7 月第 1 版
印　次 / 2022 年 7 月第 1 次印刷
开　本 / 640 mm×960 mm　1/16
字　数 / 260 千字
印　张 / 20. 75
书　号 / ISBN 978-7-5426-7332-9/K·629
定　价 / 92. 00 元

敬启读者，如发现本书有印装质量问题，请与印刷厂联系 021-66366565